Kitab Kejadian; Eksposisi dan Inspirasi

GENESIS EXPOSITORY, Volume 1

Setyo Nugroho

Published by Acro Valle, 2025.

KITAB KEJADIAN; EKSPOSISI DAN INSPIRASI

First edition. December 8, 2025.

ISBN: 979-8232333492

Written by Setyo Nugroho.

I dedicate this book to all servants of the pulpit who long for their messages to bring about life transformation. I also dedicate it to my wife, Dr. Dewi Fresti, M.Pd., who encouraged me to complete the writing of this book. My prayer is that the heart of God may be proclaimed from every pulpit of His church, wherever it may be.

Adam dan Hawa kalah dalam pertempuran dengan setan dan jatuh ke dalam dosa, kita semua terseret dosa, tetapi Allah tetap mengasihi kita. Allah menggenapi janji-Nya dalam Kejadian 3 ayat 15: Ia mengutus Yesus Kristus untuk disalibkan menebus dosa manusia. Sekarang ada perdamaian dengan Allah karena penebusan dosa. Terimalah Yesus sebagai Juruselamatmu.

FAKTA UNIK KITAB KEJADIAN

KATA PENGANTAR

Puji syukur kepada Tuhan yang Mahabaik karena oleh anugerah-Nya pembahasan Kitab Kejadian ini dapat tersusun. Kitab Kejadian adalah kitab permulaan—permulaan dunia, permulaan manusia, permulaan dosa, permulaan keluarga, permulaan bangsa Israel, dan juga permulaan dari janji penebusan. Di dalamnya, Allah menyatakan karakter-Nya sebagai Pencipta yang berdaulat, penuh kasih, dan setia kepada umat-Nya sejak semula.

Namun, Kejadian tidak hanya menunjuk kepada permulaan; kitab ini juga menuntun kita kepada **Pribadi yang menjadi pusat seluruh Alkitab, yaitu Tuhan Yesus Kristus**. Sejak halaman pertama, kita melihat bayangan Kristus yang kelak menyatakan diri-Nya secara sempurna dalam Perjanjian Baru. Dari pernyataan "Baiklah Kita menjadikan manusia" hingga janji "keturunan perempuan yang akan meremukkan kepala ular", semuanya mengarah pada karya keselamatan Yesus.

Kisah penciptaan mengingatkan kita bahwa segala sesuatu diciptakan oleh Firman—dan Perjanjian Baru menegaskan bahwa Firman itu adalah Kristus sendiri. Kejatuhan manusia ke dalam dosa menyingkapkan kebutuhan mendesak akan seorang Juruselamat, dan Kejadian 3:15 memberikan janji pertama tentang kedatangan Kristus, yang kelak mengalahkan dosa dan kuasa maut melalui salib dan kebangkitan-Nya. Tokoh-tokoh seperti Nuh, Abraham, Ishak, Yakub, dan Yusuf semuanya adalah bayangan dari karya Kristus yang sempurna: Sang Penyelamat, Sang Anak Perjanjian, Sang Penebus, dan Sang Pemelihara hidup umat-Nya.

Pembahasan dalam buku ini disusun dengan tujuan menolong pembaca melihat bahwa kisah-kisah dalam Kejadian bukan sekadar catatan sejarah, tetapi adalah rangkaian karya Allah yang mempersiapkan jalan bagi kedatangan Yesus Kristus. Setiap renungan dan penjelasan diharapkan dapat memperdalam pemahaman kita terhadap kebenaran Alkitab dan menuntun kita untuk semakin mengasihi Sang Firman yang hidup.

Kiranya melalui buku ini, setiap pembaca dituntun untuk melihat betapa besar kasih Allah yang telah dinyatakan sejak awal penciptaan dan digenapi dengan sempurna dalam pribadi Yesus Kristus. Semoga seluruh isi buku ini membawa kita kepada pengenalan yang lebih dalam akan Tuhan, ketaatan kepada firman-Nya, dan kehidupan yang memuliakan Kristus.

Segala kemuliaan bagi Yesus Kristus, Tuhan kita.

KEJADIAN 1

Kita memulai pembahasan kita dari **Kitab Kejadian 1:1**, karena ini sangatlah penting. Kejadian pasal 1 ayat 1 berkata: **"Pada mulanya Allah menciptakan langit dan bumi."** Kitab Kejadian ditulis oleh Musa.

Situasinya adalah Musa tidak mungkin bisa masuk ke tanah perjanjian bersama-sama dengan bangsa Israel. Ada satu insiden yang menyebabkan Tuhan memutuskan, bahwa Musa bukanlah orang yang akan membawa umat-Nya masuk ke tanah perjanjian.

Bangsa Israel bukanlah bangsa yang teguh beriman, yang tetap percaya kepada Tuhan dalam segala keadaan, termasuk ketika terjadi hujan, petir, atau badai. Mereka bukan bangsa yang akan tetap setia kepada Allah. Bangsa Israel adalah bangsa yang suka mengeluh dan tidak tahan menghadapi ujian maupun cobaan.

Tuhan membawa mereka keluar dari Mesir karena mereka tidak tahan diperbudak oleh bangsa Mesir. Namun, setiap kali mereka menghadapi kesulitan, mereka selalu mengeluh dan selalu ingin kembali ke Mesir. Oleh karena itu, Musa menghadapi beban yang tidaklah ringan. Ia tidak bisa mendampingi bangsa ini secara terus-menerus, sehingga ia harus menanamkan kepada generasi yang baru visi mengenai tanah perjanjian. Mereka tidak boleh berhenti melangkah sepeninggal Musa. Mereka harus tetap yakin, kuat dalam iman, dan teguh.

Karena itulah, pembukaan kitab Kejadian dimulai dengan pernyataan bahwa **pada mulanya Allah menciptakan langit dan bumi**. Tema kitab Kejadian adalah tentang **kedaulatan Tuhan dalam sejarah manusia**, khususnya dalam sejarah Israel sebagai umat pilihan Allah. Kitab ini menceritakan bagaimana Tuhan memanggil suatu umat bagi diri-Nya sendiri, dengan tujuan untuk memberkati semua bangsa melalui Israel.

Kalimat pembuka kitab ini sangat penting, karena menegaskan bahwa **semua bermula dari Allah**. Allah-lah yang memulai segala sesuatu. Allah-lah yang menciptakan semuanya. Allah adalah sumber dari segala yang ada. Dari kebenaran ini, kita memperoleh beberapa pelajaran iman yang penting.

Allah adalah Allah yang kekal. Ia ada sebelum segala sesuatu ada, termasuk sebelum kehidupan diciptakan. Bahkan sebelum waktu ada, Dialah yang menciptakan waktu. Waktu menjadi pembatas bagi segala sesuatu yang ada di dunia ini. Siang dibatasi oleh malam, dan malam yang gelap dibatasi oleh matahari yang terbit di waktu fajar. Semua yang ada di dunia ini suatu saat akan musnah. Tidak ada yang abadi di dalam dunia.

Manusia akan menjadi lemah seiring dengan berjalannya waktu. Yang hebat pun akan menjadi rapuh; rapuh dimakan oleh waktu. Waktu lebih perkasa dari apapun juga. Tidak ada rezim yang selamanya berkuasa. Semua yang hebat akhirnya akan tumbang oleh waktu. Kita tentu masih ingat petinju legendaris Muhammad Ali, seorang petinju hebat yang seakan tiada tandingan. Namun sekarang, tanpa harus bertarung di ring tinju, waktu telah mengalahkan Muhammad Ali.

Tetapi Allah kita adalah Allah yang kekal. Waktu tidak dapat mengalahkan-Nya. Dia tetap perkasa selama-lamanya. Dia tetap Allah yang berdaulat selamanya. Bahkan waktu tunduk kepada-Nya.

Allah kita juga adalah Allah yang menciptakan alam semesta ini. Besok kita akan melihat bagaimana semua yang ada di alam semesta ini Dia yang menciptakan. Hanya dengan sekali firman, "jadilah", maka alam raya — yang tidak bisa kita ukur seberapa besarnya dan seberapa hebat kekuatannya — semuanya ada. Semuanya jadi oleh firman yang diucapkan Allah kita: jadilah, maka semuanya itu jadi. Betapa dahsyatnya sesungguhnya Allah kita.

Karena itu, yang ketiga, kita semua harus tunduk kepada-Nya. Pernyataan dalam ayat ini penting bagi umat Israel: "Pada mulanya Allah menciptakan langit dan bumi." Allah adalah yang berdaulat atas seluruh kehidupan ini. Jika Tuhan berkata, "Jalanlah, keluarlah dari Mesir, milikilah tanah perjanjian, sebab Aku memberikannya kepadamu," maka percayalah dan tunduklah. Jangan pernah ragu untuk mempercayai Tuhanmu. Berjalanlah bersama dengan Tuhan. Ikutilah kehendak-Nya. Jangan takut dengan apapun yang menghadangmu. Jangan ragu dengan besarnya masalahmu.

Pernyataan dalam ayat satu ini juga penting bagi kita semua. Jika kita memiliki Allah yang begitu dahsyat dan luar biasa, mengapa kita harus ragu? Apa yang sulit bagi Tuhan kita? Kitab Kejadian ini ditulis oleh Musa dengan maksud supaya bangsa Israel mengetahui Tuhannya dan mengetahui asal-usul mereka. Kitab ini juga ditulis supaya umat Tuhan tetap terus melangkah maju sampai mendapatkan tanah perjanjian.

Begitu juga dengan kita semua. Hidup ini dimulai dengan Tuhan, dan kita jalani bersama dengan Tuhan. Tuhan Yesus berfirman, "Aku menyertai kamu senantiasa sampai kepada akhir zaman." Yang bersama dengan kita adalah Dia yang berkuasa atas segalanya. Ketahuilah, yakinlah, dan tetaplah melangkah. Pastilah, bersama Tuhan, kita akan berhasil meraih apa yang Tuhan rencanakan bagi kita.

Dunia masih kosong sampai dengan ayat kedua ini, kemudian roh Allah melayang-layang di atas air lalu mulailah Tuhan mengisi alam semesta ini. Ayat ketiga sampai dengan ayat kelima menceritakan bahwa Allah menciptakan terang lalu memisahkannya dengan gelap, terang itu dinamai siang dan gelap itu dinamai malam. Hari kedua dimulai dengan air, ayat keenam sampai dengan ayat kedelapan Allah mencipta Cakrawala atau langit lalu memisahkan air yang di bawah Cakrawala dengan yang ada di atasnya secara horizontal. Itulah hari ketiga. Kemudian Kejadian pasal 1 ayat 9 sampai dengan ayat 10 menceritakan bahwa Allah menciptakan daratan dan mengumpulkan air di suatu tempat sehingga jadilah lautan dalam waktu yang singkat.

Tuhan telah memisahkan terang dari gelap dan memisahkan air; dengan pemisahan ini sekarang kegelapan adalah hal yang buruk, sedangkan kehidupan bukanlah kehidupan jika tanpa terang. Walaupun demikian Tuhan tidak membuang kegelapan, Tuhan hanya menurunkannya dan juga mengaturnya. Kegelapan hanya boleh eksis di malam hari, sedangkan terang akan memerintah di siang hari. Hal yang sama juga Tuhan lakukan dengan air. Air digambarkan sebagai aspek ciptaan yang seakan kacau atau buruk, tetapi Tuhan tidak menghalau air, dia hanya membagi air secara vertikal dan horizontal.

Nah sekarang kita mengerti mengapa di dalam Alkitab kegelapan dan air digunakan sebagai sebuah gambaran tentang penghakiman. Misalnya Tuhan menimpakan tulah kepada bangsa Mesir dengan tulah kegelapan, tetapi bagi umat Allah, Allah membiarkan terang berdiam di rumah mereka. Air juga menjadi gambaran dari penghakiman di zaman Nuh, misalnya Tuhan menghukum bumi dan menenggelamkannya dengan air tetapi Nuh diselamatkan melalui bahtera yang dibuat berdasarkan petunjuk Tuhan. Kegelapan dan air menjadi sebuah gambaran dari penghukuman. Tuhan juga menciptakan batas: ada batas pemisah antara air dengan daratan, antara terang dengan gelap. Allah menjadikannya sebagai sebuah sistem kehidupan.

Umat Tuhan tidak boleh melewati batas yang sudah ditentukan Tuhan ini. Walau kegelapan masih tetap ada, tetapi anak Tuhan harus hidup di dalam terang. Walau setan dibiarkan oleh Tuhan tetap ada untuk sementara waktu, tetapi kita harus menyembah Tuhan. Tuhan memenuhi ciptaannya. Pada hari ketika itu Tuhan memenuhi bumi dengan tumbuh-tumbuhan, hari keempat Tuhan menempatkan terang di langit, hari kelima Tuhan mengisi air dan langit. Air diisi dengan segala jenis ikan, dan langit dihiasi dengan burung-burung yang berterbangan, dan daratan dihiasi dengan berbagai macam tumbuh-tumbuhan dan juga binatang.

TUJUAN ALLAH MENCIPTAKAN MANUSIA

Pekerjaan Tuhan di sini adalah untuk memenuhi semua dan ditata rapi oleh Tuhan supaya bumi menjadi layak huni, layak huni untuk menjadi rumah bagi manusia. Setelah semuanya siap, barulah Tuhan menciptakan manusia dan itu diceritakan di dalam ayat 26 sampai dengan ayat 31. Allah menciptakan manusia menurut gambar dan rupa Allah. Ini tidak berbicara secara fisik tetapi ada elemen-elemen yang serupa seperti misalnya akal-budi, perasaan, pikiran, hati, karakter, dan lain sebagainya, kualitas hebat yang Tuhan ciptakan saat menciptakan manusia.

Karena manusia diciptakan untuk menguasai bumi dan mengelolanya dengan baik, jadi setelah layak huni Tuhan baru menciptakan manusia. Yang saya mau garis bawahi di sini adalah bahwa kita ini adalah ciptaan yang paling mulia, diciptakan menurut gambar dan rupa Allah. Ada cetak biru Allah di dalam diri kita, ada karakter Allah, ada sifat baik Allah. Kita diciptakan untuk mempresentasikan Allah di alam semesta ini.

Nah apa aplikasinya bagi kita semua? Tidak ada makhluk yang begitu dimuliakan oleh Tuhan selain daripada manusia. Tidak ada makhluk yang begitu istimewa di hadapan Allah selain daripada manusia, dan tidak ada makhluk yang begitu dikasih oleh Allah selain manusia. Karena itu tugas kita adalah mempresentasikan Allah melalui kehidupan kita. Buanglah sifat yang buruk, tebarkanlah kebaikan, jadilah insan yang senantiasa bersyukur kepada Allah. Pemberian Allah senantiasa yang terbaik untuk kita. Bumi ini haruslah kita rawat, jangan kita merusaknya dan juga jangan kita mengotorinya. Jangan pernah merendahkan orang lain apalagi menghinanya, sebab setiap orang diciptakan menurut gambar dan rupa Allah. Adalah dosa bila kita tidak menghargai sesama kita, tetapi setiap perbuatan baik kita kepada sesama adalah bentuk penghargaan dan kasih kita kepada Allah sang Pencipta.

Mari sekarang kita ikuti pembahasannya. Dengan semua sekarang marilah kita memikirkan pertanyaan ini: mengapa Tuhan menciptakan manusia, apa alasannya? Tuhan menempatkan kita di planet ini. Memahami tujuan Allah sangatlah penting. Untuk itu kita perlu terlebih dahulu memahami latar belakangnya. Ada konflik antara setan dan para malaikat yang jatuh ke dalam dosa dengan Allah. Kita mengetahui kisah ini: setan memberontak kepada Allah sebelum kejatuhannya ke dalam dosa. Setan digambarkan dalam Yehezkiel pasal 28 ayat 12 dan 13: gambar dari kesempurnaan, engkau penuh hikmat dan maha indah, di taman Eden, yaitu Taman Allah, penuh dengan segala batu permata yang berharga.

Dalam kesempatan ini kita tidak membahas tentang kejatuhan iblis, ini kita hanya perlu memiliki gambaran setan sebagai latar belakang penciptaan manusia. Setan digambarkan memiliki meterai kesempurnaan, dia berada di taman Eden awalnya, dialah yang memerintah bumi, tetapi kemudian Tuhan menghukumnya karena dia memberontak kepada Allah. Jika seandainya teori kesenjangan itu benar, penghakiman Tuhan atas ciptaan yang awal ini mengakibatkan kekacauan, kosong dan gelap gulita. Tuhan kemudian menata ulang alam semesta ini. Tetapi kita tidak harus menerima teori ini; teori kesenjangan hanyalah sebuah teori, bukan sebuah firman Tuhan. Tetapi penciptaan manusia memang dilatarbelakangi oleh konflik pemberontakan setan dan malaikat yang mengikutinya.

Oleh sebab itu, manusia diciptakan menurut gambar dan rupa Allah untuk mencerminkan citra Allah, baik kepada para malaikat yang baik maupun malaikat yang jahat. Tuhan kemudian menempatkan manusia untuk berkuasa menggantikan iblis. Bumi menjadi sebuah arena untuk mempertontonkan bahwa pada akhirnya pemenang dari konflik yang nyaris abadi ini adalah Tuhan. Dengan latar belakang ini, sekarang kita mengetahui bahwa tujuan Allah menciptakan manusia adalah:

Yang pertama, untuk mencerminkan citra Tuhan. Kejadian 1:26 berkata: berfirmanlah Allah, "Baiklah kita menjadikan manusia menurut gambar dan rupa kita." Hal ini ditegaskannya lagi di dalam ayat 27: maka Allah menciptakan manusia itu menurut gambarnya, menurut gambar Allah diciptakannya dia, laki-laki dan perempuan diciptakannya mereka. Kata yang dipakai Allah untuk menyebut diri-Nya adalah pewahyuan tentang pribadi Allah yang Tritunggal. Dengan pernyataan ini, tidak ada tempat bagi teori evolusi. Manusia diciptakan menurut gambar dan rupa Allah. Manusia adalah miniatur Allah, miniatur Allah dalam kepribadian, dalam kecerdasan, dan dalam banyak hal yang lainnya. Tentu manusia tidak sama dengan Allah, tidak setara, ada keterbatasan, tetapi cukuplah untuk kita simpulkan bahwa manusia diciptakan untuk mencerminkan citra Allah.

Yang kedua, Tuhan menciptakan manusia untuk memerintah atas ciptaannya. Kejadian 1:26 bagian B berkata: supaya mereka berkuasa atas ikan-ikan di laut, burung-burung di udara, atas ternak, atas seluruh bumi, dan atas segala binatang melata yang merayap di bumi. Tuhan memberikan sebuah kekuasaan yang besar itu, sebab itu dibutuhkan kualitas menurut gambar dan rupa Allah. Di bawah kedaulatan Allah, manusia mengelola bumi dengan segala sumber dayanya. Dari sinilah kita mengerti mengapa setan ingin menjatuhkan manusia, dan sayangnya setan berhasil. Manusia mengambil kekuasaan yang tadinya ada di tangan setan. Setan kemudian merebutnya kembali di taman Eden, dan sejak itu setan kembali menjadi penguasa atas dunia ini. Tetapi kemudian Yesus merebutnya kembali melalui pengorbanannya di atas kayu salib, dan setelah Dia bangkit, Tuhan Yesus berkata: "Kepada-Ku telah diberikan segala kuasa, baik di sorga maupun di bumi." Sekarang, jangan lagi percaya bahwa setan yang punya kuasa atas dunia ini. Bersama-sama dengan Tuhan Yesus, kitalah yang berwenang untuk mengelola bumi ini.

Yang ketiga, Tuhan menciptakan manusia untuk menghasilkan keturunan yang saleh. Ayat 28 berkata: Allah memberkati mereka, lalu

Allah berfirman kepada mereka: "Beranakcuculah dan bertambah banyak, penuhilah bumi dan taklukkanlah itu, berkuasalah atas ikan-ikan di laut dan burung-burung di udara dan atas segala binatang yang merayap." Ini adalah pernyataan berkat dari Tuhan, tetapi ini juga sebuah pendelegasian tanggung jawab dari Tuhan. Bagian Tuhan adalah menciptakan bumi ini, dan bagian manusia adalah mengelolanya. Bumi yang sangat luas ini tidak mungkin dapat dikelola oleh Adam sendirian, dia harus memiliki keluarga bersama dengan Hawa. Dia harus melahirkan anak-anaknya, dia harus memenuhi bumi ini dengan keturunannya. Menguasai bumi tidak dapat dilakukan jika anak-anak yang ia miliki adalah anak-anak yang durhaka. Manusia punya tanggung jawab untuk mendidik anaknya menjadi anak yang saleh dan takut akan Tuhan.

Sekarang mari kita aplikasikan kebenaran ini:

Kita punya tanggung jawab untuk berperilaku, bersikap, berpikir, dan berkarakter yang baik. Ingatlah bahwa kita diciptakan untuk mencerminkan citra Allah.

Kita punya tanggung jawab untuk membangun kualitas diri, baik secara rohani maupun secara skill, dan secara ilmu pengetahuan. Sumber daya alam harus mampu untuk kita kelola agar kehidupan manusia menjadi sejahtera.

Kita punya tanggung jawab untuk menghasilkan generasi yang saleh dan rohani. Jangan serahkan tugas mendidik anak kepada HP atau gadget. Orangtua wajib mendampingi anak-anaknya agar memiliki kasih yang cukup dan pendidikan rohani yang cukup.

KEJADIAN 2

HARI SABAT,MASIH RELEVANKAH?

Kejadian 2:1

Demikianlah diselesaikan langit dan bumi dan segala isinya

mengajar kita tentang hari sabat hari sabat adalah hari ketujuh penciptaan hari dimana tuhan beristirahat dari pekerjaannya dan Tuhan menguduskan hari itu Tuhan adalah Tuhan yang maha kuasa dia bisa saja menciptakan semuanya dalam sekejap mata tapi Tuhan memilih untuk melakukannya dalam enam hari penciptaan dan ketika semuanya selesai Tuhan beristirahat tetapi jangan kita menggunakan konsep kita tentang istirahat Tuhan tidak sedang kelelahan sehingga ia beristirahat ada sesuatu yang ingin Tuhan ajarkan tentang hari sabat nah ini yang menjadi topik renungan singkat kita untuk apa hari sabat sebenarnya yang pertama sahabat dimaksudkan untuk istirahat dan beribadah kata Ibrani beristirahat adalah akar kata untuk sahabat artinya berhenti dari kesibukan untuk memudahkan kita memahaminya kita meminjam penjelasan dalam Kitab Keluaran pasal 31 ayat 16 sampai dengan air yang ke-17 maka haruslah orang Israel memelihara hari sabat dengan merayakan Sabat turun-temurun menjadi perjanjian kekal Antara Aku dan orang Israel maka inilah suatu peringatan untuk selama-lamanya sebab enam hari lamanya Tuhan menjadikan langit dan bumi dan pada hari yang ketujuh ia Berhenti bekerja untuk beristirahat istirahat yang dimaksudkan Tuhan bukanlah istirahat seperti yang ada dalam angan-angan kita bukan beristirahat karena lelah bekerja lalu pergi berekreasi bersenang-senang atau istirahat adalah waktu untuk kita Windows shopping di mall atau dimana saja rekreasi semacam itu hanya menyegarkan tubuh dan berpusat kepada diri sendiri kita membutuhkan istirahat yang lebih dari sekedar istirahat fisik kita membutuhkan pemulihan jiwa kita membutuhkan pemulihan rohani kita membutuhkan pemulihan Iman dari segala beban dan kesibukan bahkan kita juga membutuhkan pemulihan dari segala masalah dan ancaman kehidupan kita membutuhkan istirahat dari semuanya itu dan istirahat semacam ini hanya sakit ntar dapatkan di dalam Tuhan ungkapan dalam air yang ketiga Lalu Allah memberkati hari ketujuh itu dan menguduskan ya haruslah kita pahami seperti ini hari ketujuh adalah hari yang istimewa hari itu adalah hari yang berbeda dengan enam hari lainnya hari ketujuh itu dikuduskan Tuhan itu berarti menjadi hari milik Tuhan kategori does dalam bahasa Ibrani sama seperti dalam bahasa Yunani artinya dikhususkan maka sabat adalah hari yang dikhususkan untuk Tuhan Karena itu hari sabat adalah hari untuk kita menyembah Tuhan hari sabat adalah hari untuk kita beribadah kepada Tuhan nah Apa kaitannya dengan istirahat tadi menyembah Tuhan adalah istirahat kita yang sesungguhnya.

Kejadian 2:2

Ketika Allah pada hari ketujuh telah menyelesaikan pekerjaan yang dibuat-Nya itu, berhentilah Ia pada hari ketujuh dari segala pekerjaan yang telah dibuat-Nya itu

yang kedua sabat adalah hari dimana kita menyatakan rasa syukur kita kepada Tuhan menarik Untuk Kita Renungkan bersama setelah Tuhan menciptakan Adam Bagaimanakah ia memulai hari pertamanya sebagai manusia tentulah ia tidak bisa langsung bekerja karena hari pertamanya sebagai manusia justru adalah hari sabat sebab manusia diciptakan pada hari yang keenam ada memulai hari pertamanya dengan bersekutu dengan Tuhan tentulah tugas mengelola bumi adalah tugas yang sangat penting itu adalah penugasan langsung dari Tuhan tak dapat diabaikan tetapi tidak berarti Adam bisa langsung menyingsingkan lengan dan mengerjakan semua nya secepatnya Betul tidak hari pertamanya haruslah dimulai dengan menyembah Tuhan Nah sekarang kita lebih dalam lagi merenungkan kebenaran ini Bayangkanlah Bagaimana perasaan Adam ketika ia pertama kali membuka matanya Lihatlah betapa indahnya bumi yang segalanya telah lengkap tersedia dan Tuhan berkata Adam telah kusiapkan rumah bagimu bumi yang indah ini engkau boleh menguasai semuanya pastilah Adam sujud syukur Jadi ibadah adalah untuk menunjukkan rasa terima kasih kita kepada Tuhan atas segala apa yang Tuhan berikan Nah sekarang bagaimana kita mengaplikasikan kebenaran ini kadang bekerja mencari nafkah menjadi sumber kelelahan yang tidak hanya secara fisik tetapi juga secara psikis bahkan secara rohani kekuatiran akan jaminan hidup menjadi tekanan tersendiri bagi sebagian orang nah dampak terberat dari pekerjaan justru yang bersifat mental dan yang rohani regrasi tidak akan dapat memulihkan istirahat yang sesungguhnya yang akan menyegarkan jiwa kita kembali dan yang akan memulihkan iman kita adalah Istirahat di dalam Tuhan Bukankah Tuhan Yesus mengundang kita semua Mari kepada-ku semua yang letih lesu dan berbeban berat aku akan memberikan kelegaan kepadamu istirahat yang terbaik adalah menggunakan hari sahabat kita untuk beribadah kepada Tuhan

Kejadian 2:3

Lalu Allah memberkati hari ketujuh itu dan menguduskan-Nya, karena pada hari itulah Ia berhenti dari segala pekerjaan penciptaan yang telah dibuat-Nya itu

hari sabat juga hari yang dikhususkan untuk Kita berterima kasih kepada Tuhan sebagai seorang Kristen hari peristirahatan kita adalah hari Minggu Mengapa hari Minggu alasannya sederhana itulah hari kebangkitan Yesus hari kemenangan hari dimana penebusan dosa kita oleh Tuhan Yesus dideklarasikan maka hari sabat kita adalah hari Minggu apa yang pantas untuk kita berikan kepada Tuhan sebagai ungkapan syukur kita Sebab tuhan Yesus sudah menebus kita dari segala dosa kita Tinggalkanlah semua pekerjaan keselamatan kita di dalam Yesus Kristus terlalu berharga dibandingkan dengan semua apapun yang ada di dalam dunia ini Jadikan hari Minggu mu Hari Sabat untuk bersyukur kepada Tuhanmu.

SIAPAKAH KITA?

Kita akan belajar bahwa Tuhan menciptakan manusia untuk memiliki hubungan dengan Dia. Begini firman Tuhan: demikianlah riwayat langit dan bumi pada waktu diciptakan. Ketika Tuhan Allah menjadikan bumi dan langit, belum ada semak apapun di bumi, belum timbul tumbuh-tumbuhan apapun di padang. Sebab Tuhan Allah belum menurunkan hujan ke bumi dan belum ada orang untuk mengusahakan tanah itu. Tetapi ada kabut naik ke atas dari bumi dan membasahi seluruh permukaan bumi. Itu ketika Tuhan Allah membentuk manusia itu dari debu tanah dan menghembuskan nafas hidup ke dalam hidungnya. Demikianlah manusia itu menjadi makhluk yang hidup.

Selanjutnya, Tuhan Allah membuat taman di Eden di sebelah timur. Di situlah ditempatkannya manusia yang dibentuk-Nya itu. Lalu

Tuhan Allah menumbuhkan berbagai-bagai pohon dari bumi yang menarik dan baik untuk dimakan buahnya, termasuk pohon kehidupan di tengah-tengah taman itu, serta pohon pengetahuan tentang yang baik dan yang jahat. Ada suatu sungai mengalir dari Eden untuk membasahi taman itu. Dari situ sungai itu terbagi menjadi empat cabang. Yang pertama namanya Pison, mengalir mengelilingi seluruh tanah Hawila, tempat ada emas, damar, dan batu krisopras. Nama sungai yang kedua ialah Gihon; ia mengelilingi seluruh tanah Kush. Sungai yang ketiga ialah Tigris, yang mengalir di sebelah timur Asyur. Sungai yang keempat ialah Efrat.

Tuhan Allah mengambil manusia itu dan menempatkannya dalam Taman Eden untuk mengusahakan dan memelihara taman itu. Lalu Tuhan Allah memberi perintah ini kepada manusia: semua pohon dalam taman ini boleh kau makan buahnya dengan bebas, tetapi pohon pengetahuan tentang yang baik dan yang jahat itu janganlah kau makan buahnya, sebab pada hari engkau memakannya pastilah engkau mati.

Tuhan Allah berfirman: tidak baik kalau manusia itu seorang diri saja; aku akan menjadikan penolong baginya yang sepadan dengan dia. Lalu Tuhan Allah membentuk dari tanah segala binatang hutan dan segala burung di udara, dan membawa semuanya kepada manusia itu untuk melihat bagaimana ia menamainya. Seperti nama yang diberikan manusia itu kepada tiap-tiap makhluk yang hidup, demikianlah nanti nama makhluk itu. Manusia itu memberi nama kepada segala ternak, burung-burung di udara, dan segala binatang hutan, tetapi baginya sendiri ia tidak menjumpai penolong yang sepadan dengan Dia.

Lalu Tuhan Allah membuat manusia itu tidur nyenyak. Ketika ia tidur, Tuhan Allah mengambil salah satu rusuk daripadanya, lalu menutup tempat itu dengan daging. Dari rusuk yang diambil Tuhan Allah dari manusia itu dibangunnya seorang perempuan, lalu dibawanya kepada manusia itu. Lalu manusia berkata: "Inilah dia, tulang dari tulangku dan daging dari dagingku." Ia dinamai perempuan sebab ia diambil dari laki-laki. Sebab itu seorang laki-laki akan meninggalkan ayahnya dan ibunya dan bersatu dengan istrinya sehingga keduanya menjadi satu daging. Mereka keduanya telanjang, manusia dan istrinya itu, tetapi tidak merasa malu.

Mari sekarang kita renungkan bersama. Pembahasannya: Kejadian pasal 2 ayat 4 sampai dengan 25 menggambarkan bahwa Tuhan menciptakan manusia untuk memiliki hubungan dengan Dia. Sebelum kejadian pasal 2 ayat 4, Musa menggunakan kata Elohim. Elohim atau Allah adalah pribadi yang menciptakan langit dan bumi. Tetapi mulai ayat yang ke-4, Musa menggunakan nama Yahweh atau Tuhan Allah. Ini ada maksudnya: nama Elohim berasal dari sebuah kata yang berarti takut; arti Elohim adalah makhluk yang tertinggi yang harus ditakuti. Ini adalah kata jamak yang mengungkapkan gagasan tentang Tuhan dalam kepenuhan dan keragaman kekuatan ilahi. Karena itu, Elohim menggambarkan satu-satunya Tuhan yang benar sebagai Yang Maha Agung yang menciptakan langit dan bumi dan yang memelihara dan mengatur semua makhluk. Sedangkan nama Yahweh adalah nama pribadi Allah sebagai Allah perjanjian Israel; ini adalah nama yang dengannya Tuhan menyatakan diri kepada Musa pada semak yang menyala-nyala. W berasal dari kata kerja Ibrani "menjadi," sehingga dengan nama itu Tuhan memberitahu Musa bahwa namanya adalah "Aku adalah Aku," artinya Tuhan ada dengan sendirinya. Tuhan memiliki otoritas yang mutlak. Nama Yahweh menunjuk kepada Tuhan keselamatan kita. Dengan menghubungkan kedua nama ini, Yahweh Elohim atau Tuhan Allah, Musa memberitahu Israel bahwa Tuhan mereka, Tuhan perjanjian yang memimpin mereka keluar dari Mesir, adalah Tuhan yang sama yang menciptakan langit, bumi, serta segala isinya. Tuhan yang memimpin mereka keluar dari Mesir adalah Tuhan yang juga menciptakan manusia dan ingin memberkati semua orang yang menaatiNya kepada Tuhan inilah kita berhubungan.

Dalam hubungan ini ada dua kodrat yang harus dijaga supaya tetap seimbang. Manusia diciptakan dari debu tanah, artinya tidak boleh kita sombong. Tetapi manusia juga diciptakan menurut gambar dan rupa

Allah, artinya manusia mencerminkan citra Allah yang mulia dan tidak boleh rendah diri. Keduanya harus tetap seimbang: rendah hati tetapi berkodrat mulia.

Pasal 2 ini juga menunjukkan perhatian Tuhan kepada manusia. Ayat yang ke-5 menunjukkan adanya kekurangan: bumi belum ditumbuhi semak dan tanaman. Tetapi pada ayat ke-6 sampai ke-17, Tuhan memenuhi kekurangan itu sehingga bagi manusia tersedia segala yang dibutuhkan. Ayat ke-18 menunjukkan manusia memiliki kekurangan sebagai makhluk sosial; dia tidak memiliki penolong yang sepadan. Ayat 19 sampai 25 menceritakan bagaimana Tuhan melengkapi kekurangan ini. Tuhan menciptakan segala binatang hutan dan burung di udara, dan juga menciptakan Hawa dari tulang rusuk Adam.

Pasal 2 ini penuh dengan kesaksian tentang kebaikan Tuhan, pemeliharaan Tuhan, dan perhatian Tuhan. Tuhan memberikan Taman Eden yang indah sebagai rumah Adam dan Hawa. Eden berarti kesenangan. Taman dihiasi dengan empat sungai: ada emas, damar, dan batu krisopras.

Dari gambaran singkat ini, sekarang waktunya bagi kita untuk membuat aplikasinya: sumber kehidupan kita adalah Tuhan; Dialah yang menyediakan segala yang kita perlukan dan pemelihara hidup kita. Ingat nasihat Tuhan Yesus: kita tidak perlu khawatir dalam hidup ini. Tuhan terlalu baik untuk mengabaikan hidup kita dan terlalu berkuasa atas setiap kesulitan kita. Tugas kita adalah mengenal Dia lebih dalam; semakin kita mengenal Tuhan, semakin kita merasakan damai dalam hidup.

Kita memiliki tugas untuk bekerja. Adam ditempatkan di Taman Eden untuk mengusahakan taman itu. Bekerja adalah tugas yang diberikan Tuhan bagi setiap kita, dan Tuhan pasti memberkati setiap kerja yang dilakukan dengan sungguh-sungguh.

Kita memiliki tanggung jawab moral kepada Allah. Tuhan memberikan perintah: semua pohon dalam taman boleh dimakan, tetapi pohon pengetahuan tentang yang baik dan yang jahat tidak boleh dimakan. Citra Allah dalam diri kita harus kita hidupi dengan rendah hati dan tunduk kepada Tuhan. Semua yang kita lakukan dan semua yang Tuhan berikan kepada kita haruslah kita pertanggungjawabkan kepada-Nya, Sang Pencipta dan Penguasa alam semesta.

PERNIKAHAN

Dalam ayat 18–25, Tuhan Allah berfirman tidak baik kalau manusia itu seorang diri saja; aku akan menjadikan penolong baginya yang sepadan dengan dia. Lalu Tuhan Allah membentuk dari tanah segala binatang hutan dan segala burung di udara, dibawahnya semuanya kepada manusia itu untuk melihat bagaimana ia menamainya, dan seperti nama yang diberikan manusia itu kepada tiap-tiap makhluk yang hidup, demikianlah nanti nama makhluk itu. Manusia itu memberi nama kepada segala ternak, kepada burung-burung di udara, dan kepada segala binatang hutan, tetapi baginya sendiri ia tidak menjumpai penolong yang sepadan dengan dia.

Lalu Tuhan Allah membuat manusia itu tidur nyenyak. Ketika ia tidur, Tuhan Allah mengambil salah satu rusuk daripadanya, lalu menutup tempat itu dengan daging. Dari rusuk yang diambil Tuhan Allah dari manusia itu dibangunnya seorang perempuan, lalu dibawanya kepada manusia itu. Lalu manusia berkata: "Inilah dia, tulang dari tulangku dan daging dari dagingku." Ia akan dinamai perempuan sebab ia diambil dari laki-laki. Sebab itu seorang laki-laki meninggalkan ayahnya dan ibunya, dan bersatu dengan istrinya sehingga keduanya menjadi satu daging. Mereka keduanya telanjang, manusia dan istrinya itu, tetapi tidak merasa malu.

Sepanjang pasal 1 kitab Kejadian kita melihat bagaimana Tuhan menikmati hasil pekerjaannya. Tuhan menyatakan bahwa semuanya baik. Tetapi tiba-tiba, di ayat yang ke-18 kitab Kejadian pasal 2, Tuhan berkata: tidak baik kalau manusia itu seorang diri saja. Ingatlah bahwa ini adalah manusia pertama yang baru saja diciptakan; tidak ada dosa, belum jatuh ke dalam dosa, semuanya masih sempurna.

Nah, apalagi yang kurang? Hubungannya dengan Tuhan sempurna. Dia memiliki rumah yang sempurna di Taman Eden. Ia memiliki kebun yang sangat indah, taman yang mempesona, dan koleksi kebun binatang yang lengkap. Tetapi dalam semua kesempurnaan itu tetap ada yang kurang.

Selanjutnya, Tuhan berkata: aku akan menjadikan penolong baginya yang sepadan dengan dia. Tuhan merancangkan pernikahan untuk memenuhi kebutuhan kita akan hubungan, yaitu hubungan persahabatan. Jangan merasa bersalah apabila sewaktu kita merasa kesepian; tidak ada yang salah dengan rasa itu. Kebutuhan akan persahabatan adalah bagian dari rancangan Tuhan. Sewaktu Tuhan menciptakan manusia, ayat ini tidak berarti mengharuskan semua orang harus menikah atau menjadi bersalah apabila hidup melajang. Tentu tidak. Tuhan juga memanggil orang-orang tertentu untuk hidup lajang sampai akhir hayatnya. Orang-orang seperti ini adalah orang-orang istimewa. Tuhan punya rencana yang indah.

Ayat ini juga tidak berarti bahwa setelah menikah seseorang tidak lagi membutuhkan orang lain sebagai sahabat. Orang yang sudah menikah tetap membutuhkan orang lain, berjenis kelamin lain, sebagai sahabat. Tetapi marilah kita tangkap maksud Allah ini: pernikahan adalah cara Allah untuk memenuhi kebutuhan kita akan persahabatan.

Sebelum Tuhan menciptakan Hawa dari tulang rusuk Adam, Tuhan menugasi Adam untuk memberi nama bagi setiap hewan. Dalam ayat 19–20 dikatakan: Tuhan Allah membentuk dari tanah segala binatang hutan dan segala burung di udara, dibawanya semuanya kepada manusia itu untuk melihat bagaimana ia menamainya, dan seperti nama yang diberikan manusia itu kepada tiap-tiap makhluk yang hidup, demikianlah nanti nama makhluk itu. Manusia itu memberi nama kepada segala ternak, burung-burung di udara, dan segala binatang hutan, tetapi baginya sendiri ia tidak menjumpai penolong yang sepadan dengan dia.

Adam mengamati setiap jenis hewan, lalu sesuai dengan pengamatannya itu ia memberikan nama yang tepat untuk setiap jenisnya. Pada saat ia mengamati ini, yang kemudian terjadi adalah ia mendapati bahwa untuk setiap hewan ada pasangannya; untuk setiap hewan ada jantan dan betina. Ia mendapati dirinya sendirian. Lalu muncullah sebuah kesadaran: tetapi baginya sendiri ia tidak menjumpai penolong yang sepadan dengan dia. Sekarang ia menyadari ada kebutuhan dalam dirinya yang belum terpenuhi.

Ini mengajarkan bahwa pernikahan harus didasarkan pada kesadaran bahwa seorang pria atau wanita membutuhkan orang yang sepadan sebagai pasangan hidupnya. Dalam perkembangannya, sejak manusia jatuh ke dalam dosa dan dunia semakin terkena dampaknya, kesepadanan memiliki arti yang lebih luas. Kesepadanan tidak hanya dalam arti sama-sama manusia seperti pada zaman di Taman Eden ini, tetapi juga harus seiman. Di kemudian hari, pengertian ini ditambahkan: seyogyanya sepadan juga secara sosial maupun tingkat pendidikan.

Dalam pernikahan ada kebutuhan untuk saling berkomunikasi; komunikasi yang saling sambung menjadi pemenuhan dari kebutuhan akan persahabatan. Komunikasi yang saling sambung jelas membutuhkan kesepadanan atau kesetaraan.

Mengapa Hawa tidak diciptakan bersamaan dengan Adam? Adam harus menjalani hari-hari awalnya sendirian sampai kesadarannya akan penolong yang sepadan muncul. Gerbang pernikahan harus dimasuki saat seseorang memiliki kesiapan mental yang cukup. Pernikahan tidak dapat dilaksanakan di usia yang terlalu muda atau belum matang. Usia mentah bukan tentang status, tetapi tentang kesiapan mental untuk menjalani pernikahan.

Hawa diambil dari tulang rusuk Adam. Tuhan bisa saja menciptakannya dari debu tanah seperti Adam, tetapi memilih cara berbeda. Pernikahan yang indah adalah kesadaran bahwa istri adalah bagian dari diri suami; dia setara, bukan ciptaan yang lebih rendah. Seorang pria harus menghargai istrinya seperti tubuhnya sendiri.

Adam menyambut Hawa: "Inilah dia, tulang dari tulangku dan daging dari dagingku. Ia akan dinamai perempuan sebab ia diambil dari laki-laki." Wanita tidak diambil dari tulang kepala untuk mengepalai pria, juga tidak dari tulang kaki untuk diinjak oleh laki-laki, tetapi dari tulang rusuk, dekat di hati, untuk dijaga dan dikasihi.

Dalam rancangan Tuhan, seks adalah bagian dari pernikahan. Kejadian 2:24–25 berkata: seorang laki-laki akan meninggalkan ayah dan ibunya, dan bersatu dengan istrinya sehingga keduanya menjadi satu daging. Mereka keduanya telanjang tetapi tidak merasa malu. Seks dalam pernikahan adalah pemberian Tuhan yang baik, bagian dari rencana Tuhan untuk kesenangan dan untuk melaksanakan amanat Tuhan supaya manusia memenuhi bumi dengan keturunan yang saleh dan takut akan Tuhan.

Mari kita aplikasikan secara singkat. Pernikahan adalah rancangan Tuhan yang indah bagi kehidupan kita semua. Bagi yang sudah menikah, sikapi pasanganmu sebagai dirimu sendiri. Istrimu atau suamimu adalah sebagian dari dirimu sendiri. Adam tidak bisa mengatakan "bekas tulangku" atau "bekas dagingku" kepada Hawa. Tidak ada "bekas suami" atau "bekas istri," sama seperti tidak ada "bekas anak." Bagi yang belum menikah, carilah pasangan yang sepadan. Suami atau istri adalah teman hidup sepanjang hayat; kesepadanan sangat penting.

Deskripsikan arti kesepadanan yang sesuai dengan diri kita yang memungkinkan kita hidup selaras dan nyaman dengan pasangan: sepadan dalam iman, sepadan secara sosial, sepadan secara pendidikan, dan sepadan secara nilai-nilai moral. Semakin tinggi indeks kesepadanan, semakin indah pernikahan. , kiranya ini menjadi berkat bagi rumah tangga kita.

KEJADIAN 3

PENCOBAAN

Mari sekarang kita memahami tentang percobaan dosa. Percobaan dosa bisa dipahami sebagai sebuah tindakan, yaitu tindakan yang salah. Tetapi saya lebih memilih sebagai sebuah kerangka berpikir: awalnya adalah pikiran-pikiran yang berdosalah yang melahirkan tindakan yang berdosa.

Nah, iblis atau setan digambarkan sebagai ular. Ular yang menggoda Hawa. Jangan kita membayangkan ular seperti kita membayangkannya sekarang. Sebelum manusia jatuh ke dalam dosa, ular bukanlah hewan yang menjijikan, bukan hewan yang beracun. Sama seperti semua hewan lain, ular adalah binatang yang menarik. Dan yang paling menarik dari ular adalah karena dikatakan: ini dia adalah binatang yang paling cerdik. Itu sebabnya mengapa Hawa tidak takut ketika didekati ular, tidak takut ketika diajak berbicara, dan tidak takut untuk berkomunikasi dengan dia. Setelah dikutuk, barulah ular menjadi binatang yang menjijikkan.

Tuhan berkata, "Dengan perut mulas engkau akan menjalar, dan debu tanahlah akan kau makan seumur hidupmu." Godaan itu selalu menarik, sebab jika tidak, maka godaan tidak akan pernah menggoda. Kebanyakan kita membayangkan setan itu seram dan menakutkan. Ayo, kita yakin kita akan lari secepatnya jika dia datang. Jadi tidak ada masalah dengan godaan setan jika kita mengantisipasinya dengan melarikan diri. Tetapi setan lebih memilih untuk datang dalam rupa yang lebih menarik dan yang lebih menggoda. Dia bisa saja datang sebagai wanita cantik yang seksi atau pria six-pack yang memiliki seks appeal. Setan bisa datang dalam bentuk kekayaan, jabatan, atau kesempatan. Semua yang membuat manusia tertarik bisa menjadi pilihan bagi setan untuk menggoda manusia.

Setan juga datang saat Hawa sendirian. Setan tahu saat yang tepat untuk melancarkan serangannya. Biasanya godaan paling kuat akan datang pada saat kita sendirian, saat kita jauh dari rumah, saat kita jauh dari pasangan, saat kita jauh dari semua teman rohani kita. Saat yang paling disukai setan untuk menggoda kita adalah saat kita jauh dari Tuhan. Jangan berpikiran setan akan mengajak kita untuk membicarakan hal-hal duniawi atau sekuler. Jangan juga membayangkan setan akan mengajak kita ke cafe terlebih dahulu atau night club. Ular mengajak Hawa untuk mendiskusikan tentang firman Tuhan di Taman Eden. Dia mengawalinya dengan mendiskusikan hal-hal yang rohani.

Ular meminta supaya Hawa menilai firman Tuhan. Memang setan mengelirukan ucapan Tuhan, tetapi sasarannya adalah Hawa membuat persetujuan tentang apa yang dikatakan oleh Tuhan. Inilah akar dari segala godaan dan akar dari semua kejatuhan. Tanpa sadar, kita ada dalam perangkap ini. Kita menempatkan diri sebagai pribadi yang berhak untuk menilai firman Tuhan, berhak untuk memberikan persetujuan. Kita tidak lagi menempatkan Tuhan sebagai pribadi yang paling berotoritas, dan manusia berkewajiban untuk tunduk dan taat dalam mengutip firman Tuhan.

Ya, itulah setan. Pekerjaannya adalah memutarbalikkan ucapan atau kebenaran. Hawa akhirnya dengan cepat masuk ke dalam perangkap setan. Dia menjawab bermaksud untuk membela Tuhan. Maka dia berkata: "Buah pohon-pohonan dalam Taman ini boleh kami makan, tetapi tentang buah pohon yang ada di tengah-tengah taman Allah berfirman: Jangan kamu makan ataupun raba buah itu nanti kamu akan mati." Dalam upaya untuk mengoreksi kesalahan setan, Hawa menambahkan kata yang tidak diucapkan oleh Tuhan, yaitu "meraba."

Sekarang Tuhan, tanpa terlalu ketat, manusia bukan hanya tidak boleh memakan buah terlarang itu, bahkan merak banyak pun juga tidak boleh. Saat kita membuat kekristenan tampak terlalu ketat dan terlalu kaku, percayalah kita sedang masuk ke dalam jebakan setan. Kita sedang membuat hidup di dalam Tuhan tampak buruk, tidak menarik, dan juga kaku. Melanggarnya hanyalah soal waktu. Mungkin cerita akan menjadi berbeda jika Hawa menanggapinya dengan membicarakan ribuan buah yang lain yang Tuhan sediakan untuk mereka.

Berhati-hatilah untuk respon yang berlebihan, karena itu juga adalah bagian dari strategi setan. Dia berkata: "Sekali-kali kamu tidak akan mati." Tetapi Allah mengetahui, bahwa waktu kamu memakannya matamu akan terbuka, dan kamu akan menjadi seperti Allah tahu tentang yang baik dan yang jahat. Setan menafsir ulang firman Tuhan. Sekarang setan menyeramkan. Banyak orang masuk ke dalam jebakan ini: firman Tuhan boleh dilanggar, kok. Tidak ada akibat yang mengerikan sekali-kali. Kamu tidak akan mati. Sebaliknya, Allah tidak ingin kamu menjadi hebat, dia tidak ingin disaingi. Jika engkau punya alasan yang logis, kenapa tidak engkau abaikan firman Tuhan?

Itulah cara setan. Kita harus memiliki argumentasi yang kuat. Taatilah firman Tuhan sejauh kau bisa menerimanya secara logis. Tetapi jika tidak, anggap dapat mengabaikannya saja. Lihatlah Hawa tergoda. Sekarang buah pohon pengetahuan yang baik dan yang jahat itu menjadi sangat menarik karena diberi arti yang menarik oleh setan. Jadi semua bermula dari pikiran, dari bagaimana kita memberi arti terhadap sesuatu. Pikiran yang benar akan melahirkan tindakan yang benar, dan pikiran yang salah akan melahirkan tindakan yang salah.

Hawa kemudian memetik buah itu, dia memakannya, dan dia memberikan kepada suaminya yang menerimanya tanpa mempertanyakannya lagi. Mereka tidak mengira menu makan siang itu menjadi makan siang terakhir mereka di Taman Eden.

Sekarang mari kita pikirkan aplikasinya. Yuk, kita perbaiki sikap kita juga pola pikir kita. Hormatilah Tuhan sebagai pribadi yang paling berotoritas, bersikap patuhlah terhadap firman-Nya. Pikirkanlah implikasi indahnya dari firman Tuhan, bukan sisi beratnya. Jangan membuat kekristenan tampak buruk dan kaku. Hidup di dalam Tuhan itu indah. Ukuran yang kaku adalah upaya yang buruk untuk membela

Tuhan dan menjaga umat-Nya. Begitu kekristenan tampak kuno dan kaku, soal pelanggaran hanya menunggu waktu. Percaya Tuhan dalam segala hal. Tuhan tidak punya masalah dengan karakter-Nya. Jangan mencurigai-Nya atau meragukannya.

Tuhan bukan manusia, sehingga firman-Nya harus dipertimbangkan. Saat kita meragukan Tuhan, sesungguhnya kita sedang memproyeksikan karakter kita sendiri yang memang patut untuk dilakukan. Tetapi saat kita mempercayai Tuhan, kita sedang memproyeksikan karakter kita yang baru yang kita miliki di dalam Yesus Kristus.

MENANG ATAS GODAAN

Kita akan membahas strategi bagaimana menang atas godaan. Pertama, kita perlu tahu bahwa iblis menggunakan strategi pikiran. Dia berusaha mempengaruhi pikiran kita supaya kita tidak mempercayai firman Allah. Dalam ayat pertama Kejadian pasal 3, ular berkata kepada Hawa: "Tentulah Allah berfirman: Semua pohon dalam Taman ini jangan kamu makan buahnya, bukan?" Setan memelintir perkataan firman Tuhan yang aslinya adalah semua pohon dalam Taman ini boleh kau makan buahnya dengan bebas, tetapi pohon pengetahuan tentang yang baik dan yang jahat itu jangan kau makan buahnya, sebab pada hari engkau memakannya pastilah engkau mati. Iblis mempengaruhi pikiran kita dengan cara memelintir kebenaran firman Allah, memaksa kita menafsir ulang setiap firman Tuhan secara keliru, dan menerimanya sebatas pemikiran manusiawi. Iblis ingin membuat kita bingung dengan logika duniawi supaya kita tidak memahami kehendak dan rencana Allah. Oleh karena itu, kita harus waspada, kembali kepada Alkitab, cek semua ajaran atau keyakinan yang diajarkan kepada kita, dan pegang teguh kebenaran firman Tuhan karena itu adalah sumber kebenaran dan kekuatan kita.

Strategi iblis berikutnya adalah mengecilkan konsekuensi dosa. Dalam ayat 4, ular berkata: "Sekali-kali kamu tidak akan mati." Iblis membujuk manusia bahwa memakan buah pengetahuan yang baik dan yang jahat tidak akan membuat mati. Konsekuensi melanggar firman Allah tidak seburuk yang kita takutkan. Dia terus berusaha membujuk kita untuk meremehkan akibat dosa. Iblis juga mengacuhkan perasaan kita. Dalam ayat 5, ular berkata: "Tetapi Allah mengetahui bahwa pada waktu kamu memakannya, matamu akan terbuka, dan kamu akan menjadi seperti Allah tahu tentang yang baik dan yang jahat." Perhatikanlah cara iblis menjatuhkan manusia: ia membuat kita curiga, meragukan, dan kecewa kepada Allah. Iblis ingin kita tidak mempercayai Firman-Nya, kehendak-Nya, dan rencana-Nya.

Tundukkan pikiranmu pada otoritas Allah. Dalam Kejadian, Allah disebut dengan nama Elohim, artinya makhluk tertinggi yang harus ditakuti. Dia juga dipanggil Yahweh, yang menonjolkan sisi-Nya sebagai pribadi yang berotoritas mutlak. Sikap yang benar adalah tunduk pada otoritas Allah dan firman-Nya. Kuatkan hati untuk menolak setiap godaan dosa. Dosa tidak pernah indah. Jangan termakan "iklan" iblis tentang dosa; hidupmu akan berakhir di neraka jika ikut godaan. Kuatkan hati untuk percaya kepada Tuhan; hidup di dalam Tuhan itu indah. Percayalah pada firman dan janji Allah. Allah tidak pernah ingkar janji. Rencana Allah pastilah indah dan memberikan kita hari depan yang penuh harapan.

PROTOEVANGELIUM

Kejadian 3:15

"Aku akan mengadakan permusuhan antara engkau dan perempuan ini, antara keturunanmu dan keturunannya; keturunannya akan meremukkan kepalamu dan engkau akan meremukkan tumitnya."

Dosa berakibat pada kematian, dan Tuhan menanganinya dengan kasih yang luar biasa. Sering kita menerima gambaran keliru tentang cara Tuhan menangani dosa. Sudah tentu dosa menyedihkan. Dosa adalah pemberontakan kepada Allah, tindakan menyepelekan Allah, dan tidak menghormati-Nya sebagai pribadi yang berkuasa. Kejadian pasal 3 ayat 7–15 menunjukkan bagaimana Tuhan menanggapi dosa. Pertama, dengan kasih-Nya Tuhan mencari orang-orang yang berdosa.

Dosa adalah hal yang buruk. Apa yang dibayangkan oleh Hawa saat ia memetik buah pengetahuan tentang yang baik dan yang jahat? Buah itu dilarang oleh Allah. Dengan mengesampingkan pesan Allah, Hawa membayangkan bahwa dirinya dan suaminya akan menjadi setara dengan Allah melalui pengetahuan itu. Gigitan pertamanya begitu manis, seakan mengonfirmasi perkataan ular. Tetapi setelah mereka selesai makan, rasa takut dan malu menyeruak. Mereka mendapati diri mereka telanjang. Segera rasa bersalah mencengkeram. Reaksi setelah memakan buah itu tidak sesuai janji ular. Semua sudah terlambat; waktu tidak dapat diputar ulang. Manusia jatuh ke dalam dosa dan berada dalam keadaan tak lagi sama. Kematian tinggal menunggu waktu.

Ayat 7 menggambarkan keadaan ini: mata mereka terbuka, mereka tahu telanjang, lalu membuat cawat dari daun pohon ara. Sebelum berdosa, mereka telanjang namun tertutup kemuliaan Allah. Sekarang ketelanjangan menjadi buruk dan memalukan, hilangnya rasa aman, muncul rasa terancam. Daun pohon ara adalah reaksi alami manusia pertama untuk menutupi dan melindungi diri. Sejak saat itu, hubungan manusia dikuasai rasa saling tidak percaya. Kita pun lazim bersikap tertutup dari publik untuk melindungi diri.

Reaksi Tuhan sungguh luar biasa. Tuhan mencari manusia yang jatuh ke dalam dosa. Ia bertanya: "Di manakah engkau?" Pertanyaan ini menakutkan manusia; mereka takut akan kehadiran Tuhan. Adam beralasan bahwa ia telanjang. Tuhan bertanya lebih lanjut: "Siapa yang memberitahumu bahwa kamu telanjang?" Adam tidak segera mengakui pelanggarannya dan menyalahkan Hawa. Tuhan terus menghadapkan manusia pada dosa mereka hingga mereka mengaku dan menerima konsekuensi. Adam menyalahkan Hawa dan juga ular, Hawa menyalahkan ular. Inilah dosa: tidak hanya kematian sebagai akibat, tetapi juga saling menyalahkan.

Namun kasih Tuhan tetap besar. Tuhan tetap mengasihi manusia walaupun mereka jatuh ke dalam dosa. Setiap pertanyaan Tuhan bertujuan membimbing manusia menuju pertobatan. Tuhan ingin manusia bertobat dan selamat, tetapi tidak untuk setan. Tuhan langsung memberi pernyataan kepada ular, bukan pertanyaan, dalam ayat 14–15. Ular dikutuk untuk menjalar dengan perutnya dan makan debu seumur hidupnya. Allah mengadakan permusuhan antara keturunan ular dan keturunan perempuan; keturunan perempuan akan meremukkan kepala ular dan ular akan meremukkan tumitnya. Ayat 15 ini adalah Protoevangelium, kabar baik keselamatan yang pertama dinyatakan. Keturunan Hawa, Yesus Kristus, kelak akan menebus dosa manusia dan mengalahkan setan.

Aplikasinya bagi kita: Adam dan Hawa kalah dalam pertempuran dengan setan dan jatuh ke dalam dosa, kita semua terseret dosa, tetapi Allah tetap mengasihi kita. Allah menggenapi janji-Nya dalam ayat 15: Ia mengutus Yesus Kristus untuk disalibkan menebus dosa manusia. Sekarang ada perdamaian dengan Allah karena penebusan dosa. Terimalah Yesus sebagai Juruselamatmu. Berdoalah: Ya Allah, aku mengakui bahwa aku berdosa. Ampunilah aku. Aku percaya bahwa Tuhan Yesus telah mati di atas kayu salib untuk menebus dosaku. Aku menerima Yesus sebagai Juruselamat dan Tuhanku. Masuklah ke dalam hidupku.

Sekarang mari kita merenungkan pembahasannya, teman-teman. Kejadian pasal 3 ayat 16–24 sangat penting untuk kita renungkan bersama. Dalam ayat-ayat sebelumnya, manusia jatuh ke dalam dosa ketika Adam dan Hawa berdosa. Tuhan memang tidak langsung membunuh mereka, seperti yang dituntut oleh kekudusan dan keadilan-Nya, tetapi Tuhan juga tidak berkata: "Adam, Hawa, tidak apa-apa." Dosa adalah hal yang sangat serius dan Tuhan menanganinya secara serius. Tuhan menyampaikan kutukan sebagai konsekuensi dari dosa.

Dalam ayat 16 Tuhan berkata: "Susah payahmu waktu mengandung akan kubuat sangat banyak, dengan kesakitan engkau akan melahirkan anakmu. Namun engkau akan berahi kepada suamimu dan ia akan berkuasa atasmu." Kutukan untuk wanita ini ada dua. Pertama, ia akan mengalami peningkatan rasa sakit pada saat melahirkan. Sepanjang sejarah, banyak wanita meninggal karena melahirkan. Kita perlu memahami bahwa hukuman yang dijatuhkan kepada Hawa dan juga kepada Adam tidak hanya mempengaruhi mereka saja, tetapi semua orang di sepanjang sejarah kehidupan ini. Salah satu alasan Tuhan meningkatkan rasa sakit wanita saat melahirkan adalah untuk memberi penggambaran rasa sakit yang nantinya akan ditanggung oleh Tuhan Yesus untuk melahirkan anak-anak rohani-Nya. Tuhan Yesus menderita di kayu salib menebus dosa manusia agar kita yang percaya diberi kuasa sebagai anak-anak Allah dan dapat memanggil-Nya Bapa.

Kedua, untuk wanita berkaitan dengan hubungannya dengan suaminya: "Engkau akan berahi kepada suamimu dan ia akan berkuasa atasmu." Seks tidak dikutuk oleh Tuhan. Wanita memiliki hak yang sama untuk menikmati seks dalam pernikahannya seperti pria, tetapi ungkapan "berahi" menunjuk pada sebuah keseimbangan akibat kutukan rasa sakit saat melahirkan. Beberapa menafsirkan berahi sebagai keinginan untuk mendominasi suaminya. Tetapi Tuhan menetapkan bahwa suaminya lah yang berkuasa atas istrinya. Hal ini dapat dipahami untuk memulihkan pernikahan. Rasul Paulus memerintahkan para istri agar tunduk kepada suaminya serta suami dengan lemah-lembut mengasihi dan memimpin istrinya.

Kutukan untuk pria disampaikan dalam ayat 17–19: "Karena engkau mendengarkan perkataan istrimu dan memakan dari buah pohon yang telah Kuperintahkan kepadamu, maka terkutuklah tanah. Dengan bersusah payah engkau akan mencari rezekimu dari tanah seumur hidupmu. Semak duri dan rumput duri yang akan dihasilkannya bagimu, dan tumbuh-tumbuhan di padang akan menjadi makananmu. Dengan berpeluh engkau akan mencari makananmu sampai engkau kembali lagi menjadi tanah, karena dari situlah engkau diambil; sebab engkau debu dan engkau akan kembali menjadi debu." Dosa Adam bukan hanya memakan buah terlarang, tetapi juga membiarkan istrinya berkuasa atas dirinya. Kutukan pada pria mencakup dua bidang: tanah dikutuk dan kematian fisik yang pasti. Manusia harus bekerja keras untuk kehidupannya. Semula bekerja adalah hal yang menyenangkan, tetapi setelah kejatuhan dosa, manusia dilemparkan ke dunia kerja yang keras dan kejam. Kemudian, kematian fisik akan meninggalkan rasa kehilangan dan kesedihan mendalam bagi keluarga yang ditinggalkan. Namun Allah memberikan keselamatan untuk akibat dosa yang paling mengerikan, yaitu kematian kekal.

Adam memberi nama istrinya Hawa, yang berarti pemberi kehidupan, ibu dari segala yang hidup. Ini adalah tanggapan iman Adam atas janji keselamatan Tuhan bahwa dari keturunan Hawa akan lahir Juruselamat, seperti yang dijanjikan dalam ayat 15. Ia mendengar dan tunduk pada hukuman Allah, tetapi juga percaya bahwa dari keturunan Hawa Juruselamat itu akan menyelamatkan manusia. Tuhan menutupi ketelanjangan Adam dan Hawa dengan kulit binatang, tindakan yang memenuhi kebutuhan praktis manusia, tetapi juga menjadi gambaran akan apa yang akan dilakukan Allah kelak, yaitu menutupi ketelanjangan dosa manusia dengan darah Yesus Kristus yang menyucikan kita dari dosa. Setelah itu, Tuhan mengusir mereka dari Taman Eden agar tidak memakan buah pohon kehidupan yang menjadikan mereka hidup selamanya. Hidup selamanya dalam dosa adalah hukuman paling mengerikan karena tidak lagi ada pengampunan, seperti pada iblis.

Tuhan mengusir manusia dari taman Eden sebagai bentuk kasih-Nya. Manusia diusir dari kebaikan yang ada, tetapi Tuhan menantikan kita dalam kebaikan yang lebih indah, lebih agung, dan lebih mulia melalui pengorbanan Tuhan Yesus di kayu salib. Aplikasinya bagi kita sekarang: bagi para istri atau wanita, perintah untuk tunduk kepada suami dimaksudkan untuk mengembalikan format hubungan dalam pernikahan Kristen: pria sebagai pemimpin dan wanita sebagai penolong, hubungan suami-istri saling melengkapi, bukan saling mendominasi. Ingatlah, dosa memiliki konsekuensi hukuman dan penderitaan yang berat. Jangan mengkategorikan dosa menjadi kecil atau besar; semua dosa sama di hadapan Allah. Dosa kecil yang ditawarkan oleh ular, sekadar mencicipi buah terlarang, membuat manusia berdosa selamanya. Bersyukurlah kepada Allah karena kasih-Nya yang besar, Dia memberikan Juruselamat untuk menebus dosa manusia. Usaha iblis menyeret manusia kepada kebinasaan kekal gagal karena Allah, sesuai Protoevangelium. Keturunan Hawa, yaitu Yesus Kristus, menebus dosa manusia. Di dalam Yesus, kita memiliki pengampunan dan keselamatan yang kekal. Karena kasih-Nya, kita hidup, kita diampuni, dan kita diselamatkan.

KEJADIAN 4

Dosa mempunyai efek yang mengerikan. Karena Adam dan Hawa jatuh ke dalam dosa, mereka melahirkan anak-anak yang berdosa. Kain adalah orang yang pertama yang lahir dalam dosa. Ada penafsir yang menjelaskan tentang mengapa Adam dan Hawa memberi anaknya yang pertama ini dengan nama Kain. Mereka keliru mengira bahwa anak lelaki mereka yang pertama inilah yang dijanjikan Tuhan sebagai keturunan Hawa yang akan meremukkan kepala ular. Tetapi sayangnya Kain tidak melahirkan Kristus, tapi seorang pembunuh.

Bagaimanakah dosa yang mengerikan ini kemudian menjalar? Kain dan adiknya Habel mempersembahkan korban bagi Tuhan. Tetapi korban Habel-lah yang diterima, korban Kain tidak. Sebagian penafsir meyakini bahwa masalahnya bukan pada jenis korbannya. Habel mempersembahkan korban anak sulung dari kambing dombanya, sedangkan Kain mempersembahkan sebagian dari hasil tanah yang diolahnya. Itu adalah persembahan dari hasil pekerjaan mereka. Maka perbedaan persembahan itu adalah wajar. Karena itu pastilah masalahnya bukan apa yang mereka persembahkan, tetapi hati. Hati Habel benar di mata Tuhan, sedangkan Kain tidak.

Tetapi penafsir lain berpendapat tentu masalahnya memang hati, tetapi itu nampak dari jenis persembahannya. Pada saat Tuhan memberi pakaian kulit binatang dengan membunuh binatang itu, Allah memberi semacam pengajaran bahwa daun ara tidak cukup untuk menutupi dosa manusia. Penulis surat Ibrani menjelaskan bahwa karena iman, Habel telah mempersembahkan kepada Allah korban yang lebih baik daripada korban Kain. Dengan jalan itu ia memperoleh kesaksian kepadanya bahwa ia benar, karena Allah berkenan akan persembahannya itu. Jadi ada sesuatu yang tak dijalankan oleh Kain tetapi dilakukan oleh Habel. Hukuman dosa ialah maut, kematian. Maka korban persembahan haruslah darah binatang, nyawa binatang itu. Itu sebabnya mengapa umat Israel selalu mempersembahkan darah kambing domba atau sapi. Dan di kemudian hari, hewan-hewan yang dikorbankan ini menunjuk pada kematian Anak Domba Allah yaitu Yesus Kristus yang datang ke dalam dunia ini untuk menghapus dosa dunia. Habel taat, maka ia mempersembahkan anak kambing domba. Tetapi Kain tidak.

Nah, inilah masalahnya pada semua persembahan yang salah. Yang tidak diterima Allah semua berasal dari kebanggaan diri. Kain ingin menunjukkan hasil kerjanya. Ia ingin menunjukkan siapa dirinya di hadapan Allah. Itu sebabnya ia tidak memberikan apa yang Tuhan minta, tetapi memberikan apa yang ia ingin berikan. Sikap semacam ini kita menyebutnya sombong. Dalam hukum 1001 cara untuk menjadi sombong, kita tidak akan diajar untuk menjadi pribadi yang taat. Kita juga tidak diajar untuk rendah hati. Kita akan diajar bahwa kita tidak sebegitu buruk seperti yang dikatakan oleh Alkitab dan kita tidak perlu Juru Selamat.

Buku "1001 cara untuk menjadi sombong" tidak melarang kita untuk datang kepada Tuhan, tidak melarang kita datang ke gereja, tidak melarang kita untuk beragama. Hanya saja cara yang dilakukan harus sesuai dengan cara kita. Persis seperti lagu Frank Sinatra yang berjudul "My Way". Syair penutupnya berkata "I did it my way." Maka Kain mempersembahkan korban menurut caranya sendiri.

Bukankah ini juga yang terjadi di zaman kita ini? Hiruk-pikuk agama akhir-akhir ini berakar pada kesombongan. Agama tidak disikapi dengan kerendahan hati tetapi suka-suka hati. Itu sebabnya mengapa orang-orang yang beragama seperti ini gemar menghakimi dan hobi mencaci-maki. Habel jelas tidak lebih baik daripada Kain. Dia sama-sama dilahirkan dalam keadaan berdosa. Tetapi apa yang membuat Tuhan menerima persembahan Habel adalah imannya. Imannya lah yang menyebabkan Habel menaati firman Tuhan. Persembahan Habel menggambarkan apa yang di kemudian hari Tuhan Yesus lakukan, mengorbankan nyawanya untuk menebus dosa manusia.

Jangan dikira keselamatan melalui Yesus itu mudah manusia menerimanya. Sama sekali tidak. Allah mengutus putra-Nya yang tunggal, Yesus Kristus, menebus dosa manusia. Dengan percaya dan menerima Yesus Kristus sebagai Juru Selamat kita, kita akan diselamatkan. Semudah itu manusia hanya butuh iman. Tetapi apa yang kelihatan mudah itu tidak dapat diterima oleh kesombongan. Manusia ingin menunjukkan dirinya. Manusia ingin menunjukkan jasanya. Manusia ingin berkata: "Ini semua karena aku, ini semua karena usahaku." Maka Kain terluka. Ia marah. Usaha sendiri yang dia banggakan ditolak. Kain tidak dapat menerima ini semua. Ia marah-marah kepada Tuhan, dan dia juga marah kepada Habel.

Ayat yang ke-5 mengatakan mukanya muram, hatinya mendidih. Jadi dosa berasal dari dalam, bukan dari luar. Dosa berasal dari hati. Tetapi Tuhan sungguh luar biasa menanggapinya. Tuhan bertanya kepada Kain: "Mengapa hatimu panas dan mukamu muram?" Ada pelajaran menarik di sini. Tuhan tidak sedang mencari informasi, tetapi justru Tuhan-lah yang sedang memberikan informasi — sesuatu yang Kain tidak sadari. "Kain, mungkin engkau berpikir engkau bisa menyembunyikan dosamu dari semua orang. Tetapi wajahmu bisa. Dosa tidak dapat disembunyikan. Wajahmu memancarkan isi hatimu."

Jika engkau menolak untuk tunduk kepada firman-Ku, doamu tidak akan didengar dan persembahanmu juga tidak akan diterima. Kamu tidak akan bahagia dan kamu tidak bisa menyembunyikan itu dari wajahmu. Jika kita sampai hari ini belum puas dengan ibadah kita, belum bisa dipuaskan dengan kegerejaan kita atau kekristenan kita, itu sebenarnya adalah sebuah informasi bahwa ada sesuatu yang salah dengan diri kita. Jangan marah kepada Tuhan dan juga jangan menyalahkan orang lain.

Tuhan Yang Maha Baik kembali mengingatkan Kain: "Apakah mukamu tidak akan berseri jika engkau berbuat baik? Tetapi jika engkau tidak berbuat baik, dosa sudah mengintip di depan pintu; ia sangat menggoda engkau, tetapi engkau harus berkuasa atasnya."

Tuhan sedang mendorong Kain: "Ayo Kain, berbuatlah yang baik. Bertobatlah. Jangan sombong. Jangan tidak taat. Persembahkanlah korban dengan benar. Tetapi jika engkau tidak mampu melakukan itu, ketahuilah selangkah lagi hidupmu akan dikuasai oleh dosa. Tetapi engkau jangan menyerah, engkau harus menang atas dosa." Nah, luar biasa bukan? Walau Kain salah, Tuhan tidak membuang Kain seperti kain kotor. Tuhan membimbingnya kepada pertobatan. Tuhan memberikan Kain kesempatan untuk berubah.

Tetapi sayangnya Kain menolak ini. Ia menolak untuk berbuat yang baik. Ia tidak mau untuk mengulang kembali mempersembahkan korban dengan cara yang benar. Tapi sebaliknya, Kain justru merencanakan pembunuhan. Ia ajak Habel ke padang, kemudian di sana ia membunuh Habel. Dosa yang tidak dikalahkan menyebabkan kehancuran.

Habel terbunuh. Tak dapatlah dibayangkan betapa dalamnya kepedihan yang harus ditanggung oleh Adam dan Hawa sebagai orangtua. Mereka tidak hanya kehilangan Habel, mereka juga kehilangan Kain. Kain melarikan diri.

Nah, mari sekarang kita aplikasikan pelajaran kita ini. Kita harus taat. Semua yang kita lakukan untuk Tuhan harus kita lakukan sesuai dengan kehendak-Nya. Ibadah kita, pelayanan kita, semua yang kita lakukan untuk Tuhan harus kita lakukan dengan kerendahan hati dan juga dengan ketaatan. Karena itu, waspadailah sikap sombong. Kesombongan membuat kita merasa tidak harus untuk taat kepada Tuhan. Kesombongan membuat apa pun yang kita lakukan, kita lakukan sesuai dengan kehendak hati kita sendiri. Kesombongan sangat berbahaya. Kesombongan adalah saudara kandung dari kejahatan. Kesombongan juga membuat seseorang tidak bisa melihat orang lain sukses. Kesombongan menciptakan rasa iri, menciptakan rasa dengki dan keinginan untuk mencelakai orang lain. Kesombongan membuat kita merasa bahwa hidup ini tidak adil. Tuhan tidak adil, dan orang lain adalah sebuah gangguan.

Kita bersyukur bahwa Tuhan tidak langsung menghukum Kain. Tuhan menegurnya. Tuhan mengingatkannya. Tuhan membimbingnya kepada pertobatan. Mungkin momen mendengarkan renungan ini adalah bagian dari cara Tuhan mengingatkan kita. Maka responilah momen ini dengan baik. Apa yang Tuhan ingin kita ubah, ubahlah. Kerendahan hati membuat kita bersedia untuk mendengarkan firman Tuhan dan menaatinya.

Satu hal yang harus kita pahami: dosa sebenarnya tidak dapat disembunyikan. Wajah kita memancarkan isi hati kita. Tuhan Maha Tahu. Orang lain juga bisa tahu. Sesekali tengoklah cermin, kita akan melihat apa yang terpancar dari wajah kita. Firman Tuhan adalah cermin hati. Bacalah, tangkaplah pesannya, dan berubahlah sesuai dengan pesan itu.

Sebagai orang Kristen kita dipanggil untuk hidup di dunia ini menggunakan hal-hal yang ada di dalam dunia ini tetapi tidak menjadi serupa dengan dunia. Dalam kejadian pasal 4 ayat 16 sampai dengan ayat yang ke-26 kita melihat melalui keturunan Kain bagaimana kehidupan dibangun tanpa Tuhan. Tetapi di bagian akhir perikop ini ada secercah harapan. Firman Tuhan memberi kabar bahwa Adam dan Hawa melahirkan Set. Dari keturunan Set inilah kemudian nama Tuhan dipanggil.

Setelah membunuh Habel adiknya, Kain menolak untuk bertobat. Dia memilih untuk pergi dari hadirat Tuhan dan menetap di tanah Not. Sayang sekali, walau Tuhan menghukum dosa tetapi Tuhan tetap mengasihi orang yang berdosa dan Tuhan memanggil manusia untuk bertobat. Nah, Kain menyia-nyiakan kasih sayang Tuhan ini. Dia malahan dengan sengaja memilih untuk meninggalkan Tuhan dan membangun kehidupan yang tanpa Tuhan. Inilah mengapa dikatakan kehidupan Kain dan keturunannya tanpa Tuhan.

Tuhan memberitahu Kain bahwa dia akan menjadi pengembara karena membunuh Habel. Tetapi Kain tidak menaati ketetapan Tuhan ini. Ia membangun sebuah kota. Jelas Kain merasa tidak aman hidup sebagai pengembara. Dia dikejar oleh rasa takut, takut menjadi korban kejahatan seperti yang dia lakukan kepada Habel. Kain berupaya untuk melindungi diri maka dia membangun kota. Membangun kota bagi Kain juga merupakan upayanya untuk melindungi diri dari kejaran Tuhan. Sebab Tuhan tentulah menginginkan pertobatan Kain. Tetapi Kain tidak mengenal konsep bertobat. Dia mau membangun kehidupannya berdasarkan kemampuan dan kekuatannya sendiri.

Kota yang dibangun Kain diberi nama dengan nama anaknya Henokh. Allah menyatakan bahwa hukuman dosa ialah kematian. Kain membuat sebuah perlawanan. Dia ingin membuktikan kepada Tuhan bahwa namanya akan tetap abadi yaitu melalui keturunannya. Oleh sebab itu kota yang dia dirikan dinamai dengan nama Henokh anaknya.

Sebenarnya Tuhan berjanji untuk melindungi Kain. Kain tidak boleh terbunuh, dia harus tetap hidup untuk bertobat. Itu sebabnya Tuhan menaruh tanda pada Kain supaya dia tidak dibunuh. Bahkan Tuhan mengultimatum siapapun yang berpikiran untuk membunuh Kain akan dibalaskan kepadanya tujuh kali lipat. Bagaimanapun juga ini adalah merupakan cara Tuhan melindungi Kain. Tetapi Kain tidak ingin perlindungan Tuhan ini. Dia merasa bisa melindungi dirinya sendiri. Dia tidak butuh Tuhan. Itu sebabnya mengapa tadi dia membangun kota.

Dia juga mengajarkan sistem sosial untuk melindungi diri. Sistem sosial ini diwariskannya kepada keturunannya sehingga Lamek berkata jika Kain harus dibalaskan tujuh kali lipat maka Lamek tujuh puluh tujuh kali lipat. Perlindungan diri produk dari dosa, sebuah upaya tanpa Tuhan. Hasilnya tentu sangat mengerikan. Pembalasan dendam menjadi sesuatu yang diajarkan, diturunkan turun temurun menjadi nilai kehidupan yang diwariskan, menjadi budaya, menjadi nilai sosial bahkan nilai moral. Sampai hari ini balas dendam menjadi pola berpikir yang kita bisa temui pada hampir semua orang.

Kehidupan tanpa Tuhan juga ditunjukkan dengan Lamek mengambil dua istri. Tentu saja ini bertentangan dengan kehendak Allah tentang pernikahan. Bagi Adam Tuhan menciptakan satu Hawa. Poligami adalah sikap manusia yang memberontak terhadap sistem monogami ciptaan Tuhan. Melalui keturunan Kain, manusia hidup tanpa Tuhan mengejar semua yang menjadi kesenangan duniawi termasuk mengejar sensualitas.

Ini nampak dari nama-nama wanita di sekeliling Lamek. Istri Lamek bernama Ada artinya adalah yang dihiasi atau yang cantik. Istri keduanya bernama Zila. Nama ini berarti yang teduh mungkin dari rambutnya atau berarti juga berdenting mungkin dari suaranya. Nama putrinya Naama berarti cantik. Nah lihatlah melalui pemberian nama ini terlihat apa yang paling berharga bagi mereka. Yang berharga bagi mereka adalah hal-hal lahiriyah: kecantikan dan sensualitas, bukan kepribadian atau karakter batinnya.

Dengan moralitas yang seperti ini teknologi menjadi tragedi. Tubal Kain menciptakan teknologi tembaga dan besi. Tujuannya adalah untuk kehidupan yang lebih baik tetapi di tangan Lamek tembaga dan besi menjadi mesin pembunuh yang ganas pada zamannya sehingga dia bisa berkata jika Kain harus dibalaskan tujuh kali lipat maka Lamek tujuh puluh tujuh kali lipat. Pembunuh dari tembaga dan besi. Teknologi yang awalnya diciptakan untuk kehidupan yang lebih baik dia sekarang mampu membunuh sepuluh kali lipat daripada Kain. Itulah kehidupan tanpa Tuhan.

Tetapi kita bersyukur Tuhan tidak pernah tinggal diam. Tuhan tidak mungkin membiarkan dunia ini hanya berisi keburukan saja. Melalui keturunan Adam dan Hawa berikutnya yaitu Set orang-orang mulai memanggil nama Tuhan.

Ketika Hawa melahirkan Kain dia memang berpikir bahwa Kain adalah pembebas yang dijanjikan oleh Tuhan. Itu sebabnya dia berkata aku telah mendapatkan seorang laki-laki dengan pertolongan Tuhan. Ya, laki-laki yang diberi nama Kain dia kira itu adalah penggenapan janji Tuhan bahwa sang pembebas telah datang. Ternyata Kain adalah seorang pembunuh. Tetapi walau dia salah itu adalah pernyataan imannya. Tuhan telah menjanjikan seorang penyelamat melalui benih wanita itu dan Hawa percaya.

Ketika Set lahir Hawa sudah belajar dari kesalahannya itu. Ia berkata Allah telah mengaruniakan kepadaku anak yang lain sebagai ganti Habel sebab Kain telah membunuhnya. Hawa memiliki harapan lagi melalui Set. Ia membangun harapan yang baru. Walau tidak disebut, sangat mungkin Adam dan Hawa mengajarkan nilai-nilai iman kepada Set. Set memiliki anak dan menamainya Enos. Di zaman Alkitab nama itu adalah penting. Nama bukan sekedar nama. Enos artinya manusia yang fana. Fana berarti lemah.

Apakah kita bisa melihat perbedaan tentang pemberian nama ini? Lamek meletakkan sikap dan kesombongannya pada nama keturunannya bahwa itu semua bisa dicapai tanpa Tuhan. Tetapi Adam dan Hawa sudah belajar banyak dari pengalaman pahit mereka. Mereka tidak dapat hidup tanpa Tuhan. Manusia tidak cukup kuat untuk hidup tanpa Tuhan. Mereka tidak dapat meninggalkan Tuhan. Maka nama Enos manusia yang fana adalah pernyataan sikap tentang kehidupan ini: hidup harus dijalani bersama dengan Tuhan. Maka sejak lahirnya Enos itulah orang memanggil nama Tuhan.

Sekarang apakah aplikasi kebenaran ini bagi kita? Percayalah kita tidak cukup kuat tanpa Tuhan. Lawan kita bukan kehidupan ini, bukan alam semesta ini. Teknologi bisa diciptakan untuk menaklukkan sulitnya hidup ini. Semua bidang kehidupan sekarang sudah berteknologi. Kehidupan menjadi lebih mudah. Dunia kerja sekarang bahkan kita bisa bekerja dari rumah menghasilkan uang dari rumah. Tetapi tidak ada itu yang bisa membunuh dosa dan menghilangkan kejahatan. Seiring dengan kemajuan teknologi maju juga cara manusia menyebarkan dosa dan juga kejahatan. Karena itu mari kita kembali kepada Tuhan. Bangunlah kehidupan ini bersama dengan Tuhan. Mari kita belajar mengakui kelemahan kita dan hidup bergantung kepada Tuhan.

KEJADIAN 5

Firman Tuhan selalu benar dan setan adalah pembohong besar. Allah berfirman: pada hari kamu makan dari pohon pengetahuan tentang yang baik dan yang jahat, kamu pasti akan mati. Tetapi setan berkata: tidak, kamu tidak akan mati. Kejadian pasal 5 ini berisi riwayat garis keturunan Adam dan Hawa melalui Set, dan semua diakhiri dengan kalimat pendek ini: "lalu ia mati". Memang umur mereka panjang, tetapi penutup riwayatnya pasti, lalu ia mati. Inilah pesan yang ingin disampaikan pasal ini: karena dosa, kita semua harus mati, tetapi mereka yang berjalan dengan Tuhan memiliki harapan hidup yang kekal.

Ketika Adam dan Hawa berdosa, seketika itu juga mereka mati secara rohani; mereka terpisah dari Allah. Tetapi tidak hanya itu, kematian secara fisik juga dimulai di dunia ini. Harus kita akui bahwa manusia yang diciptakan menurut gambar dan rupa Allah hanyalah Adam dan Hawa. Setelah mereka jatuh ke dalam dosa, mereka tidak melahirkan keturunan menurut gambar dan rupa Allah. Tetapi gambar dan rupa Adam itulah yang dikatakan: "Setelah Adam hidup 130 tahun, ia memperanakkan seorang laki-laki menurut rupa dan gambarnya, lalu memberi nama Set kepadanya." Set lahir dalam rupa Adam, mewakili sifat dosa yang diturunkan Adam, dan ia juga menurunkannya kepada keturunannya. Dosa Adam membawa kematian bagi semua orang.

Gagasan yang diajarkan di jaman kita ini adalah bahwa kematian merupakan bagian alami kehidupan kita: dilahirkan, kita menjalani hidup, dan kemudian kita mati. Kita semua mengikuti siklus ini, manusia menerimanya sebagai sesuatu yang alamiah. Tetapi sesungguhnya kematian adalah penghakiman Allah atas dosa manusia. Kematian sejatinya tidak alami; kematian adalah pengingat bahwa suatu hari nanti kita akan bertemu dengan Allah. Kita akan mempertanggungjawabkan kehidupan kita semasa kita di muka bumi ini.

Namun, di tengah-tengah siklus yang tidak menggembirakan ini ada sebuah pengecualian. Dalam ayat 24 dikatakan: "Henokh hidup bergaul dengan Allah, lalu ia tidak ada lagi, sebab ia telah diangkat oleh Allah." Surat Ibrani menjelaskan mengapa Ibrani 11:5 berkata: karena iman Henokh, ia terangkat supaya tidak mengalami kematian, dan ia tidak ditemukan karena Allah telah mengangkatnya. Kita bersyukur. Ada kisah Enos, yang entah mengapa riwayatnya ditulis sangat singkat, tetapi Henokh adalah sebuah harapan bahwa mereka yang berjalan dengan Allah memiliki hidup yang kekal.

Dari Kejadian pasal 5 ini kita bisa petik beberapa pelajaran. Yang pertama, kita harus berjalan dengan Tuhan. Berjalan dengan Tuhan dimulai dengan iman: iman untuk percaya kepada Tuhan, iman untuk percaya kepada janji-janji FirmanNya. Kehidupan ini menuntut kita untuk mempercayai sesuatu. Dengan itu, kita bisa menjalani hidup ini. Percaya kepada arsitektur, maka kita menyerahkan rumah kita untuk dibangun dan kita tinggali. Kita percaya kepada lembaga pendidikan, maka kita mengirim anak-anak kita untuk titik sebagai bekal bagi masa depan mereka. Kita percaya kepada mobil, bus, atau pesawat terbang sebagai alat transportasi; dengan itu kita menempuh perjalanan dan menjadi jauh lebih cepat daripada berjalan kaki. Mengapa tidak kita mempercayai Tuhan? Bukankah hidup ini sebuah perjalanan: dilahirkan, kita menjalani hidup, lalu kita mati? Ketika kita mempercayai Tuhan, kita menempuh perjalanan hidup ini bersama Tuhan. Namun awalnya adalah iman.

Keluarga memiliki peranan yang sangat penting. Dalam ayat 3 dikatakan: "Setelah Adam hidup 130 tahun, ia memperanakkan seorang laki-laki menurut rupa dan gambarnya." Anak adalah gambaran dari orang tuanya. Semua sifat, watak, tabiat, karakter, dan nilai-nilai moral orang tuanya, termasuk kehidupan rohaninya, akan turun kepada anaknya. Kain memutuskan untuk meninggalkan Tuhan, dan tidak lama kemudian ia mewariskan keturunan yang jauh lebih jahat dan kejam daripada dirinya sendiri. Lamek berkata: jika Kain dibalaskan tujuh kali lipat, Lamek 77 kali lipat. Lalu dimulailah garis keturunan yang tidak mengenal Tuhan. Tetapi berbeda dengan Set, dari garis keturunan Set orang mulai memanggil nama Tuhan, dan dari garis keturunan Set pulalah muncul orang-orang saleh seperti Henokh, yang hidup bergaul dengan Allah, dan juga Nuh. Nuh dalam kesaksian pasal 6 disebutkan adalah seorang yang benar dan tidak bercela di antara orang-orang sezamannya. Nuh itu hidup bergaul dengan Allah dan sudah memiliki tanggung jawab yang penting.

Baik buruknya, anak adalah cerminan dari orang tuanya. Yang ketiga, berjalan dengan Tuhan bisa jadi membuat kita berbeda dengan banyak orang. Dalam surat Yudas ayat 14-15 terdapat kesaksian tentang Henokh. Henokh, keturunan ketujuh dari Adam, telah bernubuat: "Sesungguhnya Tuhan datang dengan beribu-ribu orang kudus-Nya, hendak menghakimi semua orang dan menjatuhkan hukuman atas orang-orang fasik karena semua perbuatan fasik yang mereka lakukan, dan karena semua kata-kata nista yang diucapkan orang-orang berdosa yang fasik itu terhadap Tuhan." Bayangkan dengan kata-kata seperti itu, apakah kira-kira yang dihadapi Henokh? Henokh tidak ikut arus. Henokh ikut menyuarakan kenabian, memperingatkan dosa orang banyak di kemudian hari. Pada zaman Nuh, nubuat Henokh terjadi, Tuhan menjatuhkan hukuman melalui air bah.

Berjalan dengan Tuhan bukan jalan yang singkat, mudah, dan cepat untuk sampai ke tujuan. Alkitab memang menuliskan riwayat Henokh amat singkat, tetapi ia hidup selamat 365 tahun, hidup dengan cara yang berbeda dari kebanyakan orang. Itu bukan perjalanan hidup yang mudah, tetapi dengan umur 365 tahun pada zaman itu, itu adalah umur terpendek. Hidup berjalan bersama Tuhan tidak menjamin umur panjang, tetapi menjamin kita untuk hidup kekal di dalam surga.

Sekarang waktunya kita untuk mengaplikasikan kebenaran ini. Keluarga memiliki peranan yang sangat penting. Anak adalah cerminan dari sifat, watak, tabiat, dan karakter orang tuanya. Didiklah anak-anak dalam takut akan Tuhan. Ajar mereka untuk beriman kepada Tuhan. Beri mereka contoh, ajari mereka berdoa, baca Alkitab, dan beribadah bersama. Wariskan iman. Jangan hanya harta, tanamkan nilai-nilai rohani. Jangan hanya motivasi untuk sukses dalam karir atau pekerjaan.

KEJADIAN 6

Dosa itu seperti kanker; kita tidak akan menyadarinya. Awalnya mungkin hanya sekedar kompromi kecil. Kita abaikan hal-hal yang mengganggu di hati kita, biarkan hal-hal yang tak sesuai dengan nilai-nilai rohani kita, menoleransi rasa itu, kita memaafkan diri. Lalu kanker kecil yang bernama dosa itu tiba-tiba sudah menjalar tanpa terasa.

Proses ini digambarkan dalam Kejadian 6 ayat 1-8. Dosa dimulai dengan kompromi, lalu berlanjut dengan kerusakan, dan berakhir dengan hukuman, kecuali kita menanggapi kasih karunia Allah. Perikop ini sangat penting, karena Tuhan Yesus menyamakan hari-hari sebelum kedatangan-Nya kembali ke dalam dunia ini dengan hari-hari sebelum air bah.

Dalam Matius 24, Tuhan Yesus berkata: "Sebab sebagaimana halnya pada zaman Nuh, demikian pula akan kelak pada kedatangan Anak Manusia. Sebab sebagaimana mereka pada zaman sebelum air bah itu makan dan minum, kawin dan mengawinkan, sampai kepada hari Nuh masuk ke dalam bahtera, dan mereka tidak tahu akan sesuatu sebelum air bah itu datang dan menyelamatkan mereka semua, demikian pulalah kelak pada kedatangan Anak Manusia."

Pada zaman Nuh, orang-orang mengabaikan peringatan Allah. Begitu juga nanti, pada zaman menjelang kedatangan Tuhan Yesus yang kedua kalinya. Yang penting di sini adalah peringatan Tuhan tentang dosa: jangan abaikan, tetapi dengarkanlah.

Sekarang mari kita mulai eksposisinya. Musuh dari hidup takut akan Allah adalah kompromi dengan dosa. Ketika manusia itu mulai bertambah banyak jumlahnya di muka bumi, dan bagi mereka lahir anak-anak perempuan, maka anak-anak Allah melihat bahwa anak-anak perempuan manusia itu cantik-cantik, lalu mereka mengambil istri dari antara perempuan-perempuan itu, siapa saja yang disukai mereka.

Istilah "anak-anak Allah" mengacu pada keturunan Set yang saleh, yang memanggil nama Tuhan. Ini berbeda dengan keturunan Kain, yang hidup tanpa Tuhan. Sedangkan istilah "anak-anak perempuan manusia" mengacu pada wanita dari garis keturunan Kain, yang tidak mengenal Tuhan.

Dalam perikop ini terjadi perkawinan campuran: keturunan Set yang saleh menikah dengan keturunan Kain yang tidak mengenal Tuhan. Musa menuliskan kitab ini untuk menjadi peringatan bagi umat Israel bahwa sebagai umat pilihan Allah, mereka harus tetap menjaga standar kekudusan. Sebabnya, perkawinan campuran dilarang di zaman Musa dan juga zaman sesudahnya.

Keturunan Set yang memanggil nama Tuhan menikah atas dasar ketertarikan seksual saja, bukan atas dasar karakter yang saleh dan iman. Hasilnya adalah kompromi. Kompromi dari standar kekudusan, akibatnya adalah kerusakan dan penghakiman atas umat manusia. Jadi dosa awalnya adalah kompromi. Setan sering menggunakan pernikahan yang salah sebagai cara untuk melemahkan umat Allah.

Ini adalah cara yang selalu efektif. Adalah wajar untuk tertarik secara fisik, tetapi menikah atas dasar ketertarikan fisik saja adalah kesalahan yang serius. Setan menggunakan senjata ini berulang-ulang untuk merusakkan generasi anak-anak Tuhan. Pernikahan yang didasarkan pada ketertarikan seksual saja merusakkan sesuatu yang sangat penting, yaitu integritas hidup mereka, tak lagi sesuai dengan sebutan yang melekat pada diri mereka, yaitu anak-anak Allah. Keturunan Set semakin jauh dari Allah; mereka mengalami kerusakan rohani yang parah.

Dalam ayat 4 disebutkan tentang orang-orang "Nephilim". Istilah ini pernah muncul saat mata-mata Israel kembali ke perkemahan dan melaporkan bahwa mereka telah melihat orang-orang raksasa dan merasa seperti belalang dibandingkan dengan raksasa. Kata ini berasal dari kata dasar yang berarti "jatuh ke atas". Orang-orang raksasa ini memiliki reputasi menjatuhkan setiap musuh mereka dengan melemparkannya ke atas, seperti yang biasa dilakukan oleh para raksasa. Maksudnya adalah bahwa generasi sebelum air bah terkenal dengan kekerasannya.

Dosa menjadi tidak terkendali. Mereka hidup dalam pemberontakan kepada Allah sehingga Tuhan menyesal telah menjadikan manusia di bumi, sebab segala kecenderungan hati mereka jahat. Alkitab kembali menekankan bahwa dosa dimulai dari hati. Jadi waspadailah hati. Manusia melihat apa yang di depan mata, tetapi Tuhan melihat hati. Keadaan hati adalah keadaan kita yang sesungguhnya. Sucinya seseorang tidak dilihat dari pakaiannya, tetapi dari hatinya. Hati memang tak mudah terdeteksi, namun dari hatilah lahir perbuatan dosa.

Ketika kejahatan manusia tak terkendali lagi, Tuhan mengumumkan penghukuman-Nya. Dalam ayat 7, Tuhan berfirman: "Aku akan menghapuskan manusia yang telah Kuciptakan itu dari muka bumi, baik manusia maupun hewan, binatang-binatang melata, dan burung-burung di udara; sebab Aku menyesal telah menjadikan mereka."

Dosa berakhir dengan penghukuman. Coba bayangkan ini, betapa mengerikannya. Di perikop selanjutnya, Tuhan menimpakan air bah, bencana alam dengan skala yang luas, yang tak terhitung jumlah korbannya.

Tetapi di situasi seperti itu, ayat 8 berkata: Nuh mendapat kasih karunia di mata Tuhan. Ini menarik, karena kata "kasih karunia" berarti perkenanan Tuhan yang tidak selayaknya didapatkan. Jadi Nuh sama berdosanya dengan semua orang di zamannya, tetapi yang membuatnya berbeda ialah Nuh bersedia menerima pandangan Tuhan bahwa dia adalah orang yang berdosa. Nuh mau berbalik dari dosa itu. Nuh mencari kasih karunia Allah, dan hasilnya adalah kehidupan yang dibenarkan.

Apa yang bisa kita ambil sebagai motivasi diri? Jangan pernah berkompromi dengan dosa-dosa kecil. Dosa besar bermula dari dosa kecil. Terimalah peringatan Tuhan sebagai anugerah. Kesempatan bertobat adalah anugerah yang menghindarkan kita dari hukuman. Sejatinya, kita semua sama di hadapan Tuhan: berdosa dan pantas menerima hukuman. Namun yang membuat kita berbeda, Tuhan menemukan kita terlebih dahulu. Terpujilah nama-Nya. Jangan berkompromi dengan dosa, karena keselamatan adalah anugerah yang tak terkira.

Dalam hidup ini Kadang Iman harus dipertahankan dengan risiko bahwa kita harus berdiri sendirian tetapi orang beriman tidak benar-benar sendirian ada Allah yang senantiasa disampingnya. Tuhan Yesus berkata aku menyertai kamu senantiasa sampai kepada akhir zaman dalam Perjanjian Lama pun sama karena Allah tidak pernah berubah Dulu Sekarang Dan Selamanya.

Nuh berdiri sendirian di lingkungan dan jaman yang jahat. Ayat 11 dan 12 menjelaskan lingkungan dan jaman dimana Nuh hidup. Adapun bumi telah rusak di hadapan Allah dan penuh dengan kekerasan. Allah menilai bumi itu dan sungguhlah rusak benar sebab semua manusia menjalankan hidup yang rusak di bumi. Tiga kali dikatakan bahwa bumi rusak; kata Ibrani untuk rusak berarti menghancurkan. Bumi telah menjadi tempat yang membawa kehancuran bagi kehidupan dan peradaban manusia. Dua kali juga dikatakan bahwa bumi penuh dengan kekerasan.

Kerusakan moral dan kekerasan selalu seiring sejalan. Buanglah kekudusan, buanglah standart moral Tuhan maka yang segera terjadi adalah kekerasan. Ketika kepentingan diri diatas segalanya dan semua cara menjadi halal maka manusia akan saling mengorbankan. Tak ada lagi rasa hormat tak ada lagi aturan kalau pun ada aturannya adalah tidak ada aturan. Siapa yang kuat maka dialah yang menang. Pada kehidupan yang seperti ini, kekerasan akhirnya menjadi sebuah pilihan, pilihan sebagai alat untuk memperoleh apa yang diinginkan dan pilihan sebagai cara untuk melindungi diri maka kekerasan berkembang dengan sangat mengerikan.

Nah kita juga menggambarkan zaman kita. Tuhan Yesus berkata sebab sebagaimana halnya pada zaman Nuh demikian pula halnya kelak pada kedatangan anak manusia. Maka situasi Nuh adalah situasi kita semua. Jika zaman semakin gila kita harus berani seperti Nuh berdiri sendirian bersama dengan Tuhan tetapi berdiri sendirian membutuhkan iman.

Dalam ayat 9 disebutkan bahwa Nuh adalah orang yang benar dan tidak bercela di antara orang-orang sezamannya. Kata benar yang dilekatkan pada diri Nuh bisa kita pahami dengan 2 cara: pertama dibenarkan oleh iman yaitu iman kepada Tuhan. Nuh taat saat alam memintanya membuat bahtera. Nuh percaya seperti yang dikatakan oleh Tuhan bahwa Tuhan akan menghukum manusia dengan air bah. Jarak penggenapan nubuatan Tuhan tentang air bah ini sedikitnya memakan waktu 120 tahun sesuai dengan tenggang waktu yang disebut unduhan sebelumnya yaitu di ayat 3. Maka perkiraan waktu yang dibutuhkan Nuh untuk membangun bahtera adalah 120 tahun. Hanya orang yang benar-benar percaya Tuhan sajalah yang mau melakukan. Atas dasar inilah Nuh disebut sebagai orang yang benar. Kata benar juga digunakan untuk perilaku yang benar sesuai dengan standart iman.

Ungkapan bahwa Nuh tidak bercela di antara orang-orang sezamannya lebih cocok dianggap sebagai cara orang di zaman Nuh menilai dirinya. Nuh pastilah tidak sempurna sebab tidak ada manusia yang sempurna di dunia ini. Sebab semua orang telah berbuat dosa. Tetapi Tuhan memandang Nuh benar karena Nuh hidup bergaul dengan Tuhan. Nuh membutuhkan Tuhan supaya dia bisa menjaga kehidupan. Kita juga membutuhkan Tuhan dan perlu untuk berjalan bersama dengan Tuhan maka ini yang harus kita lakukan.

Yang pertama, dengarkanlah firman Tuhan, taatilah sebab sejatinya firman Tuhan itu memiliki sesuatu yang membutuhkan iman. Firman Tuhan berhubungan dengan hal-hal yang tidak kelihatan. Kehancuran yang dijanjikan Tuhan tidaklah kelihatan pada saat Nuh mendengar kali pertama, sebab baru setelah 120 tahun kemudian air bah itu benar-benar datang. Namun yang luar biasa adalah Nuh percaya. Nuh taat. Nuh bisa melihat dengan mata imannya. Nuh hidup bersama dengan Tuhan.

Yang kedua, berjalan bersama Tuhan itu membutuhkan ketekunan. Membuat bahtera membutuhkan ketekunan panjang. Bahtera yang harus dibuat Nuh adalah 450 k. Lebarnya 75 k. Dan tingginya 45 k. Kalau kita hitung dalam satuan meter, panjang kapal Nuh adalah 137 meter, lebarnya hampir 23 m, dan tingginya hampir 14 m. Nuh seperti sedang membangun rumah susun terapung. Ini jelas proyek raksasa, butuh kesungguhan hati, tekad yang kuat, putus asa tidak memadai, butuh segalanya: biaya dan tenaga pastilah tidak sedikit. Semua itu hanya mungkin dilakukan oleh orang yang memiliki kesungguhan hati dan juga ketekunan. Ungkapan yang dipakai di dalam ayat yang ke-22 adalah Nuh melakukan semuanya itu tepat seperti yang diperintahkan Allah kepadanya; demikianlah dilakukannya.

Proyek ini membutuhkan presisi; ketekunan lah yang sanggup untuk mewujudkannya. Belum lagi tantangan yang harus dihadapi oleh Nuh, ingat bahwa dia hidup ditengah-tengah masyarakat yang tidak percaya kepada Tuhan. Tetapi ketaatan Nuh tidaklah sia-sia. Saat air bah benar-benar menenggelamkan bumi, Nuh dan keluarganya, dan juga semua hewan yang ada di dalam kapal itu selamat.

Nah sekarang mari kita jadikan kebenaran ini sebagai motivasi diri. Yang pertama, jangan takut jika kita harus berdiri sendirian di dunia ini, sebab sejatinya kita tidak pernah benar-benar sendirian. Tuhan Yesus berjanji bahwa sekali-kali Ia tidak akan membiarkan kita dan sekali-kali Dia tidak akan meninggalkan kita. Ketahuilah mereka yang berani berdiri sendirian demi imannya, Tuhan juga berdiri di sisinya.

Yang kedua, iman tidak untuk membuktikan bahwa kita benar tetapi menuntun kita untuk melakukan apa yang benar. Sebab sejatinya orang yang beriman sadar bahwa ia adalah orang yang berdosa seperti yang dikatakan oleh firman Tuhan. Jadi mengapa orang beriman membutuhkan taat? Karena dia ingin hidupnya dituntun kepada jalan hidup yang benar. Karena itu, percayalah pada Tuhan dan taatilah firman Tuhan.

Yang ketiga, berkat mengikuti Tuhan tidaklah selalu instan, tetapi Tuhan selalu menggenapi janjinya. Jangan tanyakan kapan, sebab orang beriman memahami waktu Tuhan. Teruslah bersama Dia karena kitab ini berisi eksposisi dan inspirasi, kiranya menjadi motivasi bagi hidup kita kini dan nanti.

KEJADIAN 7

Di ayat yang ke-11 jelas dikatakan tentang tanggalnya: pada waktu umur Nuh 600 tahun, pada bulan yang kedua, pada hari yang ketujuh belas bulan itu. Pada hari itulah terbelah segala mata air samudera raya yang dahsyat dan terbukalah tingkap-tingkap di langit. Penyebutan waktu peristiwanya jelas dan juga cermat sesuai dengan kebiasaan pada zaman itu.

Perjanjian Baru sendiri mencatat bahwa baik Tuhan Yesus maupun Petrus menyebut bahwa orang-orang di zaman Nuh adalah contoh bagaimana orang-orang di akhir zaman akan mencemooh penghakiman Allah. Perjanjian Baru menerimanya sebagai peristiwa sejarah.

Sedangkan di luar Alkitab banyak cerita ditemukan di banyak budaya selama ribuan tahun tentang banjir besar seperti zaman Nuh ini, yang menunjuk kepada sumber yang sama—penghukuman Tuhan melalui air bah. Ini benar-benar terjadi.

Air bah ini bersifat global, meliputi seluruh dunia, seperti yang difirmankan oleh Tuhan dalam ayat yang kedua dan ketiga. Tuhan berkata bahwa Nuh harus mengambil beberapa dari setiap jenis hewan supaya terpelihara hidup keturunannya di seluruh bumi. Dalam ayat yang ke-4 Tuhan memberitahu Nuh bahwa Dia akan menghapus dari muka bumi semua makhluk hidup yang telah Dia ciptakan.

Jika seandainya banjir ini bersifat lokal, tidak mungkin Nuh membangun bahtera yang besarnya seperti kompleks perumahan. Seandainya lokal, hewan-hewan dengan mudah bisa menyelamatkan diri ke daerah yang kering. Jadi banjir ini, seperti yang Tuhan firmankan, meliputi seluruh bumi.

Dalam ayat yang ke-11 dan 12 dikatakan bahwa sumber air bah ini bukan hanya hujan tanpa henti selama empat puluh hari empat puluh malam, tetapi juga mata air samudera raya. Ini menunjukkan bahwa perubahan besar-besaran terjadi di dalam lautan yang kemungkinan disebabkan oleh pergeseran lempengan bumi di bawah lautan.

Ayat 19 dan 20 mengatakan bahwa semua gunung yang tinggi di seluruh bumi tertutup air sampai 6,75 meter di atasnya. Dengan ketinggian air seperti itu, banjir ini berskala dunia. Dari segi lamanya, banjir ini menutupi bumi selama 150 hari atau lima bulan, dan lebih dari setahun baru bisa menjadi kering kembali. Tidak ada banjir lokal yang airnya membutuhkan waktu sepanjang itu untuk surut kembali.

Ayat 21 dan 22 mengatakan bahwa semua binatang yang bernafas dengan hidungnya mati; tidak ada yang tersisa. Ayat 23 menyatakan bahwa demikianlah dihapuskan Allah segala yang ada di muka bumi, baik manusia, hewan, binatang melata, dan burung-burung di udara. Semuanya dihapuskan dari atas bumi. Hanya Nuh dan semua yang bersama-sama dengan dia dalam bahtera itu yang tinggal hidup.

Apa yang dapat kita pelajari dari kisah ini? Yang pertama: banjir hukuman itu datang tiba-tiba, tetapi Tuhan telah memberi peringatan sebelumnya. Dunia yang jahat ini telah diperingatkan selama hampir 1000 tahun. Henok, sebagaimana dikatakan dalam surat Yudas, telah bernubuat menentang kejahatan manusia pada zamannya. Anaknya diberi nama Metusalah yang artinya "ketika ia mati, penghakiman akan datang." Metusalah hidup selama 969 tahun, dan saat ia mati, tahun itulah air bah terjadi. Tuhan memberi peringatan, tetapi manusia mengabaikannya.

Nuh sendiri membangun bahteranya selama 120 tahun barulah selesai, dan kemudian air bah itu datang. Tahun-tahun pembuatan bahtera itu adalah sebuah peringatan. Nuh adalah seorang nabi Tuhan, tetapi manusia mengabaikannya.

Ketika Nuh, keluarganya, dan semua hewan telah masuk ke dalam bahtera, Tuhan mengunci pintunya. Tiba-tiba hujan datang dan mata air samudera raya terbelah. Hukuman ini datang tiba-tiba, tetapi Allah telah memberikan peringatan jauh sebelumnya.

Pesan dari pelajaran ini ialah: air bah adalah gambaran dari penghakiman Tuhan atas dunia ini pada akhir zaman. Saat itu terjadi, itu akan datang secara tiba-tiba, tetapi sesungguhnya Tuhan sudah cukup memberikan peringatan. Ini yang perlu kita tangkap sebagai pesan penting.

Rasul Petrus mengingatkan bahwa penghakiman pada hari Tuhan akan tiba seperti pencuri. Pada hari itu langit akan lenyap dengan gemuruh yang dahsyat, unsur-unsur dunia hangus dalam nyala api, dan bumi serta segala yang ada di atasnya akan hilang lenyap. Itulah yang akan terjadi pada akhir zaman. Tuhan menggunakan air bah sebagai gambaran akhir zaman bagi dunia yang menolak kasih Yesus. Datangnya penghakiman adalah seperti pencuri.

Bagi orang percaya, seperti Nuh, sekalipun ia tidak tahu kapan air bah datang, ia siap. Begitu juga dengan kita. Tidak ada seorang pun yang tahu kapan saatnya, tetapi orang percaya siap menyambutnya kapan saja.

Seperti tidak ada yang lolos saat penghakiman dengan air bah itu, demikian juga tidak ada yang akan lolos dari penghakiman Tuhan yang akan datang. Kita semua akan menghadap takhta pengadilan Kristus. Rasul Paulus mengingatkan bahwa setiap orang akan memperoleh apa yang patut diterimanya sesuai dengan yang dilakukannya dalam hidup ini, baik ataupun jahat.

Seperti saat air bah di zaman Nuh, Tuhan menentukan bahwa bahtera adalah jalan keselamatan bagi Nuh, keluarganya, dan semua hewan di dalamnya. Begitu juga pada akhir zaman: Allah telah menentukan bahwa Yesus adalah jalan keselamatan dan hidup. Hanya mereka yang percaya dan menerima Yesus sebagai Juruselamat yang akan selamat.

Seperti air bah di zaman Nuh, semua yang jahat dan mengabaikan panggilan untuk bertobat mengalami kematian dalam penghukuman itu. Demikian juga kelak: di hadapan takhta putih, mereka yang namanya tidak tertulis dalam kitab kehidupan akan dilemparkan ke dalam lautan api.

Apa yang bisa kita petik sebagai inspirasi dan motivasi?

Percayalah bahwa penghakiman Tuhan pasti datang. Dosa tidak pernah disepelekan Tuhan. Hari Tuhan pada akhir zaman akan menjadi hari penghukuman bagi semua orang berdosa. Namun, hari Tuhan juga adalah hari penyelamatan bagi mereka yang percaya.

Nuh mendapat kasih karunia dari Tuhan, demikian juga keselamatan kita di dalam Yesus Kristus adalah kasih karunia. Milikilah iman di dalam Yesus Kristus. Iman membuat kita mendengar peringatan Tuhan. Iman membuat kita bersedia mengikuti jalan Tuhan.

Terimalah Yesus sebagai jalan keselamatan, sebab di bawah kolong langit ini tidak ada nama lain yang olehnya manusia dapat diselamatkan selain nama Yesus.

Jika ada di antara teman-teman yang belum menerima Yesus sebagai Juruselamat, berdoalah — terimalah Yesus sebagai Juruselamat. Ikuti kata-kata doa yang saya ucapkan:

"Ya Tuhan, aku mengakui bahwa aku adalah orang yang berdosa, sebab semua manusia telah jatuh ke dalam dosa. Ampunilah aku dari segala dosaku. Aku menerima Yesus sebagai Juruselamatku. Aku mengakui Yesus sebagai jalan keselamatan yang telah Engkau tentukan. Aku percaya bahwa Yesus adalah Tuhan yang datang ke dunia ini, mati di atas kayu salib untuk menebus dosa-dosaku. Yesus, masuklah ke dalam hatiku. Jadilah Juruselamatku."

KEJADIAN 8

Pernahkah kita merasa Tuhan sepertinya melupakan kita? Nuh mungkin merasa seperti itu setelah masuk ke dalam bahtera. Hujan lebat mengguyur bumi selama empat puluh hari empat puluh malam. Bukan itu saja, semua mata air di bawah samudra terbelah sehingga air dari atas dan dari bawah meluap menutupi bumi. Bagaimanakah Nuh menjalani semua itu? Dia ada di bahtera karena Tuhan. Dia tidak sedang liburan di kapal pesiar. Nuh mungkin berharap Tuhan akan selalu berbicara dengannya setiap waktu, setiap saat, tetapi Alkitab tidak menceritakan hal itu terjadi atau tidak.

Namun di ayat yang pertama dikatakan: "Maka Allah mengingat Nuh dan segala binatang liar serta segala ternak yang bersama-sama dengan dia dalam bahtera itu, dan Allah membuat angin menghembus melalui bumi sehingga air itu turun." Tuhan mengingat Nuh. Jadi Tuhan akhirnya membuat air menjadi surut. Ungkapan ini menunjukkan bahwa Tuhan mengambil tindakan untuk memenuhi janji-Nya.

Di ayat 2 sampai dengan 22 diceritakan bagaimana Allah mengeringkan bumi secara bertahap. Mula-mula Allah membuat angin menghembus melalui bumi sehingga air mulai surut. Allah juga menutup mata-mata air samudera raya dan tingkap-tingkap di langit supaya hujan berhenti total, sehingga bumi akhirnya menjadi kering.

Dalam ayat 13–14 dikatakan bahwa dalam tahun keenam ratus satu, pada bulan pertama, tanggal satu, air dari atas bumi sudah kering, dan Nuh membuka tutup bahtera itu untuk melihat-lihat. Ternyata muka bumi sudah mulai kering. Dalam bulan kedua, pada hari yang ke-27 bulan itu, bumi telah kering sepenuhnya. Tuhan memenuhi janji-Nya untuk menyelamatkan Nuh, keluarganya, dan semua hewan di dalam bahtera. Tuhan tidak akan pernah lupa dengan janji-Nya.

Dalam ayat 15–17 diceritakan Nuh, keluarganya, dan semua hewan keluar dari kapal dan memulai kehidupan baru di bumi yang baru. Puji Tuhan. Di ayat 20–22 diceritakan bahwa Nuh mempersembahkan korban syukur, dan Tuhan berjanji tidak akan lagi menimpakan hukuman sehebat yang baru saja dialami Nuh, apa pun dosa yang dilakukan manusia.

Dari peristiwa ini kita bisa belajar beberapa hal:

Pertama, percaya. Percayalah dengan sepenuh hati kepada Tuhan. Peringatan akan menenggelamkan bumi dipercayai Nuh dengan sepenuh hati, meski tidak ada tanda-tanda alam yang nyata bahwa bencana hebat itu akan terjadi. Ketika Tuhan menyampaikan keputusannya kepada Nuh, 120 tahun kemudian semuanya terjadi, tetapi sejak awal Nuh sudah percaya sehingga ia sudah siap dengan bahtera itu. Sebab itulah Nuh selamat, begitu juga keluarganya.

Kedua, taat. Nuh taat ketika Tuhan memerintahkannya membuat bahtera, bahkan persis seperti yang diperintahkan Tuhan kepadanya. Keselamatan Nuh ditentukan oleh ketaatannya, dan kenyamanannya di dalam bahtera juga tergantung seberapa taat ia. Bayangkan jika Nuh mengurangi ukuran atau bahan bahtera, ia akan menghentikan keselamatan dirinya sendiri dan membuat bahtera menjadi tempat yang tidak nyaman selama banjir. Tetapi Nuh taat, sehingga ia dapat bertahan selama satu tahun di kapal dengan selamat.

Ketiga, hebatnya ketekunan. Untuk membangun bahtera, Nuh membutuhkan waktu 120 tahun. Nasibnya selama satu tahun di atas bahtera ditentukan oleh kesungguhannya dalam membangun selama 120 tahun. Ketekunan dan kesabaran adalah alat agar keberhasilan tercapai. Jika kita harus menunggu, ingatlah bahwa Tuhan tidak membutuhkan waktu untuk menolong kita, tetapi kita yang membutuhkan waktu untuk menerima pertolongan dan keselamatan-Nya.

Keempat, syukur. Selalu ucapkan syukur kepada Tuhan. Nuh membangun mezbah untuk menyampaikan korban syukur kepada Tuhan. Kehidupan barunya di bumi yang baru ia awali dengan mengingat Tuhan melalui korban syukurnya. Jangan pernah tinggalkan ibadah, karena ibadah adalah ungkapan syukur kita kepada Tuhan.

KEJADIAN 9

Berdasarkan Kitab Kejadian pasal 9 ayat 1 sampai dengan 7, ini adalah awal baru kehidupan manusia setelah air bah. Di bumi yang baru tentu saja bukan betul-betul baru, bumi tidak lagi sama seperti pertama kali diciptakan, tetapi bukankah manusia juga tidak sama seperti pertama kali diciptakan.

Dalam ayat pertama Tuhan berfirman, "Lalu Allah memberkatimu dan anak-anaknya serta berfirman kepada mereka: Beranakcuculah dan bertambah banyaklah serta penuhilah bumi."

Ini adalah pengulangan amanat Tuhan kepada Adam dalam Kejadian pasal 1 ayat 28. Waktu tidak bisa diputar ulang. Manusia yang sudah jatuh ke dalam dosa tidak dapat memutar ulang waktu untuk memperbaiki keadaan. Manusia tidak dapat mengulang kembali kehidupannya supaya bisa memulai kembali dengan benar, tetapi Tuhan memberi kesempatan ulang. Saya menyebut pasal 9 ini Tuhan memberi kembali manusia **kesempatan kedua**.

Pertanyaannya adalah, jika Tuhan memberikan kesempatan kedua, apa yang Tuhan lakukan? Tuhan tetap pada rencananya agar bumi ini dipenuhi dengan manusia saleh yang mencerminkan pribadi Allah sendiri.

Dalam ayat keenam, Tuhan menegaskan keinginannya ini, sebab Allah membuat manusia itu menurut gambarnya sendiri. Setelah manusia pertama jatuh ke dalam dosa, anak yang lahir dari Adam dan Hawa disebutkan dalam Kejadian pasal 5 ayat 3, "Setelah Adam hidup 130 tahun, ia memperanakkan seorang laki-laki menurut rupa dan gambarnya, lalu memberi nama Set kepadanya."

Sejak lahir, manusia bukan lagi disebut menurut rupa dan gambar Allah, tetapi menurut rupa dan gambar orang tuanya. Tetapi berbeda setelah Tuhan memusnahkan bumi dengan air bah. Perintah Tuhan supaya Nuh beranak cucu dan bertambah banyak adalah untuk memenuhi bumi dengan keturunan saleh yang mencerminkan rupa dan gambar Allah. Jadi Nuh punya tanggung jawab untuk melahirkan keturunan yang saleh.

Amanat ini juga disertai dengan berkat. Pada ayat kedua, manusia kembali diberikan kewenangan atas hewan: "Akan takut dan akan gentar kepadamu segala binatang di bumi dan segala burung di udara, segala yang bergerak di muka bumi dan segala ikan di laut; ke dalam tanganmu lah semuanya itu diserahkan."

Kekuasaan atas segala binatang dipulihkan. Manusia tetap ditempatkan Tuhan di atas semua ciptaan. Namun hubungan ini tidak benar-benar kembali seperti semula sebelum manusia jatuh ke dalam dosa. Sebelum dosa, hubungan Adam dan hewan berdasarkan kasih; setiap hewan antri untuk menerima nama dari Adam. Tetapi hubungan sekarang berdasarkan rasa takut dan gentar. Itu sebabnya hewan sering merasa terancam oleh keberadaan manusia atau sebaliknya.

Di kesempatan yang kedua, Tuhan membuat perubahan tentang apa yang dapat dimakan oleh manusia. Tuhan berfirman: “Segala yang bergerak yang hidup akan menjadi makananmu. Aku telah memberikan semuanya itu kepadamu, seperti juga tumbuh-tumbuhan hijau.”

Sekarang izin untuk mengonsumsi daging diberikan oleh Tuhan. Mungkin setelah pemusnahan bumi dengan air bah, ketersediaan tanaman dan buah-buahan mengalami perubahan yang besar, semua rusak dan musnah. Bumi tak seperti dulu lagi untuk kehidupan manusia. Inilah sebabnya Tuhan mengizinkan daging untuk dikonsumsi. Manusia tak lagi vegetarian seperti sebelumnya, hanya saja ada pembatasan: hanya daging yang masih ada nyawanya, yakni darahnya, janganlah kamu makan.

Ini menunjukkan masa depan pada sistem pengorbanan yang akan Tuhan tetapkan di bawah manusia, seperti yang tertulis dalam Imamat pasal 17 ayat 11: “Karena darah ada di dalam nyawa, dan Aku telah memberikannya kepadamu di atas mezbah untuk mengadakan pendamaian bagi nyawamu, karena darah mengadakan pendamaian dengan perantaraan nyawa."

Baik melalui penetapan hewan di bawah kekuasaan manusia dan sebagai makanan bagi manusia, di kemudian hari Tuhan menjadikan hewan sebagai korban pendamaian. Binatang ditentukan untuk melayani manusia, dan bukan manusia untuk melayani binatang. Tidak salah menyayangi binatang dan melindunginya, tetapi sangat salah bila manusia justru mengizinkan aborsi hewan yang dilindungi tetapi membunuh janin manusia ditoleransi.

Setelah air bah, Tuhan menegakkan kembali kehidupan. Pada kesempatan yang kedua ini, Tuhan memberikan perlindungan bagi manusia. Dalam ayat 5 sampai dengan 6, Tuhan menetapkan: "Tetapi mengenai darahmu, yakni nyawamu, Aku akan menuntut balasnya; dari segala binatang Aku akan menuntutnya, dan dari setiap manusia Aku akan menuntut nyawa sesama manusia. Siapa yang menumpahkan darah manusia, darahnya akan tertumpah oleh manusia, sebab Allah membuat manusia itu menurut gambar-Nya sendiri."

Tuhan menetapkan hukuman mati untuk memberikan perlindungan bagi manusia. Kejahatan tidak akan pernah hilang. Sifat dosa suatu saat akan menciptakan monster pembunuh pada diri manusia. Karena itu hukuman kematian dimaksudkan sebagai perlindungan. Frase dalam ayat 6 bahwa "Siapa yang menumpahkan darah manusia, darahnya akan tertumpah oleh manusia" secara implisit dimaknai bahwa Allah mendelegasikan otoritas kepada pemerintah untuk menyelidiki dosa dan menetapkan hukuman yang setimpal untuk menjaga kehidupan ini, bahkan jika perlu hukuman mati. Dari sini kita bisa memahami bahwa pemerintah adalah wakil Allah dalam menata kembali kehidupan.

Pada ayat 7, Tuhan mengutus Nuh untuk beranak cucu dan bertambah banyak, serta memenuhi bumi.

Nah, sekarang mari kita tarik pelajaran untuk dijadikan inspirasi dan motivasi. Kita tidak akan pernah bisa memutar kembali waktu untuk memperbaiki keadaan atau memulai kembali dengan benar, tetapi Tuhan memberikan kesempatan ulang atau kesempatan kedua. Maka manfaatkan sebaik-baiknya anugerah Tuhan ini dalam hidup. Kejatuhan bukan akhir segalanya, tetapi bangkit kembali sesuai anugerah Allah adalah kuncinya. Hiduplah sesuai dengan kehendak dan rencana Tuhan karena kesempatan kedua adalah anugerah yang tak terkira.

Kesempatan kedua adalah kesempatan untuk kita membangun kembali keluarga yang saleh dan benar. Orang tua harus lebih berkomitmen untuk mendidik anaknya menjadi anak yang takut akan Tuhan. Kesempatan kedua diberikan karena Tuhan ingin bumi ini dipenuhi dengan generasi Ilahi.

Walau ada yang hilang pada kesempatan kedua, tetapi Tuhan menambahkan berkat-Nya kepada manusia. Tuhan mengizinkan manusia mengonsumsi daging binatang. Bersyukurlah atas berkat-Nya, tetapi tetaplah fokus kepada Tuhan, sang pemberi berkat dan pemberi kehidupan.

Air bah yang menenggelamkan bumi telah menjadi pengalaman yang traumatis bagi Nuh dan keluarganya. Hujan itu terlalu dahsyat dan banjir itu terlalu hebat. Nuh baru saja melewati penghakiman Allah yang paling mengerikan dan paling menghancurkan di sepanjang sejarah kehidupan manusia.

Tetapi kehidupan tetaplah harus berlangsung. Lalu bagaimana jika suatu hari nanti langit mendung, kilat mengguntur sebagai pertanda hujan akan turun? Pastilah tanda alam yang biasa bagi kita menjadi teror mental yang akan membuat Nuh dan keluarganya menggigil ketakutan. Itu tentu sangat wajar.

Itulah sebabnya Tuhan membuat perjanjian bahwa Tuhan tidak akan menghancurkan bumi lagi dengan air bah yang sama. Tuhan tidak akan memusnahkan bumi lagi. Janji itu diucapkan Tuhan di ayat yang ke-11 dan yang ke-15:

"Maka Kuadakan perjanjian-Ku dengan kamu bahwa sejak ini tidak ada yang hidup yang akan dilenyapkan oleh air bah lagi, dan tidak akan ada lagi air bah untuk memusnahkan bumi."

Mengapa Tuhan harus mengucapkan perjanjian ini? Jawabannya adalah karena Tuhan adalah Tuhan yang setia dengan janjinya. Sampai hari ini, selama lebih dari 4000 tahun, Tuhan menepati janjinya. Peristiwa air bah seperti di zaman Nuh tidak pernah terulang lagi.

Ya, Tuhan setia dengan janjinya. Arti perjanjian itu sendiri dalam Alkitab memiliki makna hubungan yang dijanjikan dan ditentukan. Perjanjian ini sepenuhnya adalah inisiatif dari Tuhan, bukan negosiasi antara Nuh dan Tuhan. Tuhan berjanji untuk melakukan hal-hal tertentu. Allah memang berdaulat untuk menentukannya.

Perjanjian itu juga bersifat kekal, hal itu dinyatakan di ayat ke-12 dan ayat ke-16:

"Inilah tanda perjanjian yang kuat akan antara Aku dan kamu serta segala makhluk yang hidup yang bersama-sama dengan kamu, turun-temurun, untuk selama-lamanya. Jika busur itu ada di awan, maka Aku akan melihatnya sehingga Aku mengingat perjanjian-Ku yang kekal antara Allah dan segala makhluk yang hidup, segala makhluk yang ada di bumi."

Kita tidak perlu hidup dalam kecemasan tentang dosa-dosa masa lalu. Kita dapat mengetahui dengan pasti bahwa pembebasan kita dari penghakiman didasarkan pada kesetiaan Allah terhadap janji-janji Firman-Nya. Perjanjian itu juga bersifat universal bagi semua makhluk hidup, termasuk binatang.

Tuhan tidak akan pernah menenggelamkan bumi lagi. Banjir yang ada adalah banjir yang hanya bersifat lokal. Tuhan tetap setia dengan perjanjian-Nya. Perjanjian ini juga tidak mencantumkan syarat dan ketentuan. Allah tidak mengatakan bahwa perjanjian ini akan batal jika dosa manusia telah mencapai tingkat tertentu.

Perjanjian Allah dengan Nuh mengungkapkan kasih karunia-Nya yang berlimpah. Jika disebutkan kata "kasih karunia," ingatlah selalu bahwa artinya adalah kebaikan Tuhan yang diberikan kepada manusia, yang sejatinya tidak pantas untuk menerimanya. Jadi semata-mata belas kasih Tuhan saja, semata-mata karena kemurahan Tuhan.

Perjanjian ini ditegaskan dengan sebuah tanda, yaitu pelangi. Tanda pelangi dari Tuhan ini baik dan tepat. Tuhan meletakkannya di awan-awan. Semua orang bisa melihatnya saat hujan turun. Saat Nuh dan keluarganya mulai cemas karena bayang-bayang bencana yang dahsyat yang pernah mereka alami, muncullah pelangi yang indah. Nuh menjadi tenang kembali.

Itulah tanda perjanjian Tuhan bahwa tak akan ada lagi air bah di muka bumi. Di pelangi itu, Tuhan melukiskan kasih karunia-Nya. Setiap kali pelangi itu terlihat, setiap kali itu pula pelangi itu berbicara kepada Nuh: "Tenanglah dan percayalah, tidak ada lagi penghukuman Tuhan seperti yang telah engkau alami. Itu kali pertama dan itu yang terakhir kalinya. Murka Allah sudah lewat."

Ini adalah tanda bahwa manusia sekarang hidup di dalam anugerah kasih Allah. Hidup memang adalah sebuah anugerah. Pelangi itu adalah pernyataan dari surga bahwa surga siap menyediakan jalan yang berbeda untuk menyikapi dosa manusia. Jalan itu indah seperti pelangi indah. Allah menghadapi dosa manusia dengan kasih yang agung, kasih yang mulia, yang kemudian dinyatakan melalui kasih Yesus yang rela mati di atas kayu salib untuk menebus dosa manusia.

Tuhan Yesus adalah "Pelangi Kasih Ilahi" karena Tuhan memilih untuk menebus manusia dari hukuman dosa. Karena begitu besar kasih Allah, maka Tuhan Yesuslah yang membayar hukuman dosa itu di atas kayu salib di bukit Golgota.

Seperti yang dikatakan Rasul Paulus, sekarang tidak ada penghukuman bagi mereka yang ada di dalam Kristus Yesus. Yesus adalah tanda perjanjian Allah untuk tidak lagi menghukum manusia yang percaya kepada-Nya. Yang dilakukan manusia hanyalah percaya dan menerima Yesus sebagai juruselamat dan Tuhan-nya.

Jika Anda memiliki pelangi sebagai tanda jaminan bahwa tak ada lagi penghakiman Allah dengan air bah, orang Kristen memiliki tanda perjamuan Tuhan sebagai jaminan yang membebaskannya dari penghakiman Allah di akhir zaman. Hayatilah unsur-unsur perjamuan Tuhan: roti melambangkan tubuh Yesus yang memikul dosa manusia, dan anggur melambangkan darah Yesus yang tertumpah menebus hukuman dosa manusia.

Orang Kristen diselamatkan bukan karena tidak berdosa atau berbuat dosa itu tidak apa-apa, tetapi karena Yesus telah membayar lunas hukuman dosa manusia. Ia di atas kayu salib, seperti bahtera pada zaman Nuh telah menyelamatkan Nuh, maka begitu juga Kristus telah menyelamatkan semua orang yang percaya kepada-Nya.

Berkali-kali Tuhan memberi penegasan kepada Nuh dalam ayat-ayat kesembilan:

"Sesungguhnya Aku mengadakan perjanjian-Ku dengan kamu dan dengan keturunanmu."

Di ayat ke-11: "Maka Kuadakan perjanjian-Ku dengan kamu."

Di ayat ke-12: "Inilah tanda perjanjian yang Kuadakan antara Aku dan kamu serta segala makhluk yang hidup yang bersama-sama dengan kamu, turun-temurun, untuk selama-lamanya."

Di ayat ke-13: "Busur-Ku Kutaruh di awan supaya itu menjadi tanda perjanjian antara Aku dan bumi."

Di ayat 15–17: "Jika busur itu ada di awan, maka Aku akan melihatnya sehingga Aku mengingat perjanjian-Ku yang kekal. Inilah tanda perjanjian yang Kuadakan antara Aku dan segala makhluk yang ada di bumi."

Tuhan ingin Nuh yakin bukan dengan perasaannya, tetapi dengan firman Tuhan yang pasti. Pelangi itu ada. Kabar baiknya, penghakiman Tuhan sudah lewat.

Begitu juga bagi kita. Di dalam Kristus, perjamuan Tuhan adalah tanda perjanjian bahwa penghakiman Tuhan atas dosa manusia sudah lewat.

Mari kita petik inspirasi dari bacaan kita kali ini supaya menjadi motivasi bagi kita: memiliki pelangi sebagai tanda perjanjian, begitu juga dengan kita, orang percaya, memiliki Yesus sebagai juruselamat dan Tuhan, tak hanya saat mengikuti perjamuan Tuhan.

Ingatlah, keselamatan kita bukanlah berdasarkan perasaan, tetapi berdasarkan firman Tuhan dan aksi Kristus di atas kayu salib di bukit Golgota.

Sungguh luar biasa, di dunia yang jahat, Nuh berdiri sendiri dan menunjukkan pilihannya. Dia memilih Tuhan. Itu sebabnya Nuh mendapat kasih karunia dari Tuhan. Tuhan menganggap Nuh satu-satunya manusia yang pantas untuk diselamatkan dari penghakiman air bah. Dia orang yang benar, tidak bercela di antara orang sesamanya, dan Nuh hidup bergaul dengan Allah.

Setelah air bah surut dan bumi menjadi kering, bagaimana Nuh mengisi kehidupan barunya di bumi yang baru? Ternyata ditemukan mabuk dalam tendanya, terbaring tidak sadarkan diri dalam keadaan telanjang. Apa yang bisa kita temukan di sini? Orang yang paling saleh sekalipun rentan terhadap dosa. Maka benarlah peringatan Rasul Paulus dalam 1 Korintus 10:12: "Sebab itu siapa yang menyangka bahwa ia teguh berdiri, hati-hatilah supaya ia jangan jatuh."

Kesalehan Nuh sebelum air bah tidak sanggup menahan dosa. Kita tidak dapat bergantung kepada kesalehan di masa lalu; kesalehan di masa lalu tidak menjamin ia tidak berdosa di masa sekarang. Begitu juga dengan kita. Nuh berumur lebih dari enam ratus tahun ketika ia ditemukan tergeletak dalam keadaan mabuk dan telanjang. Jangan tanya pengalamannya—pada umur seperti itu ia sudah banyak makan asam garam kehidupan. Tetapi pengalaman juga bukanlah jaminan bebas dosa. Nuh mengajar kita bahwa tidak ada yang kebal terhadap dosa. Bahkan malaikat yang diciptakan Tuhan sekalipun bisa jatuh ke dalam dosa.

Tidak ada formula yang dapat mengatasi dosa. Jadi, apa yang terjadi saat air bah menenggelamkan bumi? Nuh bergantung sepenuhnya kepada Tuhan setiap hari. Tetapi ketika keadaan aman, Nuh tidak lagi waspada. Ia lengah dan terjatuh dalam dosa. Kemabukan, dosa, juga mudah menyerang jika kita tidak lagi memiliki rasa malu terhadap dosa.

Apa yang sebenarnya terjadi dengan Ham? Kita tidak boleh berspekulasi dengan banyak kemungkinan yang tidak diceritakan Alkitab. Ham melihat ketelanjangan ayahnya; ia tidak merasa sedih, prihatin, atau khawatir. Ia tidak memiliki rasa hormat terhadap ayahnya dan menanggapinya sebagai hiburan. Ia menceritakannya kepada kedua kakaknya. Apa yang dilakukan Ham adalah dosa. Mungkin ia bersikap toleran terhadap dosa, tetapi dosa Ham tetaplah dosa.

Dosa Ham mengajar kita bahwa dosa yang tampaknya tidak besar dapat memiliki konsekuensi luas, yang tidak hanya bagi dirinya sendiri tetapi juga bagi keturunannya. Karena dikutuk oleh Nuh dalam sejarahnya, keturunan Ham akhirnya mengalami kerusakan moral; mereka mempraktekkan pemujaan terhadap sensualitas, pelacuran, dan homoseksualitas. Karena itu, berhati-hatilah, dosa orang tua bisa berdampak kepada anak dan cucunya bahkan untuk beberapa generasi berikutnya.

Perkataan Nuh dalam ayat 25, "Terkutuklah Kanaan, hendaklah ia menjadi hamba yang paling hina bagi saudara-saudaranya," dapat kita pahami sebagai ramalan terhadap karakter yang Nuh lihat pada anak cucunya. Dari karakter buruk seseorang dapat diramalkan nasib buruknya, dan dari karakter baik seseorang dapat diramalkan nasib baiknya.

Namun, dalam peristiwa ini ada pesan penting: jangan pernah menyerah terhadap godaan dosa. Tindakan Sem dan Yafet yang dengan hati-hati menutupi ketelanjangan Nuh menunjukkan karakter baik mereka. Mereka memiliki rasa takut akan Tuhan dan rasa hormat terhadap ayahnya. Sem diberkati dengan berkat Tuhan dan menjadi pewaris perjanjian Tuhan dengan Nuh. Sedangkan Yafet diberkati dengan berkat bahwa kediamannya akan diperbesar oleh Tuhan dan ikut menerima bagian dari perjanjian.

Beberapa penafsir menyatakan bahwa keturunan Yafet menyebar ke Utara dan Barat, ke seluruh Eropa, dan akhirnya ke Amerika. Kita terima saja sebagai informasi, tidak harus divalidasi.

Dari Sem dan Yafet kita dapat belajar bahwa kita tidak perlu menyerah terhadap godaan dosa. Kita bisa memilih untuk tidak menyerah.

Pelajaran yang bisa dipetik:

Pertama, jangan pernah merasa aman dari dosa. Tidak ada yang kebal dari dosa. Jangan mengurangi kewaspadaan kita terhadap bahaya dosa.

Kedua, berhati-hatilah agar dosa anggota keluarga tidak membuat kita terseret melakukan dosa. Melakukan dosa atau tidak adalah sebuah pilihan.

Ketiga, tetaplah hormat kepada orang tua, sekalipun mereka telah gagal sebagai orang tua bagi kita.

Keempat, kita harus menyadari bahwa alkohol tetaplah berbahaya, meskipun ada di tangan orang yang saleh dan tidak bercela seperti Nuh. Begitu juga dengan kita.

KEJADIAN 10

Kitab Kejadian pasal yang kesepuluh, ini berisi daftar nama yang dimaksudkan oleh penulisnya, Musa, supaya bangsa Israel memahami asal usul orang yang nanti akan mereka jumpai selama mereka menuju tanah perjanjian. Ada berkat dan ada juga kutuk di dalam nubuatan. Israel tidak boleh ragu dalam bertindak. Kita tidak membahas nama-nama yang menjadi leluhur bangsa-bangsa ini, tetapi kita fokus kepada pelajaran rohaninya.

Yang pertama, betapa cepatnya orang melupakan Tuhan. Di dalam ayat pertama dikatakan, "Inilah keturunan Sem, Ham, dan Yafet, anak-anak Nuh. Setelah air bah itu lahirlah anak-anak lelaki bagi mereka." Perhatikanlah frase "setelah air bah itu." Frase ini diulangi lagi pada ayat penutupnya, ayat ke-32: "Itulah segala kaum anak-anak Nuh menurut keturunan mereka, menurut bangsa mereka, dan dari mereka itulah berpencar bangsa-bangsa di bumi setelah air bah itu."

Air bah adalah penghakiman Allah yang paling keras dan juga yang paling dahsyat. Mungkin kita menyangka setelah itu orang-orang akan menjadi takut akan Tuhan selama beberapa generasi, tetapi kita salah besar. Tidak ada keterangan dalam daftar nama orang-orang dan bangsa-bangsa di dalam pasal 10 ini yang memberi petunjuk bahwa mereka hidup takut akan Tuhan atau mengikuti satu-satunya Tuhan yang benar. Nimrod adalah contohnya. Dia adalah orang yang pertama berkuasa di bumi dan seorang pemburu yang gagah perkasa di hadapan Tuhan. Jika kita terburu-buru, kita akan menyangka bahwa Nimrod adalah orang yang baik, tetapi frase ini di dalam bahasa Ibrani mengandung arti yang negatif. Nimrod menegaskan dirinya melawan Tuhan. Istilah "perkasa" yang dikenakan pada dirinya menunjuk kepada arti perkasa dalam usahanya sendiri, tetapi tidak perkasa dalam kesalehan.

Nimrod juga pendiri Babel dan kota Niniwe yang kemudian menjadi musuh bangsa Israel dalam Alkitab. Babel mula-mula adalah sebuah kota, lalu kemudian menjadi simbolis untuk sebuah sistem yang meninggikan manusia bertentangan dengan Allah dan menindas manusia yang lemah di muka bumi. Dimulai mengubah pemerintahan menjadi sebuah tirani. Pada pasal selanjutnya nanti, gagasan mendirikan menara Babel yang tinggi hingga langit dimaksudkan untuk mencari nama bagi diri mereka sendiri dan menolak amanat Tuhan agar manusia beranak cucu dan memenuhi bumi.

Setelah air bah, dengan cepat orang melupakan Tuhan. Tapi kita harus tetap percaya kepada Tuhan, tidak peduli seberapa hebatnya kita di mata manusia, sebab hari nanti kita semua akan menghadap Tahta Pengadilan Tuhan.

Pada pasal ini kita juga melihat yang kedua, betapa cepatnya manusia lupa bahwa sejatinya kita semua bersaudara. Tuhan ingin menata kembali kehidupan di muka bumi ini melalui air bah. Setelah air bah, kita semua berasal dari keturunan yang sama, dari keluarga yang sama yang mendapatkan kasih karunia dari Tuhan, yaitu dari keluarga Nuh. Tidak ada yang salah jika kemudian manusia tersebar ke seluruh muka bumi menjadi berbangsa-bangsa. Tidak salah jika tiap-tiap bangsa mengembangkan budaya yang berbeda-beda sesuai dengan alam di sekitarnya. Kita semua bersaudara. Tidak salah jika tiap-tiap bangsa memiliki bahasa yang berbeda-beda, mengembangkan teknologi yang berbeda-beda sesuai dengan tantangan kehidupan yang dihadapinya, tetapi kita semua berasal dari keluarga yang sama.

Namun lihatlah, dengan cepat manusia melupakan kebenaran ini. Semua nama-nama bangsa yang ada di dalam pasal kesepuluh ini kemudian saling menyerang, menaklukkan, menindas, memperbudak, dan mengembangkan budaya yang sangat mengerikan untuk mengalahkan yang lain. Setelah air bah, manusia lupa bahwa sejatinya kita semua bersaudara. Kita berasal dari keluarga yang sama.

Membaca apa yang ditulis oleh Lukas dalam Kisah Para Rasul pasal 17 ayat 26–27: "Dari satu orang saja Ia telah menjadikan semua bangsa dan umat manusia untuk mendiami seluruh muka bumi, dan Ia telah menentukan musim-musim bagi mereka dan batas-batas kediaman mereka supaya mereka mencari Dia." Saya membayangkan betapa indahnya jika pada waktu-waktu tertentu semua bangsa yang terserak di muka bumi ini berkumpul kembali menjadi satu untuk menyembah Allah yang sama yang telah menciptakan kita semua, sambil merayakan pertemuan kembali dengan saudara-saudara kita, keluarga lama yang lama tak jumpa, dan bersyukur karena kita memiliki leluhur yang di masa yang jahat berdiri teguh memilih untuk tetap percaya kepada Tuhan sehingga mendapatkan kasih karunia dari Tuhan.

Selama ribuan tahun ini memang tidak akan mungkin terjadi. Faktanya, manusia saling berperang, bangsa-bangsa saling menaklukkan. Tetapi suatu hari nanti, kita akan berkumpul bersama sebagai satu keluarga, tidak di bumi yang sekarang ini, tetapi di bumi yang akan datang, yaitu bumi yang baru dan langit yang baru.

Saya senang dengan apa yang dikatakan Rasul Paulus di Listra, yang dicatat dalam Kisah Para Rasul pasal 14 ayat 16–17: Dalam zaman lampau Allah membiarkan semua bangsa menuruti jalan masing-masing, namun Ia bukan tidak menyatakan diri-Nya dengan berbagai kebajikan, yaitu dengan menurunkan hujan dari langit dan memberikan musim-musim subur bagi mereka. Ia memuaskan hati mereka dengan makanan dan kegembiraan.

Tuhan tetap menyatakan kasih dan kehadiran-Nya melalui semua berkat yang kita sebut sebagai berkat umum. Tetapi ada satu berkat yang akan menyatukan kita semua, yaitu berkat khusus, berkat yang istimewa: Tuhan Yesus telah mati bagi dosa manusia. Di dalam Yesus ada pengampunan dosa. Di dalam Yesus ada keselamatan yang kekal. Di dalam Yesus kita semua menjadi keluarga Allah.

Di dalam Yesus persaudaraan kita yang kekal akan dipulihkan. Suatu hari nanti, semua manusia yang percaya akan berkumpul menjadi satu, sebagai sebuah keluarga di dalam Tuhan, di bumi yang baru dan langit yang baru.

Jadi, tugas kita adalah menyampaikan berkat khusus ini, menyampaikan berkat istimewa ini: bahwa di dalam Yesus Kristus ada keselamatan, di dalam Yesus Kristus ada pengampunan dosa, dan di dalam Yesus Kristus ada surga sebagai rumah kita bersama. Mari kita semua kembali kepada Tuhan, dan kita kembali menjadi sebuah keluarga.

KEJADIAN 11

Dari Kitab Kejadian pasal 11 ayat 1 sampai 9 bahasannya adalah kisah tentang pembangunan Menara Babel. Babel adalah proyek Nimrod seperti yang dikatakan pada pasal 10 ayat 10. Ia tidak sekadar membangun menara atau kota. Di dalam ayat 4 dikatakan: "Marilah kita dirikan bagi kita sebuah kota dengan sebuah menara yang puncaknya sampai ke langit, dan marilah kita cari nama supaya kita jangan terserak ke seluruh bumi."

Dalam catatan Babilonia diceritakan bahwa kota mereka dibangun di surga oleh para dewa, dan dengan bangga menyebutnya sebagai Babili — Gerbang Tuhan. Dari catatan ini kita dapat menangkap motif pembangunan Menara Babel. Nimrod berambisi untuk menjadi seperti Tuhan. Jika kita asumsikan gerbang Tuhan atau Babel ini berhasil dibangun, maka Nimrod yang haus kekuasaan akan tertahbis sebagai dewa. Maka mencari nama yang ia maksud adalah kekuasaan, bukan sekadar popularitas. Semua orang yang dikumpulkannya menjadi satu di menara itu akan dijadikan sebagai umatnya.

Motif Nimrod bukanlah keprihatinan terhadap kemungkinan bahwa bangsa-bangsa akan terserak ke seluruh bumi tanpa perlindungan dan kepastian. Nimrod seorang yang haus kekuasaan, ia ingin memiliki kuasa seperti Tuhan. Ia menantang kedaulatan Tuhan sebagai satu-satunya yang layak disembah dan dipuja. Dalam sejarah kerajaan kuno, dari generasi ke generasi, raja sering dianggap sebagai dewa atau putra dewa. Karena itu, tema dari Menara Babel adalah kesombongan manusia melawan Tuhan.

Itu sebabnya Musa menyebut Nimrod dalam pasal 10 sebelumnya bahwa ia adalah seorang pemburu yang gagah perkasa di hadapan Tuhan. Bukan pengakuan, tetapi sindiran — olok-olok terhadap kesombongannya.

Bagaimana Tuhan menyikapinya? Ayat 5 berkata: "Lalu turunlah Tuhan untuk melihat kota dan menara yang didirikan oleh anak-anak manusia itu." Ini bahasa ironi. Gerbang Tuhan yang diklaim mampu mencapai surga, ternyata bahkan tidak terlihat dari surga. Untuk melihatnya, Tuhan digambarkan harus turun. Tentu Tuhan Maha Melihat, tetapi ayat ini adalah bahasa antropomorfisme — sebuah sindiran kepada sombongnya manusia yang merasa mampu menyentuh surga.

Ayat 5 juga menyebut bahwa menara itu didirikan oleh anak-anak manusia, bukan oleh dewa seperti klaim catatan Babilonia. Mereka hanya manusia yang lemah, keperkasaan mereka hanya sementara. Frasa lalu turunlah Tuhan menegaskan bahwa kedaulatan tetap ada di tangan Tuhan.

Pada ayat 6 Tuhan seolah mengakui kekuatan mereka: satu bangsa, satu bahasa; tekad bersatu dapat melakukan banyak hal. Namun sehebat apa pun tekad manusia, kedaulatan tetap milik Tuhan. Maka pada ayat 7–8 Tuhan bertindak: "Baiklah Kita turun dan mengacaukan bahasa mereka sehingga mereka tidak mengerti lagi bahasa masing-masing." Seketika proyek itu berhenti. Mereka terserak dan pembangunan Babel terhenti total.

Ini bukan sekadar hukuman. Ini juga tindakan kasih. Bayangkan, dengan teknologi zaman itu — bata dan ter — manusia ingin membangun tower raksasa menghimpun seluruh manusia di satu struktur. Jika menara itu runtuh, musnah seluruh umat manusia, seperti Air Bah terulang. Tuhan menghentikan mereka untuk menyelamatkan manusia dari kehancuran yang mereka sendiri ciptakan.

Apa pelajaran dari kisah ini? Kesombongan manusia sering tanpa sadar mendorong manusia memberontak terhadap kehendak Allah. Kita ingin membangun proyek hidup sendiri, mengejar nama, mengejar ketinggian, berharap menyentuh langit. Namun tanpa Tuhan semuanya akan jatuh. Tuhan pasti menghentikan apa pun yang melawan kehendak-Nya. Karena itu kita menyerahkan hidup dan tenaga kita kepada rencana-Nya, bukan rencana kita sendiri.

Bekerjalah dengan kesadaran bahwa hasil pekerjaan manusia diperiksa Tuhan. Karena itu wajar jika rasul Paulus menasehatkan: "Apapun yang kamu lakukan, lakukanlah itu seperti untuk Tuhan, bukan untuk manusia." Bila itu menjadi tujuan hidup, maka apa yang kita bangun tidak berhenti di bumi — tetapi mencapai kekekalan. Jadikan dirimu rekan sekerja Tuhan.

Silsilah ini pastilah penting sehingga Allah memutuskannya sebagai bagian yang harus ada dalam kitab sucinya.

Pesan apakah yang ingin disampaikan melalui naskah yang berisi silsilah ini?

Tuhan terus bekerja dalam sejarah kehidupan ini untuk menggenapi janji-Nya. Setelah Adam dan Hawa jatuh ke dalam dosa, Allah berjanji bahwa melalui keturunan Hawa Ia akan menyediakan Juruselamat. Dan sejak itu Tuhan terus bekerja dalam sejarah. Tuhan bergerak melintasi waktu, hadir di setiap generasi untuk menyelesaikan rencana keselamatan-Nya.

Rencana keselamatan Allah dalam sejarah melibatkan orang-orang pilihan-Nya. Setelah memilih Nuh, Allah memilih Sem — anak pertama Nuh. Dari Sem kemudian Tuhan memilih Arpakhsad. Begitulah Tuhan memilih orang-orang-Nya sampai akhirnya kepada Abraham.

Pilihan Tuhan atas orang-orang ini adalah berdasarkan kasih karunia-Nya saja, bukan karena jasa, kepantasan, kesucian hidup, ataupun iman mereka.

Dalam Yosua 24:2 Tuhan berfirman: dahulu kala di seberang Sungai Efrat, di situlah diam nenek moyangmu yakni Terah, ayah Abraham dan ayah Nahor, dan mereka beribadah kepada allah lain.

Abraham berasal dari keluarga kafir, bahkan mungkin ia sendiri seorang penyembah berhala ketika Tuhan memanggilnya. Generasi kemudian, ketika Rahel mencuri patung-patung dewa milik ayahnya, ini menunjukkan bahwa mereka masih menyembah berhala.

Tetapi Allah memilih mereka. Pilihan Allah yang berdaulat tidak bergantung pada keadaan orang-orang yang dipilih-Nya. Abraham adalah orang berdosa — Allah memilihnya semata-mata karena kasih karunia-Nya saja. Karena itu keselamatan adalah dari Allah, bukan hasil usaha manusia. Tidak ada bagian dari manusia yang membuatnya pantas dan berhak menerima keselamatan.

Rencana keselamatan Allah dalam sejarah juga melibatkan waktu. Dalam silsilah itu melekat waktu — dari generasi ke generasi bergulirlah waktu. Kita tidak tahu persis berapa lama waktu berlalu dari Sem hingga sampai Abraham. Kita juga tidak tahu mengapa baru di zaman Abraham Tuhan mulai memanggil suatu umat bagi-Nya.

Waktu ada dalam kedaulatan Tuhan. Melalui waktu Tuhan bekerja. Jika kita hidup di waktu sekarang, kita pantas bersyukur sebab Allah telah menyelesaikan rencana keselamatan-Nya.

Tuhan Yesus telah datang ke dalam dunia ini. Tuhan surga hadir ke dalam dunia, melewati hamparan waktu, menyusuri garis keturunan yang telah disiapkan Allah sendiri. Tuhan Yesus lahir di kandang domba sebagai manusia, dan di atas kayu salib keselamatan yang dijanjikan Allah itu diselesaikan-Nya.

Tuhan Yesus menanggung dosa manusia dan membayar hukuman dosa itu dengan kematian-Nya di atas kayu salib di bukit Golgota 2000 tahun yang lalu. Waktu ada dalam kedaulatan Tuhan.

Namun karya keselamatan Tuhan juga melibatkan respons pribadi. Tuhan memanggil Abraham ketika ia masih berada di Ur, tetapi Abraham hanya pergi sejauh Haran, dan ia menetap di sana bersama Terah ayahnya. Barulah setelah Terah meninggal, Tuhan menyuruhnya pindah untuk melanjutkan kembali perjalanannya ke negeri yang dijanjikan-Nya.

Ini adalah pergerakan yang lambat, tetapi Tuhan memakai Abraham. Bersama Abraham Tuhan bergerak perlahan. Abraham tidak selalu lurus menuju tanah perjanjian. Dalam masa sejarah dicatat bahwa Abraham tinggal di Mesir, tetapi Tuhan tetap bersamanya.

Rencana Tuhan melibatkan respons pribadi. Pemilihan Tuhan tidak mensyaratkan kesempurnaan. Walau Tuhan memanggil Abraham, Kejadian 11:30 menyebut bahwa Sarai mandul. Ini tentu sebuah cobaan — Tuhan berjanji memberi keturunan sebanyak bintang di langit dan pasir di laut, tetapi kenyataannya Sarai mandul. Namun dari Abraham kita belajar bahwa Tuhan mengubah cobaan menjadi berkat besar.

Ishak lahir ketika Abraham berusia 100 tahun. Tuhan sering menggelar karpet merah di atas kekurangan dan kelemahan kita, supaya Ia dimuliakan dan kita dapat melangkah sambil merayakan kasih karunia-Nya. Bukankah Tuhan sering berbuat demikian dalam hidup anak-anak-Nya?

Pahamilah — rencana keselamatan Allah tidak mensyaratkan kesempurnaan kita, tetapi respons ketaatan kita untuk menyambut panggilan-Nya. Kasih karunia Tuhan menuntut respons.

Apa yang bisa kita pelajari? Jika hari ini engkau mendengar firman ini — itu bukan kebetulan. Tuhan punya rencana indah. Rencana keselamatan-Nya melibatkan orang-orang pilihan-Nya dan waktu berada dalam kedaulatan Tuhan.

Terimalah Tuhan Yesus sebagai Juruselamat dan Tuhan kita, karena karya keselamatan Allah membutuhkan respons. Tuhan akan mengampuni dosa-dosamu sebab Yesus menanggung hukuman yang seharusnya kita terima.

Jangan menunda — sebab waktu ada dalam kedaulatan Tuhan. Ambillah keputusan sekarang dan sambut Yesus sebagai Tuhan dan Juruselamatmu, seperti Abraham menyambut panggilan Tuhan.

KEJADIAN 12

Dari Kitab Kejadian pasal 12 ayat 1–3, ketika Tuhan memanggil Abraham, dia sedang hidup di sebuah kota yang menyembah berhala yaitu Ur-Kasdim, dan di kota itu ia hidup seperti semua penduduknya hidup. Lalu Tuhan memanggilnya dan membuat perjanjian dengannya. Perjanjian Tuhan adalah untuk memberkati Abraham dan menjadikannya berkat bagi semua bangsa. Melalui panggilan Abraham ini kita dapat memahami panggilan kita. Tuhan memanggil kita untuk memberkati kita. Ayat yang pertama berkata: berfirmanlah Tuhan kepada Abraham, "Pergilah dari negerimu dan dari sanak saudaramu dan dari rumah bapamu ini ke negeri yang akan Kutunjukkan kepadamu." Sejarah penebusan dimulai dari Allah yang berbicara, keselamatan adalah inisiatif Allah sepenuhnya, bukan dari manusia. Dalam kedaulatannya Allah memanggil manusia kepada diri-Nya. Yang diterima Abraham adalah perintah, bukan saran. Dalam Perjanjian Baru kata "panggilan" atau "memanggil" paling sering digunakan untuk panggilan keselamatan Allah. Itu bukan petunjuk untuk hidup lebih berbahagia atau tips untuk menjadi lebih sukses dan lebih kaya di dalam dunia ini. Itu adalah perintah yang bersifat otoritatif dari Allah tentang keselamatan. Dalam Injil Markus pasal 1 ayat 15, Tuhan Yesus mendeskripsikan dengan jelas panggilannya: "Waktunya telah genap, Kerajaan Allah sudah dekat, bertobatlah dan percayalah kepada Injil." Ya, panggilan Allah adalah supaya manusia diselamatkan. Itu bersifat perintah.

Dari panggilan Abram ini kita memahami bahwa panggilan Tuhan memiliki konsekuensi kesulitan. Tuhan memanggil Abraham saat usianya 75 tahun. Itu sebenarnya bukan usia yang tepat untuk sebuah petualangan baru atau perubahan. Di usia 75 itu dia sudah nyaman dengan kehidupannya di Ur-Kasdim. Tuhan memerintahkannya untuk meninggalkan semuanya. Itu bukan sebuah panggilan yang mudah. Dia akan menghadapi banyak kesulitan, bahkan risiko permusuhan. Itu sebabnya mengapa Tuhan memberi jaminan bahwa orang yang akan mengutuk Abraham akan dikutuk Tuhan. Begitu juga panggilan Tuhan bagi kita. Panggilan kita memiliki konsekuensi kesulitan. Tuhan memanggil kita untuk memisahkan kita dari semua yang akan menghalangi komitmen kita kepada-Nya. Yesus pernah berkata, "Jikalau seorang datang kepada-Ku dan ia tidak membenci bapanya, ibunya, istrinya, anak-anaknya, saudara-saudaranya laki-laki atau perempuan — bahkan nyawanya sendiri — ia tidak dapat menjadi murid-Ku." Tuhan Yesus berbicara tentang risiko, bukan mengajarkan tentang sikap membenci. Meninggalkan segala sesuatu dan menjadi pengikut Kristus bisa dianggap tidak lagi mengasihi dan menghargai orang tua kita atau keluarga kita, bahkan nyawa kita sendiri. Bagi para murtadin, mereka sangat mengerti risiko ini.

Panggilan Tuhan juga menuntut iman kepada Tuhan dan Firman-Nya. Pada ayat 4 dikatakan, "Lalu pergilah Abram seperti yang difirmankan Tuhan kepadanya." Abraham percaya apa yang dikatakan Tuhan kepadanya, dan karena percayanya itu dia pergi meninggalkan semuanya. Ini berbicara tentang iman. Yang terpenting dalam iman bukanlah iman kita, tetapi kepada siapa kita beriman. Dari panggilan Abraham ini kita melihat Tuhanlah yang berfirman, Tuhanlah yang akan menunjukkan negeri yang dijanjikannya itu, Tuhanlah yang akan membuat Abraham menjadi bangsa yang besar, Tuhanlah yang akan membuat nama Abraham masyhur, karena Tuhanlah yang memberkati Abraham. Ya, ini adalah tentang Tuhan — Tuhan yang menciptakan langit bumi serta segala isinya. Ini panggilan Tuhan menuntut iman kepada Tuhan dan juga Firman-Nya.

Di dalam panggilan Abraham ini kita melihat janji Tuhan memberkati. Yang pertama, Tuhan berjanji untuk menjadikan Abraham bangsa yang besar — janji ini sudah digenapi. Keturunannya yaitu bangsa Yahudi adalah bangsa yang besar di dunia ini. Yang kedua, Tuhan berjanji untuk memberkati Abraham — berkat ini baik jasmani maupun rohani, dan kita dapat melihatnya di dalam kehidupan Abraham dalam sejarah. Yang ketiga, Tuhan berjanji untuk membuat nama Abraham besar — baik orang Yahudi, maupun orang Kristen dan juga Muslim menghormati Abraham sebagai bapak iman mereka. Yang keempat, Tuhan berjanji untuk memberkati mereka yang memberkati

Abraham dan mengutuk orang-orang yang mengutuk Abraham — ini adalah janji perlindungan Tuhan. Yang kelima, di dalam Abraham semua bangsa di muka bumi ini akan diberkati. Melalui garis keturunan Abraham, Juruselamat yang dijanjikan itu kemudian dilahirkan. Sekarang semua orang yang percaya kepada Yesus sebagai Juruselamat dan Tuhannya menikmati berkat Abraham ini. Tuhan Yesus menebus dosa manusia, dan setiap orang yang percaya kepada-Nya beroleh hidup yang kekal di dalam Kerajaan Surga.

Tetapi seiring dengan berkat Tuhan ini, Abraham juga memiliki tanggung jawab. Frasa terakhir dalam ayat yang kedua berkata, "Dan engkau akan menjadi berkat." Apa yang bisa kita petik sebagai inspirasi bagi kita? Kita bersyukur bahwa Tuhan memanggil kita untuk diselamatkan. Karena iman Abraham, kita sekarang memiliki Juruselamat di dalam Yesus Kristus. Jika karena mengikut Tuhan kita menghadapi kesulitan, kita pastilah akan lebih ikhlas menghadapinya. Sebab bukankah Abraham pun menghadapi banyak kesulitan sebab dia memenuhi panggilan Tuhan? Tetapi sama seperti Abraham diberkati Tuhan, kita pun pasti diberkati Tuhan. Tuhan setia kepada mereka yang percaya dan yang juga setia kepada-Nya. Namun kita juga punya tanggung jawab: kita harus menjadi berkat. Oleh Abraham semua kaum di muka bumi ini akan mendapat berkat. Tuhan Yesus memberi kita sebuah amanat yang kita sebut sebagai Amanat Agung, yaitu untuk menjadikan segala bangsa murid Yesus, agar semua orang di muka bumi ini juga mendapatkan berkat keselamatan di dalam Yesus Kristus. Jadi mari kita memberitakan kabar baik ini, bahwa Juruselamat yang dijanjikan Allah itu untuk menyelamatkan kita dari hukuman dosa telah tersedia di dalam Yesus Kristus. Dengan segala cara mari kita sampaikan kabar baik ini, sebab kita juga harus menjadi berkat.

Melanjutkan kisah tentang panggilan Abraham berdasarkan Kitab Kejadian pasal 12 ayat 4–9. Pada bagian ini kita akan merenungkan apa itu iman melalui perjalanan iman Abraham, sebab Abraham disebut sebagai bapa orang beriman.

Ketika Tuhan menyuruh Abraham pergi dari negerinya ke negeri yang akan ditunjukkan kepadanya, Kejadian 12:4 berkata: *"Lalu pergilah Abraham seperti yang difirmankan Tuhan kepadanya."* Dari Abraham kita belajar bahwa iman berarti percaya akan firman Tuhan. Tidak hanya itu, beriman juga berarti kita taat. Taat bukan hanya pada kata, tetapi tindakan atas firman Tuhan.

Dalam ayat 5 dikatakan: *"Mereka berangkat ke tanah Kanaan lalu sampai di situ."* Abraham melaksanakan apa yang Tuhan firmankan. Iman sesederhana itu, tetapi bagian yang paling sulit dari iman adalah melakukan firman Tuhan. Itu sulit bagi kita — dan itu pun sulit bagi Abraham. Tuhan meminta Abraham untuk pergi dari negerinya, dari sanak saudaranya, bahkan dari rumah bapaknya.

Kisah Para Rasul memberi kesaksian bahwa perintah ini diberikan Tuhan sejak Abraham di Ur-Kasdim. Tetapi kenyataannya, Abraham pergi bersama ayahnya, Terah, dan hanya sampai sejauh Haran. Melakukan persis seperti yang difirmankan Tuhan tidaklah mudah bagi Abraham. Setelah Terah meninggal, barulah Tuhan mengingatkan kembali panggilannya. Abraham pergi dari Haran ke Kanaan, tetapi ia masih membawa Lot, keponakannya. Abraham tidak betul-betul bisa lepas dari keluarganya seperti yang diperintahkan Tuhan. Melakukan firman Tuhan memang tidak mudah.

Di kemudian hari, Abraham berpisah dengan Lot. Barulah firman Tuhan dapat ia lakukan dengan lebih sempurna. Bertindak berdasarkan firman Tuhan memang membutuhkan proses, tetapi kita harus tetap semangat.

Dari panggilan Abraham ini kita belajar dua sikap orang beriman.

Pertama, orang yang beriman akan hidup sebagai musafir di dunia ini. Dalam ayat 6 dikatakan bahwa Abraham berjalan melalui negeri itu sampai ke suatu tempat dekat Sikhem, yakni pohon tarbantin di More. Perhatikan frasa *"Abraham berjalan melalui negeri itu."* Negeri itu hanya untuk dilewati Abraham saja, tidak untuk ia menetap. Karena iman, Abraham menjadi seorang musafir.

Ayat 8 berkata: *"Kemudian ia pindah dari situ ke pegunungan di sebelah timur Betel."* Ia memasang kemahnya — Betel di sebelah barat dan Ai di sebelah timur. Abraham memasang kemahnya. Sepanjang hidupnya Abraham tinggal di tenda, bukan tempat tinggal permanen. Iman membuat Abraham menjadi seorang musafir. Seorang beriman akan selalu ingat bahwa dunia ini bukan rumahnya.

Dalam ayat 7 dikatakan bahwa Tuhan menampakkan diri kepada Abraham dan berfirman bahwa tanah Kanaan akan diberikan kepada keturunannya. Tanah itu tidak dijanjikan untuk dirinya, tetapi untuk keturunannya. Orang beriman tidak menginginkan kepemilikan dunia ini. Pada masa itu banyak lahan kosong, mudah bagi Abraham untuk mendirikan kota, tetapi ia tidak melakukannya. Abraham mencari kota yang arsitek dan pembangunnya adalah Tuhan sendiri.

Demikian pula harapan orang Kristen. Pengharapan kita adalah surga, bukan dunia ini. Rasul Paulus mengingatkan dalam 1 Korintus 15: *"Jikalau kita hanya dalam hidup ini saja menaruh pengharapan kepada Kristus, maka kita adalah orang-orang yang paling malang dari segala manusia."* Tuhan memanggil kita untuk surga, bukan hanya untuk hidup sementara di dunia ini. Tuhan Yesus berkata bahwa karena kita bukan dari dunia ini, dunia membenci kita. Kita tidak boleh mencintai dunia, kita tidak boleh terikat olehnya. Di dunia ini kita hanyalah musafir. Tujuan kita yang sejati adalah surga.

Kedua, sikap orang beriman: kita adalah saksi iman. Dalam ayat 7 bagian B dikatakan bahwa Abraham mendirikan mezbah bagi Tuhan yang menampakkan diri kepadanya. Untuk dirinya sendiri Abraham hanya membangun tenda, tetapi di Kanaan ia mendirikan mezbah. Abraham meninggalkan jejak imannya. Mezbah adalah saksi iman Abraham.

Ketika perjalanan Abraham sampai di daerah antara Betel dan kota Ai, ayat 8 menjelaskan bahwa Abraham mendirikan mezbah bagi Tuhan dan memanggil nama Tuhan. Sekarang Abraham lebih terbuka mengakui imannya. Di banyak tempat sepanjang perjalanannya ia mendirikan mezbah dan memanggil nama Tuhan.

Apa yang bisa kita petik sebagai inspirasi bagi kehidupan kita?

Yang memotivasi iman adalah percaya kepada firman Tuhan dan melakukannya. Ini memang tidak mudah; perlu perjuangan. Abraham tidak langsung sempurna melakukannya, tetapi melalui waktu iman bertumbuh menjadi dewasa dan kuat. Teruslah mempercayai firman Tuhan dan melakukannya.

Pengharapan orang percaya bukan dunia ini. Di dunia ini kita hanyalah musafir. Hidup kita sementara; harapan kita adalah surga — di sanalah kita tinggal selamanya.

Di dunia ini kita adalah saksi Tuhan. Tinggalkanlah jejak iman dalam hidup sebanyak mungkin, agar banyak orang percaya kepada Tuhan melalui kesaksian kita.

KEJADIAN 13

Pada kitab Kejadian pasal 12 ayat 10 sampai pasal 13 ayat yang ke-4 mengajar kita bahwa sekalipun manusia tidak setia, Tuhan tetap setia. Tuhan memanggil Abraham dan membawanya ke tanah perjanjian, tetapi sesampainya di sana ternyata tanah yang dijanjikan itu bukanlah surga; terjadi kelaparan yang hebat di sana. Dan seperti kita semua ketika berada dalam kesulitan, reaksi Abram pun sama. Abram mengambil keputusannya sendiri, ia pergi ke Mesir.

Ayat ke-10 berkata: Ketika kelaparan timbul di negeri itu, pergilah Abram ke Mesir untuk tinggal di situ sebagai orang asing, sebab hebat kelaparan di negeri itu. Kesulitan yang hebat membuat ia bereaksi cepat sehingga tak terpikir olehnya untuk mencari bimbingan dan pertolongan Tuhan. Di sepanjang Kanaan Abram mendirikan mezbah untuk Tuhan, tetapi di Mesir tak satu pun mezbah yang ia dirikan. Kesulitan hebat membuat Abram dikuasai oleh kekhawatiran, dan kekhawatiran yang tidak ditaklukkan membuat Abram bergerak tetapi tidak ke arah Tuhan, melainkan ke arah kematian seperti yang ia takutkan sendiri.

Pada ayat 11 dan 12: Pada waktu ia akan masuk ke Mesir, berkatalah ia kepada Sarai, istrinya: Memang aku tahu bahwa engkau adalah seorang perempuan yang cantik parasnya. Apabila orang Mesir melihat engkau, mereka akan berkata: itu istrinya. Jadi mereka akan membunuh aku dan membiarkan engkau hidup. Kekhawatiran adalah seperti kursi goyang: walau bisa membuat kita bergerak, tetapi tidak akan membuat kita aman dari masalah yang sedang dihadapi. Kursi goyang kekhawatiran akan membuat kita bertindak dengan cara yang justru membuat kita terjerat masalah yang lebih hebat.

Dengan perasaan terancam oleh kematian, Abram menjadi semakin ketakutan — kini bukan lagi oleh kelaparan, tetapi oleh kecantikan istrinya. Orang Mesir yang menginginkan istrinya bisa saja membunuhnya. Sesaat seakan janji Tuhan untuk membuatnya menjadi bangsa yang besar tampaknya akan segera tinggal kenangan. Maka Abram siap membuat keputusan demi keselamatan jiwanya: ia akan melepaskan istrinya dan menukarnya dengan keselamatan dirinya sendiri.

Pada ayat 13 ia berkata: Katakanlah bahwa engkau adikku, supaya aku diperlakukan mereka dengan baik karena engkau, dan aku dibiarkan hidup oleh sebab engkau. Abram membiarkan ketakutannya menguasai hidupnya dan memutuskan langkahnya. Tak ada lagi iman, tak ada lagi ingatan akan Tuhan, tak ada lagi mezbah didirikan untuk mencari petunjuk Tuhan. Saya percaya, jika Abram meminta, Tuhan bisa menurunkan hujan manna dari surga walau di tengah musim kelaparan, seperti yang Tuhan lakukan kepada bangsa Israel di padang gurun selama 40 tahun, sehingga ia tidak harus ke Mesir. Tetapi Abram tidak melakukannya. Saat ketakutan berkuasa, kita memang biasanya lupa Tuhan.

Namun syukurlah, kesetiaan Tuhan tidak tergantung pada kesetiaan manusia. Walau Abram gagal, iman manusia runtuh, namun anugerah Tuhan tetap menyertainya. Dalam ayat 14–20 diceritakan: Sesudah Abram masuk ke Mesir, orang Mesir melihat bahwa perempuan itu sangat cantik. Ketika para punggawa Firaun melihat Sarai, mereka memuji-mujinya di hadapan Firaun, sehingga perempuan itu dibawa ke istananya. Firaun menyambut Abram dengan baik karena ia mengingini perempuan itu, dan Abram mendapat kambing domba, lembu sapi, keledai jantan, budak laki-laki dan perempuan, keledai betina dan unta. Tetapi Tuhan menimpakan tulah yang hebat kepada Firaun, demikian juga kepada seisi istananya, karena Sarai, istri Abram itu. Lalu Firaun memanggil Abram serta berkata: Apakah yang kauperbuat terhadap aku? Mengapa tidak kauberitahukan bahwa ia istrimu? Mengapa engkau katakan: dia adikku, sehingga aku mengambilnya menjadi istriku? Sekarang, inilah istrimu — ambillah dan pergilah! Lalu Firaun memerintahkan beberapa orang untuk mengantarkan Abram pergi, bersama dengan istrinya dan segala kepunyaannya.

Kita bersyukur — di dalam ketidaksetiaan Abram, Tuhan tetap setia, seperti dikatakan Rasul Paulus: jika kita tidak setia, Dia tetap setia, karena Dia tidak dapat menyangkal diri-Nya. Apa inspirasi bagi kita melalui kegagalan Abram ini? Kita melihat betapa luar biasanya kesetiaan Tuhan. Kasih setia Tuhan tak pernah berkesudahan. Walau mata Abram tak lagi tertuju pada Tuhan saat ia dalam kesulitan, tetapi mata Tuhan tetap tertuju padanya dan memberinya pertolongan. Rencana Tuhan tak dapat digagalkan oleh kelemahan manusia. Namun anugerah Tuhan dimaksudkan untuk membawa manusia kepada pertobatan dan pemulihan — dan puji Tuhan, Abram mengambil langkah itu.

Dalam pasal 13 ayat 1–4 dikatakan bahwa Abram kembali ke Betel, kembali ke rumah Allah, ke tempat mezbah itu didirikan; di sanalah Abram memanggil nama Tuhan. Jika kita menghadapi pencobaan, tetaplah ingat Tuhan — pada-Nya selalu ada pertolongan. Namun jika kita gagal dalam iman, kembalilah kepada Tuhan, karena kasih setia-Nya tidak berkesudahan. Dalam Dia ada pemulihan, anugerah, dan pengampunan.

Semua kita harus pulih dan kembali, sebab pada Tuhan ada kasih, anugerah, dan pemulihan.

Dari kitab Kejadian pasal 13 ayat 5–18 saat kekayaan meningkat maka meningkat pula permasalahan.

Itu yang terjadi dengan Abram. Dalam ayat 2 dikatakan: "Adapun Abram sangat kaya, banyak ternak, perak dan emasnya."

Tetapi tidak hanya Abram, Lot pun juga semakin kaya. Ayat 5 berkata: "Juga Lot yang ikut bersama-sama dengan Abram mempunyai domba dan lembu dan kemah."

Sebenarnya sangat menyenangkan bertumbuh bersama dan kaya bersama-sama, tetapi tidak bagi Lot dan Abram.

Ayat 6 dan 7 berkata: "Tetapi negeri itu tidak cukup luas bagi mereka untuk diam bersama-sama sebab harta milik mereka amat banyak sehingga mereka tidak dapat diam bersama-sama. Karena itu terjadilah perkelahian antara para gembala Abram dan para gembala Lot."

Ya, peningkatan kekayaan meningkatkan juga konflik dan perselisihan.

Tanah tidak cukup untuk mereka berdua. Mari kita singkirkan pemikiran bahwa harta dan kekayaan akan menyelesaikan banyak masalah. Tidak — justru kebersamaan yang dimiliki Abram dan Lot menjadi rusak karena harta dan kekayaan.

Kekayaan bisa menjadi berkat, tapi juga bisa menjadi sumber masalah.

Ketika kekayaan meningkat, maka potensi kejahatan atau kebaikan juga ikut meningkat. Karena itu kesanggupan kita untuk mengelola berkat yang Tuhan percayakan kepada kita juga harus bertambah.

Dalam ayat 8 dan 9 Abram membuat keputusan.

Maka berkatalah Abram kepada Lot: "Janganlah kiranya ada perkelahian antara aku dan engkau dan antara para gembalaku dan para gembalamu, sebab kita ini kerabat. Bukankah seluruh negeri ini terbuka untuk engkau? Baiklah pisahkan dirimu daripadaku. Jika engkau ke kiri maka aku ke kanan, jika engkau ke kanan maka aku ke kiri."

Ya, hidup terdiri dari serangkaian pilihan.

Kita tidak bisa tidak memilih, karena tidak memilih pun adalah sebuah pilihan.

Dan apa yang menjadi pilihan kita akan menentukan masa depan kita.

Lot membuat pilihan.

Dalam ayat 10–11 diceritakan: "Lalu Lot melayangkan pandangannya dan dilihatnya bahwa seluruh Lembah Yordan banyak airnya, seperti taman Tuhan, seperti tanah Mesir, sampai ke Zoar — hal itu terjadi sebelum Tuhan memusnahkan Sodom dan Gomora. Sebab itu Lot memilih baginya seluruh Lembah Yordan itu, lalu ia berangkat ke sebelah timur dan mereka berpisah."

Ya, pilihan Lot adalah Sodom dan Gomora.

Sedangkan Abram menerima yang tidak dipilih Lot. Tetapi di setiap pilihan ada konsekuensinya.

Ayat 13 berkata: "Adapun orang Sodom sangat jahat dan berdosa terhadap Tuhan."

Lot mengabaikan moralitas orang Sodom.

Ia mendasarkan pilihannya hanya pada keindahan dan ukuran Lembah Yordan.

Di kemudian hari Lot mengalami kebangkrutan dan juga kehancuran.

Tetapi sebaliknya, Abram menerima kembali peneguhan janji Tuhan.

Dalam ayat 14–17 Tuhan berfirman kepada Abram:

"Pandanglah sekelilingmu dan lihatlah dari tempat engkau berdiri itu ke timur dan barat, utara dan selatan, sebab seluruh negeri yang kaulihat itu akan Kuberikan kepadamu dan kepada keturunanmu untuk selama-lamanya. Dan Aku akan menjadikan keturunanmu seperti debu tanah banyaknya, sehingga jika seandainya ada yang dapat menghitung debu tanah keturunanmu pun akan dapat dihitung juga. Bersiaplah, jalanilah negeri itu menurut panjang dan lebarnya, sebab kepadamulah akan Kuberikan negeri itu."

Ya, Abram mendapatkan kembali janji Tuhan.

Sebenarnya Abram membuat pilihan yang tidak tepat ketika ia mengajak Lot pergi bersamanya, sebab Tuhan memanggilnya untuk keluar dari seluruh sanak saudaranya. Tetapi Abram mengajak Lot.

Abram juga membuat pilihan yang salah ketika kelaparan melanda, ia pergi ke Mesir.

Tetapi kini Abram membuat pilihan yang tepat.

Ia melandaskan pilihannya pada nilai-nilai iman.

Ia menghargai hubungan daripada hak.

Dalam ayat 8 Abram berkata kepada Lot: "Janganlah kiranya ada perkelahian antara aku dan engkau dan antara para gembalaku dan para gembalamu, sebab kita ini kerabat."

Abram juga mengedepankan kesalehan daripada keserakahan.

Ia tidak mau mengambil Lembah Yordan walaupun subur dan indah seperti taman Tuhan, sebab penduduk Sodom sangat jahat.

Ia memilih menjauhi lingkungan jahat dan konsekuensinya mendapatkan tanah yang kurang subur.

Dalam memilih, Abram menempatkan hubungan dengan Tuhan di atas segalanya.

Setelah Lot pergi ke Lembah Yordan, ayat 18 mengatakan:

"Abram segera pindah ke dekat pohon-pohon tarbantin di Mamre dekat Hebron, lalu didirikannya mezbah di situ bagi Tuhan."

Bagi Abram, menyembah Tuhan adalah segalanya.

Alkitab tidak menceritakan bahwa Lot mendirikan mezbah bagi Tuhan, baik di Lembah Yordan maupun di Sodom.

Tetapi Abram menempatkan hubungan dengan Tuhan di atas segalanya.

Apa yang bisa kita petik sebagai inspirasi yang memotivasi hidup kita?

Tempatkan iman kepada Tuhan di atas segalanya.

Jangan takut kehilangan kesempatan emas. Saat kita memilih mengedepankan iman, seperti Abram, Tuhan meneguhkan kembali janji-Nya.

Jauhi pilihan yang merusak iman walau terlihat menguntungkan.

Sukses orang yang takut akan Tuhan kadang tidak secepat orang yang mengabaikan iman, tetapi itu akan kekal karena datangnya dari Tuhan.

Hargailah hubungan.

Jangan rusakkan persaudaraan karena keserakahan.

Karena sejatinya hubungan yang indah adalah harta yang akan kita bawa sampai ke surga.

Kiranya hidup kita menjadi semakin indah dengan pilihan yang semakin bijak.

KEJADIAN 14

kita melihat keberanian iman Abraham yang luar biasa. Masnya adalah kitab Kejadian pasal 14 ayat 1 sampai dengan 24. Jika misal saya ditanya apa judulnya saya lebih senang judulnya adalah Andai kita adalah Abram. Lot tinggal di Sodom seperti yang dikatakan di dalam ayat yang ke-12, sudah 12 tahun Sodom dan beberapa kerajaan kecil lainnya di kawasan itu takluk kepada Raja Kedorlaomer. Pada tahun ke-13 mereka memberontak, membebaskan diri. Kalau dalam pembukaan UUD 45 kemerdekaan adalah hak segala bangsa. Tetapi setahun kemudian Raja Kedorlaomer bersama dengan beberapa raja Timur lainnya datang menyerang. Raja Sodom kalah begitu juga raja-raja yang bersama dengan dia, semua harta benda mereka dirampas. Lot bersama dengan keluarganya ikut ditawan untuk dijadikan sebagai budak.

Ini adalah episode kejatuhan Lot. Ia yang selama ini mengabaikan imannya jatuh dalam kekalahan perang. Nah yang luar biasa adalah Abram. Dia yang selama ini tampaknya lemah dalam konflik dengan Lot, yang mengalah, dia yang memiliki hak untuk memilih tanah tetapi menyerahkan haknya itu kepada Lot, ternyata adalah seorang petarung yang hebat. Abram yang mendengar kabar bahwa keponakannya itu ditawan segera membentuk pasukan dari orang-orang yang selama ini menjadi pegawainya dan juga berani memburu empat raja yang sedang di dalam puncak kekuasaannya itu. Dan hebatnya Abram mengalahkan mereka semua. Empat raja itu dengan semua pasukan perangnya dia kalahkan. Di balik sikapnya yang lemah lembut dan mengalah tersimpan kekuatan yang hebat, tersimpan jiwa yang gagah berani, petarung yang hebat yang tak terkalahkan. Musuh-musuh yang sedang hebat-hebatnya dia kalahkan semuanya. Abram.

Itu sebabnya saya katakan tadi andai kita adalah Abram. Penuh dengan kasih dan kelemahlembutan kepada saudaranya sendiri walau saudaranya jahat, tetapi kekuatan hebat yang dia miliki dia simpan dan hanya untuk dihadiahkan kepada musuh yang benar-benar harus dikalahkan. Itulah Abram.

Saya ingin kita memperhatikan hal-hal yang penting ini. Yang pertama, Abram memiliki kasih persaudaraan yang tak lekang oleh zaman. Ada sejuta alasan untuk tidak menolong Lot. Ada satu miliar pembenaran yang membenarkan bahwa Lot memang pantas untuk musibah ini. Jadi untuk apa dia membahayakan nyawanya sendiri, nyawa keluarganya dan juga pengikutnya demi menolong Lot, keponakan yang tidak tahu diuntung ini? Tetapi itu semua tidak diperhitungkan oleh Abram.

Saya ingatkan kembali bahwa hubungan persaudaraan adalah harta indah yang akan kita bawa sampai ke surga. Semua harta kita di dunia ini tak satu pun nanti akan kita bawa sampai kepada kekekalan. Jadi ketika Lot mengalami kejatuhan, Abram mempertaruhkan nyawanya untuk menyelamatkannya. Saya tidak punya kata-kata untuk menghakimi Lot. Sebaiknya kita tidak mengecamnya karena kita harus menghargai perasaan Abram yang dengan tulus hati mengasihi Lot.

Tetapi masih kita tidak mencatat setelah Abram mempertaruhkan nyawa menghadapi empat raja yang sedang hebat-hebatnya demi membebaskannya dari penawanan dan perbudakan, tidak diceritakan bahwa Lot berterima kasih kepada Abram. Raja Sodom yang ikut dibebaskan berterima kasih kepada Abram tetapi Lot tidak ada. Mungkin kita punya saudara kandung atau kerabat yang seperti Lot ini, atau keluarga rohani yang mirip dengan Lot.

Jika iya, teman-teman, hubungan persaudaraan ini tak lekang oleh zaman, karena itulah harta indah yang akan kita bawa sampai kekekalan.

Yang kedua, Abram lebih mengedepankan prinsip daripada hasil. Ya, Abram mementingkan prinsip. Jika ia mementingkan hasil tentu dia tidak akan menolong Lot. Pertolongannya tidak akan mengubah Lot. Abram mengenal betul keponakannya ini. Lot tidak akan pernah berubah, Lot juga tidak akan pernah belajar. Dia tetap memilih untuk tinggal di Sodom, dia tetap tidak akan menjauhi moralitas buruk penduduk Sodom. Tidak ada mezbah yang didirikan untuk Tuhan sampai akhir hayatnya. Lot tetaplah Lot yang sama.

Tetapi ini yang kita harus belajar. Seburuk apa pun Lot itu tidak pernah mengubah sifat baik Abram. Perhatikan itu. Itu sebabnya mengapa jika saya harus memberi judul satu ini saya lebih suka judulnya adalah Andai kita adalah Abraham. Teman-teman, sifat Abram ini dipertegas saat penyelamatan telah usai dan kemenangan ada di pihak Abram. Dia disambut oleh dua orang raja. Yang pertama yang menyambutnya adalah Raja Sodom. Lalu kemudian datanglah Melkisedek, Raja Salem, tetapi Abram mendahulukan Melkisedek. Melkisedek yang ternyata adalah imam Allah Yang Mahatinggi yang datang untuk memberkatinya. Abram memberikan penghormatannya dan mempersembahkan persepuluhan dari pampasan perang yang diperolehnya.

Tetapi kepada Raja Sodom yang memberinya banyak hadiah dengan tegas dia menolaknya. Abraham berkata, Aku tidak akan mengambil apa-apa dari kepunyaanmu itu, sepotong benang atau tali kasut pun tidak supaya engkau jangan dapat berkata: Aku telah membuat Abram menjadi kaya. Ya inilah Abram. Kepada saudaranya ia memiliki kasih yang tak lekang oleh zaman. Kepada hamba Tuhan ia memberikan penghormatan yang tulus dari hatinya. Kepada orang dunia ia memberi pertolongan tetapi tetap menjaga prinsip hidupnya.

Teman-teman, apa yang bisa kita petik sebagai inspirasi dan motivasi? Bersikaplah lembut dan sabar kepada saudaramu, baik saudaramu secara jasmani maupun secara rohani. Jangan berkelahi dengan mereka. Simpanlah kehebatanmu untuk menghadapi musuh-musuh yang sesungguhnya. Rasul Paulus berkata, lawan kita bukanlah darah dan daging, tetapi penguasa-penguasa di udara, penghulu dunia yang gelap ini. Berkelahilah dengan setan sesuka hatimu tetapi jangan dengan saudaramu. Tolonglah saudaramu jika dia sedang jatuh. Kedepankan prinsip bukan hasil. Tetaplah berikan pertolongan walau itu mungkin tidak mengubah sifat atau masa depan dia. Hormati hamba Tuhan dengan setulus hati seperti Abram menghormati Melkisedek sebab di balik kemenangan Abram ada doa Melkisedek imam Allah Yang Mahatinggi itu. Utamakan prinsip dalam menjalin hubungan dengan sesamamu. Firman Tuhan jauh lebih berharga daripada semua harta di dunia ini.

KEJADIAN 15

Kita pernah membuat sebuah keputusan yang berani. Kita sangat yakin walau itu mengandung risiko, dan dengan keyakinan iman yang penuh kita laksanakan, dan kita percaya kita sudah melakukan sesuatu yang benar. Tetapi tidak lama setelah itu, ketika hari sudah berganti, tiba-tiba kita dibayang-bayangi oleh ketakutan akibat keputusan yang kita buat. Ini yang dialami oleh Abram dalam kitab Kejadian pasal 15 ayat 1 sampai dengan ayat yang ke-6. Euforia kemenangannya melawan empat raja yang menawan Lot tidak bertahan lama. Segera sesudah hari berganti, tiba-tiba dia dibayang-bayangi oleh rasa takut yang entah kenapa tiba-tiba menyelinap, merayap di dalam dada. Bagaimana jika keempat raja itu tidak bisa menerima kekalahan mereka? Bagaimana jika mereka suatu hari nanti kembali untuk membalas dendam? Bagaimana jika mereka datang dengan kekuatan yang sangat besar dan membalas apa yang diperbuat Abram? Ya, euforia itu sekarang berubah menjadi bayang-bayang gelap yang bernama ketakutan. Malam-malamnya tak lagi indah, dihiasi bintang kemenangan dan cahaya kebanggaan.

Tetapi sebenarnya itu adalah wajar, sebab Abram hanyalah seorang gembala. Dia bukan seorang pangeran atau seorang raja. Dia tidak punya tentara. Orang-orang yang menjadi pasukannya kemarin sebenarnya adalah pegawainya. Jika dia menang, itu adalah karena anugerah Tuhan. Pada pasal 15 ini Abram mengalami hari-hari yang tiba-tiba saja diliputi oleh kekhawatiran dan kecemasan. Itu sebabnya Tuhan berkata dalam ayat yang pertama, "Janganlah takut, Abram. Akulah upahmu, upahmu akan sangat besar." Tuhan merespon persis suasana hati Abram walau Abram bukan seorang raja atau pangeran yang selalu memiliki pasukan kawal. Tetapi Tuhan menjamin bahwa Abram akan tetap aman, dia akan baik-baik saja.

Tentang tidak berterima kasihnya Lot, Abram tidak harus kesal. Tentang ia menolak hadiah besar dari Raja Sodom, Tuhan katakan,

"Jangan takut, Abram, upahmu akan sangat besar." Ya, saat Tuhan berkata, "Akulah upahmu, upahmu akan sangat besar," Tuhan sedang berbicara tentang sesuatu yang luar biasa kepada Abram. Tuhan sendiri yang menjadi perisai Abram, dan Tuhan sendiri yang menjadi upah bagi Abram. Tak ada hadiah yang terbaik selain daripada Tuhan memberikan diri-Nya sendiri. Teman-teman, tahukah bahwa memiliki Tuhan adalah memiliki segalanya? Dan jika seandainya kita kehilangan Tuhan, sebenarnya kita kehilangan segalanya, walau kita punya semua harta di dunia.

Dalam hidup ini, jangan takut dengan konsekuensi. Iman, bahaya pastilah akan tetap ada. Orang percaya juga tidak harus takut jika harus menolak perang dunia. Sebab bagi orang percaya, Tuhanlah hartanya dan Tuhanlah perisai hidupnya. Kata-kata Tuhan ini pastilah menghibur hati Abram. Ia memang merasa takut, tetapi tidak seluruhnya. Hati Abram masih gelisah, hatinya masih hampa. Tuhan belum mengaruniakan Abram keturunan. Maka dia berkata kepada Tuhan dalam ayat yang kedua dan ketiga, "Ya Tuhan Allah, apakah yang akan Engkau berikan kepadaku, karena aku akan meninggal tanpa mempunyai anak, dan yang akan mewarisi rumahku ialah Elieser, orang Damsyik itu lagi?" Kata Abraham, "Engkau tidak memberikan kepadaku keturunan sehingga seorang hambaku nanti menjadi ahli warisku."

Ya, Abram rasakan masih ada yang kurang. Hidupnya tidak punya anak berarti dia tidak punya seseorang yang menghiasi indahnya pernikahan. Dia tidak punya seseorang yang nantinya akan menjadi penerusnya. Dia tidak punya seseorang yang nantinya akan menjaganya di hari tuanya saat tubuh perkasa mulai melemah dan kekuatannya mulai memudar. Tetapi Tuhan tidak pernah melupakan janjinya. Dengan murah hati, Tuhan menegaskan kembali janji tentang keturunan ini dalam ayat ke-4 dan ke-5. Tuhan berfirman, "Orang ini tidak akan menjadi ahli warismu, melainkan anak kandungmu. Dialah yang akan menjadi ahli warismu." Lalu Tuhan membawa Abram keluar serta berfirman, "Coba lihat ke langit, hitunglah bintang-bintang. Jika engkau dapat menghitungnya, maka demikianlah banyaknya nanti keturunanmu."

Dan Abram dikatakan di dalam ayat ke-6, "Percayalah, Abram kepada Tuhan." Maka Tuhan memperhitungkan hal itu kepadanya sebagai kebenaran. Ya, Abram percaya akan janji Tuhan, dan Tuhan memperhitungkan percayanya itu sebagai kebenaran.

Apa yang bisa kita rumuskan dari ayat ini? Sejatinya manusia dibenarkan oleh iman, bukan oleh perbuatan. Atau dalam bahasa Rasul Paulus, kita diselamatkan karena iman, bukan oleh perbuatan. Abram percaya kepada Tuhan. Dalam ayat yang kedua tadi, Abram menyebut Allah dengan Adonai Yahweh, yang berarti Tuhan yang berdaulat. Abram mengakui hak mutlak Tuhan untuk memerintah hidupnya.

Teman-teman, inilah yang namanya percaya. Percaya adalah kita mengakui bahwa Tuhan mempunyai hak mutlak untuk memerintah hidup kita. Apa yang bisa kita petik sebagai inspirasi dan motivasi? Saat kita kuatir dan diliputi oleh bayang-bayang ketakutan akan hidup ini, percayalah kepada Tuhan. Bahwa Tuhan adalah perisai hidup kita, kita pasti aman dalam lindungan Tuhan. Tuhan memang tidak akan meniadakan masalah, karena Dia ingin dalam hidup ini kita dapat belajar untuk percaya dan juga berserah.

Jika sampai hari ini ada doa-doa kita yang belum dijawab, jangan sedih atau putus asa, sebab sejatinya upah terbesar orang percaya bukanlah harta dunia, tetapi Tuhan sendiri. Kita bersyukur karena begitu besar kasih Allah, Dia memberikan Yesus Kristus menjadi Juruselamat dan Tuhan kita.

Kitab Kejadian pasal 15 ayat 7 sampai dengan ayat 21. Ketika tampaknya segala sesuatu tidak berjalan seperti yang kita harapkan, apa yang kita butuhkan ketika doa-doa kita tampaknya tidak dijawab, sedangkan persekutuan kita tak kunjung usai? Apa yang kita perlukan? Ya, kita butuh kepastian. Kepastian bahwa tak ada yang salah dengan kita, tak ada yang salah dengan janji Tuhan, kepastian bahwa Tuhan tetap bersama-sama dengan kita.

Itulah yang dilakukan Tuhan untuk meyakinkan Abraham. Dalam ayat yang ketujuh dikatakan, "Akulah Tuhan yang membawa engkau keluar dari Ur-Kasdim untuk memberikan negeri ini kepadamu." Tetapi Abraham segera menanggapinya dengan berkata pada ayat yang ke-8, "Ya Tuhan Allah, dari manakah aku tahu bahwa aku akan memilikinya?" Jika kita mengira bahwa para raksasa iman tak pernah ragu akan janji Tuhan, kita salah. Bahkan Abram pun, bapak orang beriman, kadang membutuhkan peneguhan dari Tuhan.

Kesempurnaan adalah milik Tuhan. Umat Tuhan masih harus bergumul dalam mengikut Tuhan. Sungguh menarik apa yang Tuhan lakukan untuk meyakinkan hati Abraham. Tuhan menggunakan kebiasaan di zaman itu, 4000 tahun yang lalu, ketika dua pihak mengikat sebuah perjanjian. Mereka akan mengambil hewan kurban, lalu membaginya menjadi dua, para pihak yang akan membuat perjanjian akan berjalan di antara hewan yang sudah dipotong menjadi dua bagian itu. Itulah kebiasaan zaman Abraham untuk mengesahkan sebuah perjanjian yang mengikat.

Karena itu, dalam ayat yang ke-9 dan ke-10, diceritakan Tuhan berfirman kepada Abraham, "Ambillah bagiku seekor lembu betina berumur tiga tahun, seekor kambing betina berumur tiga tahun, seekor domba jantan berumur tiga tahun, seekor burung tekukur dan seekor anak burung merpati." Abram pun melakukan apa yang difirmankan Tuhan. Diambilnya semuanya itu bagi Tuhan, dipotong-potong, lalu diletakkannya bagian-bagian itu yang satu di samping yang lain. Tetapi burung-burung itu tidak dipotong.

Sekarang semuanya telah siap untuk mengikat perjanjian. Apa arti ayat 11 yang berkata, "Ketika burung-burung buas hinggap pada daging binatang-binatang itu, maka Abram mengusirnya"? Ayat ini menunjukkan ketaatan Abraham. Abraham sedang menantikan Tuhan. Kadang Tuhan tidak bertindak secepat yang kita harapkan, tetapi kalau kita percaya, kita akan menantikan Tuhan. Kita tidak menyerah kepada keadaan.

Tetapi kemudian sesuatu terjadi. Abram tertidur. Ayat 12 sampai 16 berkata, menjelang matahari terbenam tertidurlah Abram dengan nyenyak, lalu turunlah gelap gulita yang mengerikan. Firman Tuhan kepada Abram: "Ketahuilah dengan sesungguhnya, bahwa keturunanmu akan menjadi orang asing dalam suatu negeri yang bukan kepunyaan mereka, dan bahwa mereka akan diperbudak dan dianiaya 400 tahun lamanya. Tetapi bangsa yang akan memperbudak mereka akan Ku hukum, dan sesudah itu mereka akan keluar dengan membawa harta benda yang banyak. Tetapi engkau akan pergi kepada nenek moyangmu dengan sejahtera, engkau akan dikuburkan pada waktu telah putih rambutmu. Tetapi keturunan yang keempat akan kembali kesini, sebab sebelum itu kedurjanaan orang Amori itu belum kenal Tuhan."

Tuhan memberi Abram pengetahuan tentang masa depan itu sebagai cara untuk meyakinkan Abram bahwa janjinya pasti akan terlaksana. Abram bisa bertahan dengan iman akan janji Tuhan yang belum digenapi di masa hidupnya. Firman nubuatan ini menguatkan iman Abraham, sebab demi keturunannya lah dia harus berdiri di atas iman. Tetapi ayat ini punya dua sisi. Ayat ini ditulis oleh Musa, dan dengan ayat ini bangsa Israel bisa bertahan selama 400 tahun dalam perbudakan di Mesir, karena Tuhan sudah pernah memberitahukannya dan sudah menetapkannya.

Akhirnya, perjanjian itu dilaksanakan. Ayat 17 sampai 21 bercerita, ketika matahari telah terbenam dan hari menjadi gelap, kelihatanlah perapian yang berasap beserta obor yang berapi lewat di antara potongan-potongan daging itu. Pada hari itulah Tuhan mengadakan perjanjian dengan Abraham serta berfirman, "Keturunanmu kuberikan negeri ini, mulai dari sungai Mesir sampai ke sungai yang besar itu, Sungai Efrat, yakni tanah orang Kenit, orang

Kenis, orang Kadmonit, orang Het, orang Peris, orang Refaim, orang Amori, orang Kana'an, orang Girgasi, dan orang Yebus."

Tunggu, berasap dan obor yang menyala di antara potongan binatang adalah manifestasi kehadiran Allah. Hanya Tuhan yang melewati potongan-potongan binatang itu. Hai, itu artinya adalah bahwa perjanjian ini bersifat sepihak. Perjanjian ini bergantung kepada Tuhan saja. Tidak ada peran serta dari manusia. Yang dilakukan Abraham hanyalah menerima dengan iman apa yang Tuhan sediakan.

Apa yang bisa kita petik sebagai inspirasi dan motivasi?

Yang pertama, jika kita membutuhkan peneguhan iman, berdoalah. Pandanglah kepada Tuhan. Ingatlah akan firman-Nya. Akui Dia sebagai Tuhan yang berdaulat. Jangan pandang situasi atau diri sendiri. Keadaan yang sulit tidak pernah menyulitkan Tuhan.

Yang kedua, jika kita harus menunggu, ingatlah bahwa Tuhan tidak membutuhkan waktu. Kitalah yang membutuhkan waktu untuk menerima janji berkat-Nya.

Yang ketiga, penggenapan janji Tuhan tidak tergantung kepada umat-Nya. Tuhan tahu apa yang dijanjikannya dan Tuhan tahu bagaimana menggenapinya. Bertahanlah dalam iman, sebab janji Tuhan pasti digenapi pada WaktuNya.

KEJADIAN 16

Dari kitab Kejadian pasal 16 ayat 1 sampai dengan 6 kita melihat bagaimana sebuah pergumulan dalam sebuah rumah tangga. Abram dan Sarai mengalami tekanan yang berat di usia Abram yang 85 tahun dan Sarai 75 tahun. Mereka belum memiliki keturunan. Bagaimana tidak, nama Abraham berarti Bapak banyak orang atau Bapa yang dimuliakan, sejak awal bagi Abraham, tidak punya anak adalah sebuah masalah yang sangat serius. Apa kata masyarakat ketika mereka mengetahui si Bapak banyak orang ini ternyata malah tidak punya anak sama sekali. Hai, Sarai juga ikut merasakan tekanan yang sama. Mereka hidup di dalam masyarakat dengan kultur, tidak punya anak adalah sebuah aib. Apa yang Tuhan janjikan kepada mereka saat ini juga menjadi teror. Tuhan berjanji akan menjadikan Abram bangsa yang besar, keturunannya akan seperti pasir di laut dan bintang di langit banyaknya. Dan kini di umur Abram yang 85 tahun dan Sarai 75 tahun itu semua belum terwujud. Ketika kita menghadapi masalah, berhati-hatilah untuk mengambil sebuah kesimpulan. Hai, Sarai secara salah menyimpulkan tentang keadaannya ini dalam ayat kedua. Bagian Sarai berkata kepada Abram, "Tahu Tuhan tidak memberi aku melahirkan anak." Kita sering melakukan semacam ini ketika sesuatu tidak sesuai dengan harapan, ketika usaha tidak kunjung menunjukkan hasil yang diinginkan, lalu kita membuat sebuah kesimpulan yang celakanya Tuhan dijadikan pembenaran atas apa yang kita pikirkan. Kita juga melakukan seperti yang Sarai katakan, "Tuhan tidak memberikan aku melahirkan anak." Nah, itu namanya ngarang sendiri, itu namanya mencatut nama Tuhan. Hai, pemikiran rohani yang palsu seperti ini dengan mudah menuntun Sarai pada solusi yang juga palsu yang hanya benar secara tradisi tetapi salah secara ganda.

Tuhan dalam ayat kedua, bagian Sarai berkata, "Karena itu, baiklah, hampir hambaku itu, mungkin oleh dialah aku dapat memperoleh seorang anak." Dan Abram mendengarkan perkataan

Sarai. Secara kultur, apa yang disampaikan Sarai adalah normal. Hai, normal di semua masyarakat bahkan sampai zaman sekarang ini kita masih temui pemikiran seperti Sarai ini. Mengapa Abram setuju dengan solusi Sarai? Agar mungkin adalah bagian dari mahar yang diberikan Fir'aun kepada Abram ketika Fir'aun menginginkan Sarai untuk menjadi istrinya. Dosa masa lalu yang terlupakan itu memanfaatkan celah dalam hidup Abram, tetapi yang memasukkannya adalah Sarai, ya, lewat Sarai yang memberikan Hagar kepada Abraham supaya memberinya keturunan. Hai, maka berhati-hatilah, godaan terbesar kadang datang dari orang yang paling dekat dengan kita. Jika misalkan usul untuk mengawini Hagar ini datang dari orang lain, saya yakin Abram menolaknya. Hai, tetapi permintaan ini datang langsung dari istrinya sendiri. Tentu saja Sarai memiliki motif yang baik, tidak mungkin mereka tidak punya keturunan sampai akhir hayat hidup mereka, ada terlalu banyak pertimbangan. Abraham adalah orang terpandang di lingkungannya, perlu mereka seorang pendatang. Janji Tuhan sudah pula diucapkan berulang kali bahwa Tuhan akan menjadikan Abram bangsa yang besar. Nama Abram sendiri menjadi teror baginya, ia dapat membayangkan bagaimana orang-orang akan tertawa di belakang dia, bahwa si bapak banyak orang ini tak punya anak seorang pun. Dari sini kita perlu belajar bahwa motif yang baik saja tidaklah cukup, kita perlu metode yang benar. Karena itu, berhati-hatilah ketika membuat sebuah kesimpulan. Jika seandainya apa yang diucapkan, hai, benar bahwa Tuhan memang tidak memberi dia melahirkan anak, itu bukan alasan untuk membenarkan manusia mencari jalannya sendiri. Kita harus berdoa. Kita harus meminta petunjuk Tuhan. Yang celakanya itu tidak dilakukan oleh Abraham. Seperti saat terjadi kelaparan, Abram tidak bertanya kepada Tuhan, melainkan dia langsung pergi ke Mesir dan dia mendapatkan masalah yang besar di sana. Begitu juga sekarang ini, Abram mendengarkan perkataan Sarai seperti yang dikatakan ayat-ayat tadi, begitu juga ketika timbul masalah seperti yang diceritakan di dalam ayat 4 dan 5. Ketika

Hagar tahu bahwa ia mengandung, maka ia memandang rendah akan nyonyanya itu. Lalu berkatalah Sarai kepada Abram, "Penghinaan yang kuderita ini adalah tanggung jawabmu. Akulah yang memberi hambaku ke pangkuan." Hai, tetapi baru saja ia tahu bahwa ia mengandung, ia memandang rendah akan aku. "Tuhan kiranya yang menjadi hakim antara aku dan engkau selamanya." Ia mendengar perselisihan Sarai dan Hagar ini. Abram menyuruh Sarai melakukan apa yang dipandangnya baik, sehingga Sarai menindas Hagar dan Hagar melarikan diri. Abram tidak mencari petunjuk Tuhan.

Sesuatu yang kita perlu perhatikan adalah kata-kata Sarai. Sarai berkata, "Tuhan kiranya menjadi hakim antara aku dan engkau." Nama Tuhan kembali digunakan untuk membenarkan keluh-kesah Sarai. Manusia sering menjadikan Tuhan sebagai pembenaran atas hal-hal yang dilakukannya di luar persetujuan Tuhan. Kita harus berhati-hati dengan rohani palsu yang kita lakukan, hai, baik saat apa yang kita inginkan belum menjadi kenyataan ataupun saat kita melakukan sesuatu di luar kehendak Tuhan.

Pertanyaannya adalah, bagaimanakah sikap Tuhan? Tuhan tidak hadir di dalam ayat 1 sampai dengan 6 ini. Nama Tuhan memang disebut Sarai di ayat 2 sebagai yang tidak memberinya anak, juga di ayat yang ke-5, untuk membenarkan sudut pandangnya, tetapi Tuhan tidak pernah dicari mereka. Hanya mencatut nama Tuhan. Faktanya, Tuhan tidak berbicara kepada Abram selama 13 tahun sejak peristiwa ini. Tuhan tidak mencegah Abraham, tidak juga campur tangan di dalam perkara ini. Mengapa? Jawabannya adalah Tuhan tidak akan campur tangan untuk mencegah anak-anaknya melakukan kesalahan yang serius jika anak-anaknya tidak mencarinya.

Hai, apa yang bisa kita petik sebagai inspirasi dan juga motivasi? Yang pertama, ketika kita dihadapkan pada pilihan budaya atau Tuhan, tak usahlah kita berpikir dua kali. Pilihlah Tuhan. Budaya adalah produk dari manusia yang sudah jatuh ke dalam dosa. Sebagian baik memang, sebagian netral, dan sebagian bertentangan dengan firman

Tuhan. Maka pilihlah kebenaran. Firman Tuhan itu sudah pasti akan menghindarkan kita dari dosa dan kesalahan. Firman Tuhan juga bisa ikut memperbaiki budaya kita sehingga dengannya kita bisa ikut membangun dunia yang lebih baik. Dan yang lebih penting lagi, ingatlah ini, hai, firman Tuhan kita hidupi selamanya sampai kepada kekekalan.

Yang kedua, carilah Tuhan di setiap pergumulan, itu akan menghindarkan kita dari kerohanian yang palsu yang sering mencatut nama Tuhan untuk apa yang kita sendiri pikirkan dan yang kita sendiri inginkan.

Yang ketiga, dosa yang dilupakan adalah PR yang harus diselesaikan. Datanglah kepada Tuhan, bertobatlah, lalu singkirkan semua yang berkaitan dengannya. Kiranya mau lihat betul, ini kita bisa memperbaiki hal-hal yang salah dalam hidup ini dan hidup kita menjadi jauh lebih baik.

Melanjutkan kisah sebelumnya, karena ditindas Sarai akhirnya Hagar melarikan diri. Naasnya, ini adalah kitab Kejadian pasal 16 ayat 7 sampai dengan 16. Siapa yang tahan dengan penderitaan? Tak seorang pun, termasuk Hagar. Sejenak ia seperti dilambungkan ke awan-awan. Dia hanyalah seorang pelayan, tetapi karena keadaan, Sarai kemudian menyerahkannya kepada Abram untuk melahirkan anaknya agar dijadikan istri sirih.

Kehamilan Hagar menunjukkan karakternya. Dia memandang rendah Sarai dan berakhir dengan penindasan. Ketika keadaannya semakin memburuk, Hagar tak tahan lagi sehingga dia melarikan diri ke padang gurun. Tentu saja ini sangat berbahaya; wanita mudah hamil sendirian di padang gurun, apalagi di zaman itu. Sangatlah rentan terhadap kemungkinan-kemungkinan yang buruk. Dia bisa kehilangan bayinya akibat kerasnya medan dan perjalanan. Dia juga bisa bertemu dengan pedagang nomaden atau pedagang lain dan mengalami pelecehan atau penawanan. Hagar juga tidak memiliki cukup bekal.

Tetapi syukurlah, dia berhasil sampai ke mata air di jalan ke padang gurun. Pastilah dalam hati Hagar berkecamuk segala rasa, "Tuhan, mengapa semua ini harus terjadi?" Hidup kadang memang bisa tak terduga. Dia terlahir sebagai gadis Mesir; paras cantiknya membuat dia terpilih menjadi pelayan Fir'aun. Tetapi kemudian sesuatu terjadi: Fir'aun memberikan dirinya kepada Abram sebagai mahar, dan kini kejutan itu masih belum juga berhenti. Sarai, nyonya majikan, memberikan dirinya untuk menjadi istri sirih Abram.

Tetapi kebahagiaan tak sepenuhnya berpihak kepadanya. Sekarang dia mendapati dirinya berada di padang gurun seorang diri, melarikan diri dari penindasan yang dialaminya. Ekspresi setiap orang ketika dalam penderitaan tentulah berbeda. Ada yang mempertanyakan keadilan Tuhan. Ada pula yang mempertanyakan keberadaan Tuhan: "Tuhan, di manakah Engkau saat aku di dalam penderitaan?" Kita bisa berasumsi bahwa sedikit banyak tentulah Hagar pernah mendengar tentang Allah Abraham, tetapi sekarang dia sedang dalam kebingungan sendirian. Abram tidak membelanya. Allah Abram entah gimana, ia sepertinya diam seribu basa.

Tetapi puji Tuhan, surga tak pernah libur bekerja. Malaikat Tuhan menjumpainya dalam ayat ke-8. Malaikat berkata, "Hagar, hamba Sarai, darimanakah engkau datang dan ke manakah pergimu?" Sekali lagi, puji kepada Tuhan. Tuhan selalu melihat umat-Nya. Keagungan kasih-Nya tak menghalanginya untuk menyapa seorang gadis pelayan yang malang dan yang sedang di dalam kebingungan. Hagar menjawab, "Aku lari meninggalkan Sarai, punyaku tak ada."

Keadaan yang terlalu buruk sekalipun tidak membuat Tuhan enggan melihatmu, dan tak ada status yang terlalu rendah sehingga Tuhan mengabaikanmu. Kasih-Nya untuk semua dan kepada semua. Karena itu, jika kita sedang menderita, jangan berkecil hati atau merasa putus asa.

Ayat 9 sampai 11 berkata, lalu kata malaikat Tuhan kepadanya, "Kembalilah kepada nyonyamu, biarkanlah engkau ditindas di bawah kekuasaan Sarai." Tuhan memperhatikan penderitaan Hagar, tetapi ada sesuatu yang diminta Tuhan: Hagar harus taat, harus tunduk kepada Tuhan melalui malaikat-Nya. Tuhan menyuruh Hagar untuk kembali kepada Sarai dan memintanya untuk bertahan di dalam penderitaan ini. Sebuah perintah yang tak mudah.

Ini bukan perintah mudah yang biasanya Tuhan berikan kepada anak-anak-Nya, seperti "Pergilah ke gereja, beribadahlah, bacalah Alkitab dan renungkan Firman-Ku, berdoalah, Allah bersamamu." Bukan itu. Bagi sebagian orang Kristen, perintah ini dianggap beban berat penuh dengan penderitaan. Tuhan meminta agar Hagar kembali kepada majikannya dan memberikan dirinya untuk ditindas oleh Sarai, agar tunduk di bawah kedaulatan Tuhan, agar taat.

Tuhan memberkati ketaatan Hagar. Dalam ayat ke-10 dan 11, malaikat Tuhan berkata, "Aku akan membuat keturunanmu sangat banyak, sehingga tidak dapat dihitung. Engkau mengandung dan akan melahirkan seorang anak laki-laki, dan engkau akan menamainya Ismail, sebab Tuhan telah mendengar tentang penindasan atasmu itu." Tuhan memberkati Hagar dan menjadikannya ibu dari sebuah bangsa yang besar.

Berkat Tuhan juga tampak dari nama yang Tuhan berikan, yaitu Ismail. Ismail artinya "Tuhan mendengar," tentu, ibu sebuah berkat dan juga janji bahwa Tuhan akan selalu mendengar. Pastilah perkataan malaikat ini melegakan hati Hagar, membuatnya kuat, dan dia siap menghadapi segala cobaan.

Tetapi tidak hanya itu, berkat Tuhan padanya. Ayat 12 berkata, Tuhan berkata, "Seorang laki-laki, yang lakunya seperti keledai liar; demikianlah nanti anaknya. Tangannya akan melawan tiap-tiap orang, dan tangan tiap-tiap orang akan melawan dia, dan di tempat kediamannya ia akan menentang semua saudaranya." Tuhan memberkati Hagar dengan seorang anak yang kuat, mandiri, dan liar. Ismail adalah seorang petarung, siap melawan siapapun.

Memang ada misteri ilahi di sini: ada permusuhan abadi antara keturunan Ismail dan keturunan Ishak. Tetapi Allah tidak menetapkannya; Allah hanya menyampaikan konsepsi logis dari dosa poligami. Tetapi puji Tuhan, Allah tidak tinggal diam. Melalui putra-Nya yang tunggal, Kristus, semua permusuhan akan dihapuskan. Seperti yang dikatakan Rasul Paulus, dalam Kristus "tiada lagi orang Yunani atau orang Yahudi, orang bersunat atau orang tak bersunat, orang Barbar atau orang budak, atau orang merdeka; tetapi Kristus adalah semua dan di dalam segala sesuatu."

Tugas kita adalah memperkenalkan Kristus baik kepada keturunan Ismail maupun keturunan Ishak. Kasih Kristus yang akan menghapus permusuhan abadi ini.

Apa yang kemudian Hagar lakukan? Ayat 13 berkata, kemudian Hagar menamai Tuhan yang telah berfirman kepadanya dengan sebutan "El Roi," yang berarti "Engkaulah Allah yang melihat." Karena Tuhan melihat Hagar, maka sekarang Hagar bisa melihat Tuhan. Karena Tuhan menjumpai Hagar, maka sekarang Hagar bisa berjumpa dengan Tuhan. Itu adalah anugerah besar, semata-mata kasih ilahi. Allah berdaulat untuk menyatakan kasih-Nya kepada siapa saja yang dikehendaki-Nya. Tugas manusia hanyalah menerima dan mensyukurinya.

Ayat 15 dan 16 berkata, lalu Hagar melahirkan seorang anak laki-laki bagi Abram, dan Abram menamai anak itu Ismail. Abram berumur 86 tahun ketika Hagar melahirkan Ismail baginya.

Nah, apa yang bisa kita petik sebagai inspirasi dan motivasi?

Pertama, Tuhan melihat penderitaan kita. Karena itu, jangan pernah putus asa, sebab surga tak pernah libur bekerja.

Kedua, Tuhan mendengar pergumulan kita. Tetaplah berdoa, karena surga tak pernah mengabaikan kita.

Ketiga, tunduklah kepada kedaulatan Tuhan. Penderitaan yang Tuhan ijinkan, Tuhan hanya meminta kita untuk memikul salib, bukan disalib. Berhentilah mengeluh, karena penderitaan ringan ini takkan pernah sebanding dengan berkat Tuhan yang kelak akan kita terima di dalam Yesus Kristus. Bukankah kita sudah menerima berkat ini? Tuhan datang menebus dosa kita, dan kita memiliki Yesus sebagai Juruselamat dan Tuhan kita.

KEJADIAN 17

Iman orang percaya yakin bahwa bagi Tuhan tidak ada yang mustahil, semesta, apapun keadaannya. Naasnya adalah kejadian pasal 17. 13 tahun setelah Ismail lahir, Tuhan menampakkan diri kepada Abram dan menegaskan siapa dirinya. Dalam ayat 1, Tuhan berfirman, Akulah El Shaddai, Allah Yang Mahakuasa. Ini kali pertama nama El Shaddai digunakan dari seluruh 48 kali digunakan di dalam Perjanjian Lama, 31 kali di antaranya terdapat di dalam Kitab Ayub. El-Shaddai diperkirakan berasal dari kata yang berarti gunung, sebuah kata yang menunjuk kepada kekuatan dan keperkasaan Tuhan. Oh iya, Tuhan adalah El Shaddai, Allah Yang Mahakuasa. Melalui nama ini, Tuhan menegaskan bahwa Ia berdaulat, Dia sanggup melakukan perjanjian yang dibuatnya, tak perduli bagi manusia itu mustahil, tak ada yang mustahil baginya. Rencana Tuhan pastilah terlaksana, karena itu Abram harus percaya, Abram harus taat, Abram tidak boleh meragukan Tuhan, Abram tidak boleh mencari jalannya sendiri. Tuhan sanggup untuk mewujudkan perjanjian yang dibuatnya itu.

Apa yang terjadi dengan Hagar sehingga Ismail lahir adalah sebuah kesalahan. Usaha sendiri untuk mewujudkan janji Tuhan adalah sebuah kesalahan besar. Tuhan tak perlu bantuan. Karena itu, kepada Abram Tuhan berfirman, hiduplah dihadapanku dengan tidak bercela. Meragukan Tuhan adalah celah, mengambil jalan sendiri adalah celah. Tak ada keadaan sulit yang akan menyulitkan Tuhan, tak ada keadaan mustahil yang akan membuat Tuhan menjadi mustahil untuk menggenapi janji-Nya.

Ketidakpercayaan adalah sebuah celah, karena itu Tuhan kembali menegaskan perjanjiannya. Tuhan akan membuat Abram sangat banyak, dan dari Abraham akan lahir bangsa-bangsa, dari Abram dan Sarai akan lahir raja-raja. Mendengar hal itu, respon Abram sujud, tetap percaya di situasi yang sangat mustahil. Memang tidak mudah, tetapi Tuhan menolong Abram. Tuhan mengganti namanya menjadi

Abraham. Tuhan juga mengganti nama Sarai menjadi Sarah. Nama Abraham berarti Bapak banyak bangsa, dan nama Sarah yang semula artinya tuan putri menjadi wanita terhormat. Tuhan menambahkan huruf H pada nama Abram juga pada nama Sarai. Abram menjadi Abraham dan Sarai menjadi Sarah. Huruf H atau He pada bahasa Ibrani adalah singkatan dari nama Yahweh, nama Tuhan. Sekarang ada Tuhan dalam hidup Abraham dan juga Sarah. Sejarah hidupnya kini akan berbeda. Jika selama ini Abram mengira ia harus menanggung sendiri rencana Tuhan, sekarang tidak lagi. Tuhanlah yang akan menuliskan sejarah kehidupannya. Perjanjian yang dibuat Tuhan adalah sejarah baru. Abraham akan melahirkan bangsa-bangsa.

Setiap drama Abraham dipanggil dan nama Sarah dipanggil, mereka akan ingat ada Allah El-Shaddai dalam kehidupan mereka. Mereka tak perlu ragu lagi. Dan untuk memberi tanda pada perjanjian-Nya ini, Tuhan menetapkan sunat. Dalam ayat 10 dan 11, Tuhan berfirman, "Inilah perjanjianku yang harus kamu pegang, perjanjian antara aku dan kamu serta keturunanmu, yaitu setiap laki-laki di antara kamu harus disunat, haruslah dikerat kulit kelaminmu, dan itulah akan menjadi tanda perjanjian antara aku dan kamu." Tuhan menetapkan sunat sebagai tanda perjanjian.

Sunat dapat kita mengerti dengan dua cara. Yang pertama, ritual ini secara permanen akan merusak seorang pria tepat pada kemaluannya. Abram harus menyerahkan kekuatan reproduksinya kepada Tuhan. Keturunan banyak yang nanti akan dimiliki Abraham bukan karena kehebatan kejantanannya, Abraham harus bergantung total kepada kuasa Tuhan. Yang kedua, tanda sunat juga menggambarkan ketaatan Abraham tentang kehidupan seksualnya. Dari Abraham, Tuhan ingin lahir bangsa-bangsa yang memiliki kehidupan perkawinan yang berkenan di hadapan Tuhan. Tuhan ingin sebuah generasi ilahi lahir melalui Abraham.

Penegasan Tuhan tentang banyak anak ini tak serta merta dapat diterima Abraham. Ayat 17 mengungkapkan respon Abraham, lalu tertunduklah Abram dan tertawa serta berkata dalam artinya, "Mungkinkah bagi seseorang yang berumur 100 tahun dilahirkan seorang anak, dan mungkinkah Sarah yang telah berumur 90 tahun itu melahirkan seorang anak?" Keadaan Abraham sekarang sudah beda. Dia sudah berumur 100 tahun dan Sarah 90 tahun.

Tapi tidak hanya itu, Abraham juga sudah memiliki Ismail, satu-satunya anak laki-laki yang dipilihnya sepanjang hidupnya. Sampai saat itu, Ismail telah mengisi kekosongan hatinya selama 13 tahun. Ismail telah membuatnya tertawa bahagia. Dia tidak lagi Abraham yang tak punya anak. Ismail telah menghapus aib dalam hidupnya. Karena itu berkatalah Abraham dalam ayat 18, "Ah, sekiranya Ismail hidup di hadapanmu." Tetapi Tuhan berfirman, "Tidak, melainkan istrimu Sarah lah yang akan melahirkan anak laki-laki bagimu, dan engkau akan menamai dia Ishak, dan Aku akan mengadakan perjanjian-Ku dengan dia menjadi perjanjian yang kekal untuk keturunannya."

Mengapa Ishak yang belum lahir dan bukan Ismail? Ismail mewakili upaya manusia untuk menolong Tuhan. Dengan Ismail, Abraham bisa bermegah diri. Dia mampu menghasilkan keturunan, ia mampu membuat janji Tuhan tergenapi di dalam hidupnya. Tuhan boleh gagal, tetapi Abraham tidak. Karena itu Tuhan tetap memilih Ishak. Di dalam diri Ishak, Abraham dan Sarah sudah sampai kepada titik akhir kemampuan mereka. Ya, mereka sudah expired. Jadi ketika Ishak lahir, itu bukan karena kejantanan Abraham, itu juga bukan karena suburnya Sarah. Itu murni kuasa Tuhan yang menjadikan apa yang dijanjikannya terwujud. Abraham akhirnya menerima perjanjian ini dan dia menyunat semua laki-laki yang ada di dalam rumahnya.

Apa yang bisa kita petik sebagai inspirasi dan motivasi? Yang pertama, betapapun sulitnya keadaan, tetaplah percaya kepada Tuhan. Tak ada yang mustahil baginya. Jangan pernah berpikir untuk menolong Tuhan. Tuhan tahu apa yang dirancangkannya dan Tuhan tahu bagaimana menggenapinya. Yang kedua, Tuhan kadang menggiring kita kepada situasi yang saya sebut sebagai titik kemustahilan supaya kita tidak bisa membanggakan diri atas karya Tuhan di dalam kehidupan kita. Belajarlah untuk mengakui Tuhan atas semua pencapaian kita dan belajarlah untuk bersikap rendah hati. Yang ketiga, Tuhanlah yang menulis sejarah kehidupan kita. Jalanilah kehendak dan rencananya. Jangan mengeluh tentang prosesnya, tetapi sabarlah menantikan penggenapan janji-Nya.

KEJADIAN 18

Kitab Kejadian pasal 18 ayat 1 sampai dengan ayat 8. Rasul Yakobus menjadikan Abraham sebagai contoh. Dia berkata, "Dengan jalan demikian genaplah nas yang mengatakan, 'Lalu percayalah Abraham kepada Allah, maka Allah memperhitungkan hal itu kepadanya sebagai kebenaran.'" Karena itu Abraham disebut sahabat Allah. Jadi, peristiwa yang terjadi di dekat pohon tamarind di Mamre ini, yang diceritakan di dalam pasal 18, adalah kunjungan seorang sahabat. Tuhan datang dalam rupa seorang malaikat menampakkan diri kepada Abraham, yang menjadi sahabat-Nya. Ini merupakan Kristus sebelum inkarnasi. Dia datang bersama dua malaikat-Nya.

Hanya karena imanlah yang menjadikan Abraham sahabat Tuhan. Ini dimulai ketika Abraham diperdamaikan dengan Tuhan melalui iman, setelah Tuhan membisu selama 13 tahun karena dosa Abraham mengawini Hagar sehingga lahirlah Ismail. Tuhan menegur ketidakpercayaan Abraham ini, lalu Tuhan mengikat kembali perjanjian dengannya dan menegaskan bahwa Ishak lah, bukan Ismail, yang nanti akan dilahirkan Sarah sebagai anak perjanjian. Abraham kembali percaya kepada Tuhan, imannya dipulihkan, hubungannya dipulihkan, surga berdamai dengannya, persahabatan dimulai.

Ketika kita diperdamaikan dengan Tuhan melalui iman, persahabatan dengan Tuhan membutuhkan ketaatan. Penampakan diri Tuhan kepada Abraham ini terjadi setelah Abraham dengan taat melaksanakan sunat yang menjadi tanda perjanjiannya dengan Tuhan. Persahabatan dengan Tuhan membutuhkan ketaatan. Tuhan Yesus pernah berkata kepada murid-murid-Nya dalam Injil Yohanes pasal 15, "Kamu adalah sahabatku, jikalau kamu berbuat apa yang kuperintahkan kepadamu." Ketaatan kepada Tuhan membawa hubungan kita menjadi sahabat Tuhan. Pada level hubungan ini, tak ada lagi rahasia. Tuhan Yesus berkata kepada murid-murid-Nya, "Aku tidak menyebut kamu lagi hamba, sebab hamba tidak tahu apa yang diperbuat oleh Tuhannya, tetapi aku menyebut kamu sahabat, karena aku telah memberitahukan kepada kamu segala sesuatu yang telah kudengar dari Bapa."

Berulangkali Tuhan menyingkapkan rencananya kepada Abraham. Tuhan akan memimpinnya ke tanah perjanjian, Tuhan akan menjadikannya bangsa yang besar, dan dari Abraham akan lahir bangsa-bangsa. Ya, Tuhan memberitahukan isi surga dalam kunjungan Tuhan kepada Abraham ini. Tuhan kembali menegaskan janjinya bahwa tahun depan Sarah akan menggendong anaknya sendiri.

Pada ayat 16 sampai dengan 33, Tuhan memberitahukan keputusan surga tentang Sodom dan Gomora yang akan dimusnahkannya. Ketaatan menaikkan level hubungan kita dengan Tuhan menjadi level sahabat, tetapi persahabatan dengan Tuhan membutuhkan komitmen dan membutuhkan waktu. Tuhan datang di saat Abraham sedang duduk di depan pintu kemahnya. Abraham sedang dalam keadaan siap untuk menerima kunjungan surgawi.

Jika kita hari-hari ini merasa bahwa hubungan yang kita miliki hambar dengan Tuhan, mungkin masalahnya adalah karena kita terlalu sibuk sampai tidak punya waktu lagi untuk Tuhan. Waktu kita habis untuk kerja, kerja, dan kerja. Cobalah teladani Abraham. Dia taat memenuhi panggilan Tuhan, lalu Tuhan memberkatinya sehingga Abraham semakin hari semakin kaya, dan kini dia bisa bersantai di depan kemahnya tanpa mengkhawatirkan apa yang menjadi kebutuhan hidupnya. Abraham siap untuk menikmati persekutuan dengan Tuhan, tetapi itu dimulai dengan ketaatan kepada Tuhan.

Nah, kenapa kita tidak mencoba menaati nasihat Tuhan Yesus: "Carilah dahulu Kerajaan Allah dan kebenarannya, maka semuanya itu akan ditambahkan kepadamu." Kedepankanlah ketaatan kepada Tuhan, dan kita akan lihat nanti bagaimana Tuhan memberkati kita. Saat itu terjadi, kita akan bisa seperti Abraham, duduk santai di hadirat Tuhan karena kita akan punya waktu untuk Tuhan.

Persahabatan dengan Tuhan menghasilkan sikap murah hati. Dalam ayat 3 sampai dengan 8 diceritakan bahwa Abraham menjamu tamu surgawi. Bukan dengan jamuan biasa, untuk tiga orang tamunya itu, Abram menyediakan roti yang dibuat dari tiga suku tepung. Nah, itu setara dengan 31,2 kg, bisa untuk memberi makan satu pasukan kecil. Abraham juga menyajikan daging olahan dari seekor lembu sapi gemuk yang mudah, dan susu yang terbaik. Abraham menjamu tamunya dengan murah hati. Saya beritahu sebuah rahasia yang saya minta teman-teman untuk tetap merahasiakannya: orang pelit tidak akan pernah bisa menjadi sahabat Tuhan. Nah itu rahasianya. Dan tolong jangan bilang-bilang ya. Jika kita memiliki hubungan yang indah dengan Tuhan, tidak mungkin kita tidak bermurah hati.

Lalu apa yang terjadi di dalam pertemuan itu? Pada ayat 9-15, Tuhan memberitahu Abraham bahwa tahun depan Sarah akan menggendong anak kandungnya sendiri, yang sudah sekian lama mereka nantikan. Memang, Sarah tertawa saat mendengarnya, tetapi itu wajar, sebab bukankah dia sudah berumur 89 tahun, sudah lama menopause, masa suburnya pun sudah lama lewat. Tetapi ini yang harus kita catat: untuk sahabat-Nya, surga bersedia membuat hukum alam tidak berlaku dalam hidup Abraham. Kita menyebutnya sebagai mujizat Tuhan.

Nah, apa yang bisa kita petik sebagai inspirasi dan motivasi? Pertama, kita harus diperdamaikan dengan Tuhan melalui iman. Semua dosa kita harus dibereskan dengan Tuhan. Datanglah kepada Tuhan dan percayalah kepada kemah kasih-Nya. Tuhan akan mengampuni dosa kita, kita akan diperdamaikan kembali dengan surga. Kedua, ketaatan karena iman akan menaikkan level hubungan kita dengan Tuhan. Kita bukan lagi umat atau hamba, tetapi sahabat Tuhan. Iman yang dibayar dengan ketaatan akan dibalas surga dengan menjadikan kita sebagai sahabat Tuhan. Ketiga, kebahagiaan. Karena hubungan yang indah dengan Tuhan akan menjadikan kita pribadi yang murah hati. Level kemurahan hati kita menggambarkan level hubungan kita dengan Tuhan. Mari, kita menjadi sahabat Tuhan, lalu rasakanlah betapa indahnya waktu yang kita miliki di dalam bersekutu dengan Tuhan.

Doa syafaat – Kejadian pasal 18 ayat 19 sampai 33. Abraham adalah sahabat Allah. Jadi, ketika Tuhan hendak pergi ke Sodom dan Gomora untuk memusnahkan kota itu, Tuhan memutuskan untuk memberitahu Abraham apa yang hendak Ia lakukan. Ketika level hubungan kita dengan Tuhan adalah sahabat, maka tidak mustahil surga membukakan bagi kita apa yang akan dilakukannya untuk dunia kita. Seperti yang dikatakan oleh Tuhan Yesus kepada murid-murid-Nya dalam Injil Yohanes pasal 15: "Aku tidak menyebut kamu lagi hamba, sebab hamba tidak tahu apa yang diperbuat oleh Tuhannya, tetapi aku menyebut kamu sahabat, karena aku telah memberitahukan kepada kamu segala sesuatu yang telah kudengar dari Bapa-Ku."

Di halaman kemah Abraham di Mamre, di bawah pohon tamarind, digelarlah sidang ilahi tentang Sodom dan Gomora. Ayat 20 sampai dengan 21 berkata: "Sesudah itu berfirmanlah Tuhan, sesungguhnya banyak keluh kesah orang tentang Sodom dan Gomora dan sesungguhnya sangat berat dosanya. Baiklah, Aku turun untuk melihat apakah benar-benar mereka telah berkelakuan seperti keluh kesah orang yang telah sampai kepadaku atau tidak. Aku hendak mengetahuinya."

Ini sungguh pemandangan yang luar biasa: pengadilan ilahi. Abraham segera mengambil peran sebagai seorang pembela di sidang ilahi itu. Di hadapan Tuhan, dia sekarang adalah pengacara pembela untuk kota Sodom dan Gomora. Dalam ayat 23-25 dikatakan: Abraham datang mendekat dan berkata, "Apakah Engkau akan melenyapkan orang benar bersama-sama dengan orang fasik? Bagaimana sekiranya ada 50 orang benar dalam kota itu? Apakah Engkau akan melenyapkan tempat itu dan tidakkah Engkau mengampuninya? Karena 50 orang benar yang ada di dalamnya, jauhlah kiranya daripadamu untuk berbuat demikian: membunuh orang benar bersama-sama dengan orang fasik, sehingga orang benar itu seolah-olah sama dengan orang fasik. Jauhlah kiranya yang demikian daripadamu. Masakan segenap bumi tidak menghukum dengan adil?"

Abraham sedang berdebat di pengadilan ilahi itu. Dia membuat Tuhan setuju bahwa jika ada 50 orang benar di Sodom, Tuhan akan menunda hukuman. Kemudian dengan hati-hati, Abraham pindah ke 45, Tuhan setuju; Abram kemudian pindah ke 40, lalu 30, 20, dan akhirnya 10. Inilah Abraham menumpukan pembelaannya. Tetapi Tuhan tidak menemukan 10 orang benar itu. Tuhan menghormati doa Abraham, Ia menyelamatkan Lot dan keluarganya sebelum menghancurkan wilayah itu dan semua penduduknya.

Nah, apa yang bisa kita pelajari dari kisah ini?

Pertama, tidak ada dosa yang luput dari perhatian dan penghakiman Tuhan. Seperti yang disampaikan Tuhan kepada Abraham: "Sesungguhnya banyak keluh kesah orang tentang Sodom dan Gomora, dan sesungguhnya sangat berat dosanya. Baiklah, Aku turun untuk melihat apakah benar-benar mereka telah berkelakuan seperti keluh kesah orang yang telah sampai kepadaku atau tidak. Aku hendak mengetahuinya." Sebenarnya ada jeda waktu dari sejak dosa itu dilakukan sampai tiba hari penghukuman. Jeda ilahi ini adalah anugerah, kesempatan bagi manusia untuk bertobat. Rasul Petrus ingin kita semua memanfaatkan waktu jeda itu untuk bertobat. Dia berkata, "Tuhan tidak lalai menepati janjinya, sekalipun ada orang yang menganggapnya sebagai kelalaian, tetapi Dia sabar terhadap kamu karena Dia menghendaki supaya jangan ada yang binasa melainkan supaya semua orang berbalik dan bertobat."

Kedua, umat Tuhan memiliki peran penting bagi keselamatan dunia. Karena Abraham, Tuhan rela menyelamatkan Sodom jika seandainya ada 10 orang benar ditemukan di sana. Masyarakat yang jahat seringkali meremehkan orang benar, tetapi karena orang benarlah, penghukuman Tuhan seringkali ditangguhkan. Para pendoa syafaat sejatinya memiliki peran penting di surga. Mereka adalah mitra Allah. Dengan doa mereka, mereka keluar masuk sidang ilahi, berdebat dalam pengadilan suci, memohonkan belas kasihan dan anugerah Tuhan agar Tuhan tidak menghukum suatu bangsa. Mereka memberikan pembelaan terbaiknya, meminta hukuman diganti dengan pertobatan. Kadang mereka berhasil, kadang mereka gagal. Ada saatnya dalam sejarah ketika Tuhan menyatakan bahwa suatu bangsa yang jahat telah memenuhi ukuran dosa mereka. Jika itu yang terjadi, bahkan orang saleh tidak dapat membebaskan masyarakat itu dari penghukuman. Tetapi sekalipun begitu, para pendoa syafaat akan selalu menjadi mitra terbaik Allah. Jika kita sampai hari ini dalam keadaan baik-baik saja, sekalipun kita hidup di tengah-tengah dunia yang jahat, ketahuilah situasi aman terkendali itu jasa para pendoa syafaat. Kita perlu berterima kasih kepada pengacara pembela kita di pengadilan ilahi di sana.

Ketiga, jika Tuhan memanggil kita untuk menjadi pendoa syafaat, kita harus cukup dekat dengan Tuhan. Abraham datang mendekat lalu Ia menyampaikan pembelaan agar Tuhan tidak jadi menghukum Sodom dan Gomora. Kita harus selalu berada di dalam hadirat Tuhan jika kita ingin menjadi mitra Tuhan sebagai pendoa syafaat. Kita harus meletakkan rasa hormat tertinggi kepada Tuhan. Abraham berkata, "Sesungguhnya aku telah memberanikan diri berkata kepada Tuhan, walau aku debu dan abu." Abraham menyebut Tuhan sebagai Adonai, Tuhan yang berdaulat. Semakin kita dekat dengan Allah, semakin kita rendah hati dan semakin kita menghormati Tuhan.

Untuk menjadi pendoa syafaat, kita harus tekun. Abraham meminta Tuhan membatalkan penghukuman jika di Sodom terdapat 50 orang benar, tetapi tidak ada jumlah itu. Abram terus mengajukan permintaannya sampai kepada jumlah 10 orang. Dia tekun, dan tanpa ketekunan kita tidak akan pernah dapat berdiri sebagai juru syafaat bagi sesama kita.

Dari semua ini, apa yang bisa kita petik sebagai inspirasi dan motivasi? Adalah sebuah kehormatan bila kita menerima pelayanan sebagai pendoa syafaat. Sebagian nasib bangsa ini ada di dalam pembelaan kita. Surga tak mungkin tidak mengenal kita karena kita berulang kali berdiri di pengadilan ilahi, menjalankan pelayanan sebagai pembela sesama. Selamat melayani dengan doa syafaat kita.

KEJADIAN 19

Gambaran tentang Lot ketika Abraham menyuruhnya memilih, Lot memilih Lembah Yordan yang dekat dengan Sodom. Lot adalah tipikal orang percaya yang mengejar harta dunia di kemudian hari. Ia benar-benar tinggal di Sodom, kota tanpa Allah, yang kejahatannya telah melampaui batas. Ia bahkan menjadi anggota dewan kota Sodom.

Gambaran tentang Lot ketika Abraham mempertaruhkan nyawanya untuk membebaskan Lot dan Raja Sodom yang ditawan Raja Kedorlaomer. Tetapi hanya Raja Sodom saja yang berdiri kasih kepada Abraham.

Gambaran tentang Lot ketika masyarakat sudah mengepung rumahnya dan memintanya menyerahkan kedua tamunya, yang adalah malaikat. Lot membujuk mereka supaya tidak menyodomi kedua tamunya, dan sebagai gantinya ia menawarkan kedua putrinya untuk mereka pakai sesuka hati mereka.

Gambaran tentang Lot ketika ia dan kedua anak perempuannya melarikan diri ke gunung, berlindung dari murka Allah yang memusnahkan kota Sodom dan Gomora. Kedua anaknya kemudian membuat Lot mabuk, dan ia melakukan hubungan incest dengan kedua putrinya. Dari peristiwa ini lahirlah Moab, Bapak Bani Moab, dan Ben-Ami, Bapak Bani Amon.

Lot jelas tidak dipilih untuk memperkenalkan Tuhan. Ia tidak memiliki jiwa misionaris, semata-mata hanya mengejar kekayaan. Ia ingin sekaya Abraham, bahkan mungkin melebihi dia. Berhati-hatilah dengan keinginan menjadi kaya. Paulus mengingatkan dalam suratnya kepada Timotius: "Tetapi mereka yang ingin kaya terjatuh ke dalam pencobaan, ke dalam jerat, dan ke dalam berbagai-bagai nafsu yang hampa dan yang mencelakakan, yang menenggelamkan manusia ke dalam keruntuhan dan kebinasaan."

Lot cukup sukses secara duniawi. Ayat 1 menyebutkan Lot duduk di gerbang Sodom, sebuah kedudukan yang setara dengan anggota dewan kota. Tetapi endingnya sungguh menyedihkan. Di akhir pasal 19, hidup Lot berakhir dengan kehilangan segalanya: harta, kedudukan sebagai anggota dewan kota, dan istri Lot mengalami kehancuran total.

Jika kita membiarkan dunia hidup di dalam kehidupan kita, kita memang bisa sukses bak seorang Sultan, tetapi itu semua akan dibayar dengan akibat yang mengerikan. Karena kasih setia Tuhan, kedua malaikat meminta Lot dan keluarganya untuk meninggalkan kota secepatnya. Tuhan sungguh luar biasa, kasih setianya tak pernah berubah: dulu, sekarang, dan selamanya.

Memang ada doa Abraham di aksi evakuasi oleh malaikat Tuhan, tetapi yang terutama karena Tuhan adalah Maha Kasih. Namun akibat mencintai dunia sungguh mengerikan. Kedua calon menantu Lot menolak dan ikut binasa bersama kota Sodom dan Gomora. Istri Lot menoleh ke belakang dan menjadi tiang garam. Lot akhirnya kembali ke titik nol kehidupan: miskin harta dan menjalani sisa hidupnya di hari tua, menjalin hubungan incest dengan kedua putrinya.

Dengan gambaran seperti ini, tidak heran jika sebagian orang Kristen mungkin yakin Lot akan berakhir di neraka. Pandangan ini bisa dipahami, tetapi bagaimana Alkitab menggambarkan Lot? Rasul Petrus dalam ilham Roh Kudus menyebut Lot sebagai orang yang benar (2 Petrus 2:7-8): "Tetapi ia menyelamatkan Lot, orang yang benar, yang terus-menerus menderita oleh cara hidup orang-orang yang tidak mengenal hukum dan yang hanya mengikuti hawa nafsu mereka saja."

Setiap orang benar ini tinggal di tengah-tengah mereka dan setiap hari melihat dan mendengar perbuatan-perbuatan jahat mereka sehingga jiwanya tersiksa. Jika kita masih belum paham betapa murah hatinya Allah dan kasih setianya yang tak berkesudahan, kita akan sulit memahami Alkitab. Alkitab menyebut Lot sebagai orang benar.

Yuk kita belajar: manusia dibenarkan oleh iman, bukan oleh perbuatan. Sodom adalah gambaran dunia tanpa Tuhan. Homoseksualitas menjadi norma yang biasa, seks bebas dan beramai-ramai menjadi praktik yang tidak dianggap salah sampai melampaui batas. Tak mungkin Tuhan menjatuhkan hukuman jika hidup di tengah-tengah penduduk seperti ini. Griffith Thomas berkata: "Orang benar di dalam kapal sangatlah benar, tetapi air di dalam kapal sangatlah salah." Orang Kristen hidup di dunia, sebab Tuhan memilih kita dari dunia ini, tetapi jika dunia hidup di dalam kehidupan orang Kristen, itu tidak hanya salah tetapi menjadi bencana.

Itulah yang dialami Lot. Awalnya ia hanya ingin kaya lalu ia pindah ke Sodom, tetapi di akhir cerita ia ditimpa bencana hebat.

Apa yang bisa kita petik sebagai inspirasi dan motivasi? Tuhan tidak melarang kita untuk menjadi kaya. Yang Tuhan larang adalah caranya. Bila cara itu seperti Sodom, itu salah. Peganglah nasihat ini: "Carilah dahulu Kerajaan Allah dan kebenarannya, maka semuanya itu akan ditambahkan kepadamu."

Itulah yang dilakukan Abraham: ia mematuhi Tuhan untuk pergi dari Ur-Kasdim, kota sejuta berhala. Itulah yang harus kita lakukan. Sodom tidak benar-benar membuat Lot kaya; hanya membuatnya banyak harta. Jika hidup Lot disimpulkan seperti Tuhan Yesus menyimpulkan hidup orang yang kaya bodoh, maka kesimpulannya menjadi: demikianlah jadinya dengan orang yang mengumpulkan harta bagi dirinya sendiri jika ia tidak kaya di hadapan Allah.

Mari kita hidup di dalam Tuhan, percayai janji-Nya: jika kita mengutamakan Tuhan, maka Tuhanlah yang akan menjadi sumber berkat dan kekayaan kita. Kaya di dalam Tuhanlah yang membuat kita bahagia.

Belajar dari kehidupan Lot, saya memilih untuk berterima kasih kepada Allah karena Dia menyediakan kisah hidupnya untuk ditulis apa adanya. Walau tidak sampai detil darinya, kita dapat menimba banyak pelajaran yang berharga. Yang terutama, syukur saya adalah kepada Tuhan karena kasih-Nya begitu mengagumkan, bahkan khutbah terbaik pun tak mampu menggambarkan betapa agung kasih-Nya.

Berikut ini Kejadian pasal 19 ayat 30 sampai dengan 38. Lot dan kedua putrinya melakukan dosa yang besar. Kedua putrinya membuatnya mabuk, dan mereka melakukan hubungan incest yang melahirkan anak. Putri tertua melahirkan Moab yang nantinya menjadi Bapak Bani Moab, dan putri kedua melahirkan Ben-Ami yang nantinya menjadi Bapak Bani Amon.

Tetapi Lot percaya Tuhan dan Tuhan memperhitungkan imannya sebagai kebenaran. Rasul Petrus di bawah tuntunan Roh Kudus memastikan bahwa Lot adalah orang benar di hadapan Tuhan. Kita sudah singgung soal ini pada bab sebelumnya.

Sekarang kita perlu belajar kebenaran ini: menjadi orang percaya saja tidaklah cukup. Orang Kristen bisa jatuh ke dalam dosa yang sama buruknya dengan yang dilakukan oleh orang yang tidak percaya.

Mengapa Lot berkompromi dengan dosa yang mungkin awalnya dianggapnya sebagai dosa yang tak seberapa? Dia memilih Lembah Yordan yang menurut pandangannya adalah yang terbaik baginya. Keserakahan dan keegoisan membuat banyak orang berpikir, "Tak apa, kita punya dosa asal tak terlalu berbahaya." Pada dosa yang seperti ini, seseorang akan mengabaikan kehendak Tuhan, kehendaknya lah yang terpenting baginya.

Lot abai tentang bahaya lingkungan Sodom, kota yang jahat. Namun jika kita dibutakan oleh keserakahan, Sodom akan tampak seperti surga yang begitu menjanjikan. Benarlah yang dikatakan Alkitab, bahwa pergaulan yang buruk akan merusakkan kebiasaan yang baik.

Peristiwa Lot ditawan Raja Kedorlaomer sebenarnya adalah sebuah teguran bahwa Sodom tak cocok untuk orang percaya seperti Lot. Tetapi Lot sudah mantap jiwa untuk tinggal di sana. Maka dari mula-mula berkompromi dengan dosa, kini Lot terlihat lebih condong kepada dosa daripada hati nuraninya.

Suara Tuhan yang menegur awalnya diabaikan, sehingga kompromi Lot dengan dosa yang kecil bertumbuh menjadi dosa yang lebih besar. Awalnya Lot memiliki rumah nyaman di Sodom dan menjadi anggota dewan kota, tetapi ketika ia menawarkan kedua putrinya demi melindungi tamu malaikatnya, komprominya terhadap dosa tampak nyata.

Ketika malaikat Tuhan memerintahkan supaya Lot pergi dari Sodom, ia ragu-ragu. Malaikat terpaksa menyeretnya. Cinta kepada dunia tak mungkin dapat dihapus seketika. Istri Lot menoleh dan menjadi tiang garam. Dosa yang dipupuk sejak kecil bisa tumbuh menjadi besar, dan ketika itu terjadi, yang tak terbayangkan pun bisa terjadi.

Lot dan kedua putrinya kemudian membuat Lot mabuk dan secara bergiliran melakukan hubungan badan. Dosa yang semula kecil telah tumbuh menjadi dosa besar, yang mungkin bahkan tak terjadi di antara orang-orang yang tidak mengenal Tuhan.

Apa yang bisa kita pelajari dari kisah ini?

Dosa kecil adalah latihan untuk dosa yang lebih besar. Kita tidak tiba-tiba melakukan dosa besar, semua bermula dari yang terkecil. Karena itu jangan anggap remeh dosa kecil.

Jika kita tidak sungguh-sungguh menjauhi dosa, dengan mudah dosa akan mengejar kita. Malaikat Tuhan memerintahkan Lot menjauhi Sodom. Jika usaha kita untuk menjauhi dosa tidak sungguh-sungguh, hati yang berdosa akan dengan mudah kembali terpaut.

Selalu ada alasan logis untuk setiap dosa. Dalam ayat 31, putri sulung Lot berkata, "Ayah kita telah tua dan tidak ada laki-laki di negeri ini yang dapat menghampiri kita." Tampak masuk akal, tetapi tetaplah dosa.

Kesenangan yang ditawarkan dosa tak pernah sebanding dengan akibatnya. Jangan pernah terperdaya. Jangan hanya menjauhinya sebagian, sebab di setiap persembunyian kita, godaan akan selalu ada. Yang perlu kita lakukan adalah **memutar haluan hidup**: ubah tujuan hidupmu, ubah perilakumu, dan jadikan Tuhan sekarang sebagai tujuan hidupmu.

KEJADIAN 20

Kejadian pasal 20 ayat 1 sampai dengan 18. Kita kembali menemukan sejatinya kasih setia Tuhan tak berkesudahan. Kita semua memiliki masalah yang sama: ada dosa yang sudah kita tinggalkan, tetapi ada juga dosa yang kita lakukan berulang-ulang, baik kita menyadarinya ataupun tidak. Nah, Abraham pun juga sama. Saya takjub saat Abraham bernegosiasi di hadapan Tuhan, yaitu tentang Sodom dan Gomora. Orang hebat ini berdiri di sidang Ilahi, dan perkataannya didengar oleh Tuhan. Dengan kualitas yang seperti ini, tentu kita tidak berpikir bahwa Abraham akan melakukan dosa yang sama yang diulanginya. Kita bersyukur, Alkitab mencatatnya. Ini penting untuk membangun perspektif iman kita. Andaikata kita merespon saudara seiman kita seperti kita merespon Abraham, alangkah indahnya.

Saya bersyukur Alkitab menceritakan kelemahan Abraham apa adanya. Setibanya Abraham di tanah Gerar, ia kembali menghadapi masalah yang sama. Ia merasa terancam karena Sara, istrinya, masihlah cantik di usianya yang ke-90. Situasi di zaman itu, jika seorang raja menginginkan seorang wanita dan ternyata wanita itu sudah bersuami, suaminya akan segera kehilangan nyawa. Maka Abraham meminta kepada Sara agar mereka saling mengaku sebagai saudara.

Peristiwa di Mesir kembali terulang. Raja Abimelekh jatuh cinta dan mengambil Sara menjadi istrinya. Sara memang memiliki pesona yang membuat pria tua seperti tersihir oleh kecantikannya. Jadi Abraham kembali mengulangi dosanya, dosa yang fatal, dosa egois. Ia mengaku bahwa Sara adalah saudaranya, dan begitu juga sebaliknya Sara.

Mungkin ada yang mengatakan tindakan Abraham ini pengecut, cintanya tidak sehidup semati. Tetapi puji Tuhan, Tuhan mengintervensi keadaan. Dalam ayat 3 sampai dengan 7 diceritakan: pada waktu malam Allah datang kepada Abimelekh dalam suatu mimpi dan berfirman kepadanya, “Engkau harus mati karena yang telah kau ambil itu, sebab dia sudah bersuami.”

Adapun Abimelekh belum menghampiri Sara. Berkatalah ia, “Tuhan, apakah Engkau membunuh bangsa yang tak bersalah? Bukankah orang itu sendiri mengatakan kepadaku dia saudaraku, dan perempuan itu sendiri telah mengatakan dia saudaraku? Jadi hal ini kulakukan dengan hati yang tulus dan dengan tangan yang suci.”

Lalu berfirmanlah Allah kepadanya dalam mimpi, “Aku juga tahu bahwa engkau telah melakukan hal itu dengan hati yang tulus, maka Akupun telah mencegah engkau untuk berbuat dosa terhadap Aku, sebab itu Aku tidak membiarkan engkau menjamah dia. Jadi sekarang kembalikanlah istri orang itu, sebab dia seorang nabi. Ia akan mendoakan engkau, dan engkau tetap hidup. Jika engkau tidak mengembalikan dia, ketahuilah engkau pasti mati, engkau dan semua orang yang bersama-sama dengan engkau.”

Tuhan membuat sebuah intervensi, mencegah Abimelekh. Tuhan bertindak untuk melindungi perjanjiannya dengan Abraham tentang keturunan, bahwa anak Abraham dari Sarahlah yang akan menjadi bangsa-bangsa.

Yang menarik adalah di ayat 7 itu pula untuk pertama kalinya Tuhan mengumumkan bahwa Abraham adalah seorang nabi. Tuhan tidak hanya melindungi Sara tetapi juga Abraham. Sungguh luar biasa Tuhan, bahwa kasih setianya tidak berkesudahan. Walau Abraham memiliki kelemahan, Tuhan tidak pernah meninggalkannya. Abraham tetaplah bapak orang beriman, bahkan Tuhan menetapkannya sebagai nabi.

Yang dilakukan Tuhan di tengah-tengah kegagalan Abraham mempertahankan iman adalah sebuah pelajaran penting. Pertanyaannya sekarang: mengapa Tuhan menampakkan diri kepada Abimelekh dan bukan kepada Abraham? Mengapa Tuhan tidak menghentikan tindakan bodoh Abraham, tetapi mencegah Abimelekh?

Mungkin jawabannya adalah: Tuhan kadang membiarkan kita gagal untuk mengajar bahwa memikul sendiri beban masalah dan mencari solusi sendiri akan berakhir dengan kegagalan. Manusia seharusnya bergantung penuh kepada Tuhan.

Pelajaran yang bisa kita petik dari peristiwa ini:

Pertama, kita semua rentan terhadap dosa. Kita semua memiliki kelemahan. Kita perlu bergantung kepada Tuhan. Jangan dipaksakan diri untuk menyelesaikan masalah sendiri, karena jalan keluar kita nanti justru akan menjerumuskan kita ke dalam masalah yang lebih besar.

Kedua, kita perlu belajar dewasa dalam perspektif iman. Tak ada manusia sempurna. Bahkan bapak orang beriman pun tidak, nabi pun juga tidak. Jangan heboh dengan kelemahan saudara seiman. Jika kita bisa menghormati Abraham, maka seharusnya kita semua dapat menghormati saudara seiman kita walau dia memiliki kelemahan.

Ingatlah pengumuman Tuhan bahwa Abraham adalah seorang nabi terjadi di tengah-tengah kegagalan. Tuhan sama sekali tidak menunda atau membatalkannya. Tentu saja dosa Abraham patut disayangkan. Jika kita ingin tahu mengapa Tuhan tidak mensyaratkan kesempurnaan, jawabannya adalah: Tuhan tidak ingin bekerja sendirian. Kesempurnaan hanyalah milik Tuhan.

Dosa yang dilakukan Abraham amat berbahaya. Hampir saja ia kehilangan istrinya, dan membuat Abimelekh serta seluruh istananya kehilangan nyawa. Jangan mudah berbuat dosa karena hidup dan nyawa orang lain bisa menjadi korban dari dosa yang kita lakukan.

Dosa Abraham akarnya adalah cinta kepada diri sendiri. Alasan Abraham membuat kesepakatan dengan Sara untuk saling mengaku sebagai saudara, bukan sebagai suami-istri, karena Abraham lebih mencintai nyawanya. Ia berkata, "Aku berpikir takut akan Allah tidak ada di tempat ini, tentulah aku akan dibunuh."

Abraham mengutamakan keselamatan diri, ia tidak mempertimbangkan bahwa tindakannya tidak hanya membuat Sara terhina dan dibuang sebagai sesuatu yang tak berarti, tetapi juga mengorbankan nama Tuhan.

Kita tidak boleh takluk kepada rasa takut yang kita miliki. Percayalah bahwa di setiap masalah pasti ada intervensi Tuhan. Tetapi kadang ketakutan kita tidaklah berdasar pada kenyataan. Ternyata Abimelekh bukan orang yang tak takut akan Tuhan. Ia mendengarkan peringatan Tuhan dan memberi dirinya didoakan oleh Abraham, sehingga ia dan keluarganya akhirnya diselamatkan.

Apa yang bisa kita petik sebagai inspirasi dan motivasi?

Pertama, yakinlah bahwa di balik setiap masalah pasti ada Tuhan. Tuhan tidak pernah meninggalkan kita sendirian. Jangan takluk kepada rasa takut, tetapi taklukkan rasa takut dengan iman kepada Tuhan.

Kedua, terimalah kelemahan saudara seiman kita seperti kita menerima kelemahan Abraham. Jangan heboh. Sejatinya, heboh adalah milik mereka yang sudah lama lemah dalam iman mereka. Ingatlah, kasih setia Tuhan tak berkesudahan. Kita diselamatkan bukan karena perbuatan, tetapi karena iman.

KEJADIAN 21

SUKA DUKA KEHIDUPAN

Kejadian pasal 21 ayat 1 sampai dengan 21. Iya, mukjizat setelah penantian yang sangat panjang, bahkan mungkin penantian yang sudah tak lagi dinantikan. Sara akhirnya mengandung dan melahirkan Ishak. Ini adalah kebahagiaan yang tak dapat dilukiskan dengan kata-kata. Allah akhirnya menggenapi janjinya di usia Abraham yang ke-100 dan Sara 90. Ishak dilahirkan. Kelahiran Ishak adalah sebuah keajaiban. Ini adalah sebuah karunia Tuhan. Tuhan kadang membuat kita menunggu apa yang kita doakan sampai kepada titik di mana harapan tak lagi ada di dalam dada, tetapi di titik itulah, di titik terendah harapan, Tuhan mengabulkan doa kita. Tuhan ingin kita belajar untuk percaya dan berserah hanya kepada-Nya.

Bahagia itu segera disusul oleh duka. Sudah ada Ismail sebelum Ishak lahir. Tiga belas tahun sudah Ismail mengisi kehidupan Abraham. Tiga belas tahun sudah Ismail menghapus kesedihan Abraham. Tiga belas tahun sudah Ismail mengisi hatinya dengan kebahagiaan. Tiga belas tahun sudah Ismail memberinya rasa tangga dan juga harapan. Ismail pun menikmati semua perhatian dan kasih sayang dari Abraham. Ia adalah pewaris tunggal dari harapan dan juga impian Abraham.

Tetapi kini itu tidak lagi. Ishak sudah lahir, dan Ismail harus tersingkir. Sarah tidak menghendakinya lagi. Bagi Sarah, Ismail dan Hagar kini hanyalah sebuah gangguan. Maka, seperti habis manis sepah dibuang, Sara meminta supaya Abraham mengusir mereka. Momen itu pun pastilah akan tiba ketika Abraham mengadakan pesta untuk merayakan Ishak yang disapih. Saat bahagianya Abraham, datanglah permintaan Sara supaya Abraham mengusir mereka berdua. "Usirlah hamba perempuan itu beserta dengan anaknya, sebab anak hamba ini tidak akan menjadi ahli waris bersama-sama dengan anakku Ishak."

Tentu saja kata-kata Sara ini bagaikan petir di siang bolong, bagai palu godam yang menghantam dada Abraham. Ayat 11 menceritakan hal ini. Abraham menelan pil pahit poligami. Inilah kehidupan: suka dan duka kadang datang silih berganti. Tak selamanya mentari akan cerah. Kini hati Abraham menjadi gundah gulana. Ia dihadapkan pada situasi seperti makan buah simalakama. Salah apa agar menjadi gundiknya? Bukankah itu keinginan Sara? Salah? Apakah Ismail lahir di dunia bukanlah keinginannya? Rasa sesak di dalam dada membuat Abraham tak sanggup lagi memikirkan apa yang nanti bakal menimpa keduanya.

Tetapi Tuhan berfirman, "Janganlah sebal hatimu, karena hal anak dan budakmu itu. Dalam segala yang dikatakan Sara kepadamu, haruslah engkau mendengarkannya. Sebab yang akan disebut keturunanmu dialah yang berasal dari Ishak. Tetapi keturunan dari hamba-Mu itu juga akan Kubuat menjadi suatu bangsa."

Tuhan menjaga perjanjiannya bahwa anak perjanjian itu adalah Ishak, anak Abraham dari Sara.

Apa yang bisa kita pelajari dari situasi ini? Berpegang pada janji Tuhan pastilah mendatangkan bahagia. Tetapi bertindak di luar kehendak Tuhan, kesedihanlah yang menjadi akibatnya. Saat Tuhan menggenapi janjinya, Sarah tertawa bahagia. Ia berkata, "Allah telah membuat aku tertawa. Setiap orang yang mendengarnya akan tertawa karena aku." Kebahagiaan adalah bagi mereka yang setia kepada janji Tuhan. Tetapi bertindak di luar kehendak Tuhan hanya menghadirkan kesedihan dan kemalangan.

Ayat 14 berkata, keesokan harinya pagi-pagi Abraham mengambil roti serta sekirbat air dan memberikannya kepada Hagar. Ia meletakkan itu beserta anaknya di atas bahu agar kemudian disuruhnya perempuan itu pergi. Maka pergilah Hagar dan mengembara di padang gurun

Bersyeba. Sebuah akhir yang tragis: bertindak di luar kehendak Tuhan, Hagar dan Ismail akhirnya menjadi korban.

Ayat 15 dan 16 menceritakan ketika air yang di kirbat itu habis, Hagar meletakkan anak itu ke bawah semak-semak. Ia berkata, "Aku tidak tahan melihat anak ini mati." Di situ ia menangislah dengan suara nyaring. Teman-teman, jika dosa menggoda, jika ragu mengganggu, berjuanglah untuk bertahan di dalam iman. Ingatlah bahwa akibat dosa bisa seperti yang dialami Ismail dan Hagar. Kita dapat membayangkan betapa sesak hati Hagar.

Tetapi segala puji bagi Tuhan. Tuhan memberinya pertolongan. Tuhan membuka mata Hagar sehingga ia melihat sumur. Maka selamatlah mereka. Tuhan menjanjikan akan menjadikan Ismail menjadi bangsa yang besar.

Apa yang bisa kita petik sebagai inspirasi dan motivasi? Suka dan duka silih berganti di dalam kehidupan ini. Karena ragu dan percaya, ketaatan dan pelanggaran juga silih berganti di dalam hidup orang percaya.

Jika dosa menggoda, ingatlah akibatnya. Bukan hanya kita yang akan menanggungnya, tetapi sesama kita dapat menjadi korban atas kesalahan kita. Belajarlah untuk menjaga iman. Sekalipun tampaknya keadaan mustahil untuk kita bertahan, tetaplah bertahan. Tetaplah percaya. Sebab sejatinya Tuhan tak pernah mengecewakan. Bagi Tuhan, tak ada yang mustahil, sebab Dia adalah El Shaddai, Allah Yang Mahakuasa.

Kejadian pasal 21 ayat 22 sampai dengan 34

Abraham mendapatkan kunjungan dari Abimelekh, sebuah peristiwa yang tampaknya biasa saja. Abraham menyampaikan keluhan tentang sumur yang dibuatnya, lalu kemudian mereka membuat perjanjian damai. Abraham menanam pohon dan memanggil nama Tuhan. Sudah, hanya itu saja sebuah episode dari peristiwa kehidupan yang biasa. Tetapi benarkah maknanya biasa? Tidak bisa tidak, Abimelekh tak dapat meremehkan Abraham.

Dulu, memang Abraham takut kepadanya, tetapi sekarang dialah yang takut kepada Abraham. Kata-katanya, "Allah menyertai engkau dalam segala sesuatu yang engkau lakukan," ini adalah pengakuan Abimelekh bahwa Abraham disertai Allah Yang Mahakuasa. Nah, siapakah yang dapat menghadapi Abraham? Dia sendiri sudah mengalaminya; dia mengambil Sara, istri Abraham, untuk menjadi istrinya, lalu Tuhan hampir saja membuatnya terbunuh dia dan seisi istananya.

Siapakah yang dapat menghadapi Abraham, bahkan sekarang? Abraham semakin kaya, semakin diberkati Tuhan, semakin besar, dan semakin kuat. Abraham bisa menjadi ancaman di masa depan. Kunjungan Abimelekh ini dilakukan setelah Ishak lahir, setelah perayaan Ishak selesai. Keajaiban ini pastilah menggetarkan hati Abimelekh. Nyata-nyata Allah berpihak kepada Abraham dan tak segan-segan untuk membuat sebuah keajaiban. Ishak lahir di usia Abraham dan Sara sudah tak memungkinkan untuk punya anak, karena itu Abimelekh segera mengikatnya dengan perjanjian damai. Katanya:

"Oleh sebab itu, bersumpahlah kepadaku di sini demi Allah, bahwa engkau tidak akan berlaku curang kepadaku atau kepada anak-anakku atau kepada cucu-cicitku. Sesuai dengan persahabatan yang kulakukan kepadamu, demikianlah engkau harus berlaku kepadaku dan kepada negeri yang kau tinggali sebagai orang asing."

Teman-teman, orang percaya mungkin saja memiliki musuh di dunia ini. Rasul Paulus berkata: "Lawan kita bukanlah darah dan daging, tetapi pemerintah-pemerintah penghulu dunia yang gelap dan penguasa-penguasa di udara." Tetapi jika kita setia kepada Tuhan, bukan kita yang harus takut kepada lawan kita, tetapi lawan kita lah yang akan Tuhan buat takut kepada kita. Saya selalu tertawa kalau ada orang Kristen bercerita bahwa dia takut setan, sebab sebenarnya setan lah yang takut dengan kita. Sebab ada Tuhan dalam hidup orang percaya. Tuhan Yesus berkata: "Aku menyertai kamu senantiasa sampai kepada akhir zaman." Masakan kita takut kepada pribadi yang takut kepada kita?

Abraham sepakat untuk membuat perjanjian damai, tetapi dia harus menyampaikan bahwa sumurnya sudah dirampas oleh hamba-hamba Abimelekh. Ini menodai niat baik Abimelekh yang menginginkan perdamaian dengannya, tetapi itu ternyata terjadi di luar sepengetahuan Abimelekh. Katanya, "Aku tidak tahu siapa yang melakukan hal itu, lagi pula kau tidak beritahukan kepadaku, dan sampai hari ini belum pula kudengar."

Jadi Abraham mengambil tujuh anak domba dan memberikannya kepada Abimelekh, katanya, "Ketujuh anak domba ini harus kau terima dari tanganku untuk menjadi tanda bukti bagiku bahwa akulah yang menggali sumur ini." Abimelekh menerimanya. Lalu mereka membuat tanda perjanjian damai dan saling bersumpah untuk perjanjian itu.

Teman-teman, orang yang setia kepada Tuhan akan bertumbuh besar, mencapai kewibawaan, sehingga seorang raja pun akan menaruh hormat kepadanya. Abraham kemudian menanam pohon tamariska di Bersyeba dan memanggil nama Tuhan, Allah Yang Kekal.

Pelajaran yang dapat kita petik dari kisah ini:

Pertama, Tuhan menyertai umat-Nya. Tak ada yang perlu kita takutkan di dunia ini. Jika kita tetap setia kepada Tuhan, akan ada banyak perkara yang Tuhan kerjakan dalam hidup kita, seperti yang Dia lakukan dalam hidup Abraham. Tuhan membelanya, Tuhan melindunginya, Tuhan memberkatinya, Tuhan menjadikannya besar, Tuhan menjadikannya kuat. Abraham memiliki pengaruh yang membuat Abimelekh tak berani berkonflik dengannya, begitu juga dengan kita. Tengoklah apa yang sudah Tuhan lakukan selama ini, berapa banyak perkara besar, seberapa banyak pertolongannya dalam hidup kita. Ingatlah saat-saat kita menghadapi kesulitan; bukankah campur tangan Tuhan luar biasa? Kita ada sampai hari ini adalah karena anugerah-Nya. Setialah kepada Tuhan, karena kesetiaan kita akan mengantarkan kita bertumbuh menjadi pribadi yang kuat dalam iman.

Kedua, hidup orang percaya adalah kesaksian tentang Tuhannya. Ucapan Abimelekh dalam ayat 22 adalah pengakuan atas kesetiaan Tuhan dalam hidup Abraham: "Allah menyertai engkau dalam segala sesuatu yang engkau lakukan." Abimelekh melihat Tuhan dalam hidup Abraham. Nah, begitu juga dengan kita. Hidup kita adalah kesaksian tentang Tuhan kita. Bahkan di saat kita lemah pun Tuhan memberikan pertolongan. Tentu ini sangat menjadi berkat bagi semua orang, karena kita semua membutuhkan pertolongan Tuhan.

Ketiga, Abraham memanggil nama Tuhan, Allah Yang Kekal. Pohon tamariska yang ditanamnya bukan saja pengingat perjanjian damainya dengan Abimelekh, tetapi juga rasa syukur kepada Tuhan. Pohon tamariska mampu hidup di daerah tandus dan yang gersang. Akarnya yang mengandung garam mampu menyerap banyak air yang dibutuhkan di padang gurun yang kering. Daunnya mampu menjadi peneduh di saat matahari terik dan memecahkan angin gurun yang panas. Abraham menanamnya dan memanggil nama Tuhan, Allah Yang Kekal. Pohon tamariska itu adalah penanda imannya, bahwa berkat Tuhan kepadanya takkan berkesudahan, selalu tersedia di setiap musim dan keadaan.

Inspirasi dan motivasi: Setialah kepada Tuhan, sebab kesetiaan kita kepadanya akan membuat iman kita bertumbuh mencapai kematangan, sehingga kita tak lagi goyah saat datangnya angin percobaan. Berkat Tuhan takkan pernah berkesudahan dalam kehidupan kita. Setialah kepada Tuhan, sebab akan datang saatnya pengakuan atas iman kita. Dunia akan melihat Tuhan dalam hidup kita. Kemenangan iman kita akan menjadi berkat bagi banyak orang. Bukan hanya kita yang membutuhkan Tuhan, tetapi semua orang di dunia ini. Kesaksian kita akan membuka mata banyak orang dan membuat mereka dapat berjumpa dengan Tuhan. Setialah kepada

Tuhan, karena kesetiaan kita akan membuat hidup ini indah selepas badai pencobaan.

KEJADIAN 22

Tak terbayangkan ujian iman yang dihadapi Abraham. Tuhan memberinya perintah untuk membunuh putranya sendiri. Naasnya adalah kejadian pasal 22 ayat 1 sampai dengan 24.

Dalam ayat 1 dikatakan: Setelah semuanya itu Allah mencobai Abraham. Apakah yang dimaksudkan dengan "setelah semuanya itu"? Itu adalah setelah semua peristiwa yang dimulai dari pasal 12–21, peristiwa jatuh bangunnya Abraham mengikut Tuhan. Tak mudah menjadi pribadi yang taat, tetapi Allah mendidik Abraham menjadi Bapak orang beriman.

Ketaatan Abraham tak selalu sempurna. Sejak dia meninggalkan kampung halamannya, rumah ayahnya, dan semua sanak saudara ke negeri yang dijanjikan sesuai perintah Tuhan, banyak yang harus dia korbankan. Puncaknya adalah ketika dia harus mengusir Hagar dan Ismail, anak kandungnya sendiri. Ismail adalah buah dari sikap Abraham yang ingin membantu Allah supaya dia memiliki keturunan. Mungkin Abraham berpikir, ini adalah ujianku yang terakhir, setelah itu datanglah tahun-tahun damai dalam keluarganya. Kini hanya ada Ishak, putra yang dijanjikan. Lambat laun Ishak tumbuh menjadi dewasa, Sara pun bahagia, mereka sudah kembali di rencana Tuhan yang semula.

Karena itu, betapa terkejutnya dia ketika ditonton bahagia itu tiba-tiba Tuhan berkata: "Persembahkanlah Ishak sebagai korban bakaran itu." Tuhan membawa Abraham ke puncak tertinggi dari ujian iman, sesuatu yang paling berharga dalam hidupnya: tumpuan harapannya, bukti Tuhan menggenapi janjinya untuk menjadikannya bangsa yang besar, untuk menjadikannya berkat bagi banyak orang.

Kini Tuhan memintanya untuk diserahkan sebagai korban bakaran—semua yang paling berharga dalam hidupnya.

Ayat 3–10 menceritakan Abraham menaatinya. Entah apa yang dipikirkannya atau yang dia rasakan, Alkitab tidak menceritakannya. Tetapi dia bangun pagi-pagi, membuat persiapan yang diperlukan supaya tak ada yang terlupa. Entah kenapa, gunung Moria tak dikeluhkan terlalu jauh baginya, bagi seorang yang seusianya bersama Ishak, anaknya.

Abraham berjalan menuju ujian iman terberatnya. Ishak merasakan sepanjang perjalanan ada sesuatu yang tak beres dengan apa yang sedang mereka lakukan. Maka diapun bertanya: "Di sini sudah ada api dan kayu, tetapi di manakah anak domba untuk korban bakaran itu?" Tak mudah bagi Abraham untuk menyampaikan kebenaran. Akhirnya Abraham menjawab: "Allah yang akan menyediakan anak domba untuk korban bakaran itu bagimu, anakku."

Tetapi setiba di tujuan, tak ada doa itu. Abraham segera mengikat Ishak, meletakkannya di atas mezbah, lalu mengulurkan tangannya untuk mengambil pisau. "Jatuhannya, jika ini korban bakaran yang Kau pinta, kuserahkan semua yang Kau berikan." Tetapi tiba-tiba malaikat Tuhan berseru dengan suara lantang: "Abraham, jangan kau bunuh anak itu! Jangan kau apa-apakan dia, sebab telah kuketahui sekarang bahwa engkau takut akan Allah dan engkau tidak segan-segan untuk menyerahkan anakmu yang tunggal kepadaku."

Lalu Tuhan menunjukkan domba jantan yang tersangkut di semak-semak. Tuhan menyediakan pengganti. Sesudah selesai mempersembahkan korban bakaran dengan domba pengganti, Tuhan mengulangi janjinya: "Aku bersumpah demi diriku sendiri, demikianlah firman Tuhan: karena engkau telah berbuat demikian dan engkau tidak segan-segan untuk menyerahkan anakmu yang tunggal kepadaku, maka Aku akan memberkati engkau berlimpah-limpah dan membuat keturunanmu sangat banyak, seperti bintang di langit dan seperti pasir di tepi laut. Dan keturunanmu itu akan menduduki kota-kota musuhnya. Oleh keturunanmu, semua bangsa di bumi akan mendapat berkat, karena engkau mendengarkan firman-Ku."

Apa yang bisa kita pelajari dari kisah ini?

Pertama, Tuhan membawa Abraham ke dalam penyerahan hidup yang total dan sepenuhnya kepada-Nya. Ujian iman ini adalah proses; itu tidak dicapai secara tiba-tiba. Itu adalah proses seumur hidup Abraham, dan Abraham melakukannya walau tak seluruhnya sempurna. Tetapi ketaatan kecil yang kita lakukan adalah dasar bagi kita untuk ketaatan yang lebih besar.

Kedua, Tuhan ingin kita bersandar penuh kepada-Nya, hanya berpegang kepadanya saja. Ishak adalah tumpuan harapan bagi Abraham, anak perjanjian yang dipilih Tuhan. Ishak lahir nanti akan mewujudkan semua janji Tuhan bagi Abraham. Karena itu, Tuhan ingin Abraham melepasnya, berserah penuh kepada Tuhan. Apa yang menjadi ujian bagi Abraham juga hadir dalam kehidupan kita. Kadang Tuhan mengambil apa yang berharga bagi kita, dan jika itu terjadi, Tuhan ingin kita hanya berpegang kepadanya dan mengandalkan Dia saja.

Ketiga, yang luar biasa adalah kemampuan Abraham untuk menaatinya. Dari manakah asalnya? Ibrani pasal 11 ayat 19 menjelaskan: karena ia berpikir bahwa Allah berkuasa membangkitkan orang-orang sekalipun dari antara orang mati, dan dari sana ia seakan-akan telah menerimanya kembali. Iman kita harus mengisi hati dan pikiran kita sampai tak ada lagi tempat bagi keraguan, karena iman selalu menghasilkan ketaatan.

Keempat, melalui ujian iman ini Tuhan mengijinkan Abraham untuk masuk sedekat mungkin mengalami pengalaman Allah sendiri, yang nantinya akan menyerahkan putranya yang tunggal, Yesus Kristus, mati di kayu salib menebus dosa manusia. Ujian iman Abraham adalah gambaran Allah yang akan mengutus Yesus Kristus untuk menebus dosa dunia.

Kelima, Tuhan memberkati orang yang dalam hidup ini menyerahkan segalanya kepada-Nya. Tuhan mengulangi janji berkat-Nya disertai dengan sumpah. Itulah sebabnya Abraham menamai tempat itu "Yahweh Yireh" — Allah yang menyediakan.

Apa yang bisa kita petik sebagai inspirasi dan motivasi? Ketaatan kecil yang kita lakukan setiap hari seumur hidup kita akan membawa kita kepada kemampuan untuk berserah total di kemudian hari kepada Tuhan. Penyiaran hidup yang kita lakukan terus-menerus, walau tak sempurna, akan membawa kita ke suatu titik berserah total kepada Tuhan. Jika dalam hidup ini kita harus kehilangan apa yang paling berharga, Tuhan ingin kita belajar: Tuhanlah harta kita yang paling berharga dalam hidup ini.

KEJADIAN 23

Kita menerima kabar duka, kematian Sara di usianya yang ke-127. Naasnya adalah kejadian pasal 23. Rest in peace.

Berdasarkan periode akhir hidupnya, Tuhan telah menggenapi janjinya. Ishak sudah tumbuh dewasa. Sekarang engkau adalah wanita yang berbahagia. Dalam Alkitab, Sara adalah satu-satunya wanita yang ketika meninggal disebutkan umurnya. Ini menunjukkan bahwa dia adalah wanita yang luar biasa. Betapa tidak, dia dengan setia mendampingi Abraham berpetualang dalam iman. Banyak sudah yang ia alami, banyak sudah yang ia rasakan. Kini Sara kembali kepada Dia yang Maha Kuasa.

Bagaimanakah orang percaya menghadapi kematian? Kematian adalah sebuah realitas, ujian terakhir iman kita. Kita tak bisa menghindarinya, kita tak bisa menundanya. Bila saatnya tiba, kita hanya bisa menerimanya. Dalam ayat kedua dikatakan, Abraham datang meratapi dan menangisinya. Menghadapi kematian tidak akan pernah mudah, bahkan ketika Tuhan ada di samping kita, itu akan selalu menggoreskan duka yang mendalam. Hati ini takkan mampu menolak ratap dan tangis yang diakibatkan oleh rasa kehilangan.

Menghadapi kematian menimbulkan realitas emosional, tetapi itu tidak akan mengurangi kejantanan seorang pria dan tidak akan meniadakan kesalehan.

Alkitab menulis sikap dan respon orang yang percaya kepada Tuhan. Abraham dan Sara telah berbagi hidup bersama, suka dan duka telah pula mereka nikmati bersama-sama. Kepergian Sara pastilah meninggalkan lubang yang menganga di hati Abraham di sisa hidupnya. Setelah meratapi kepergian Sara, istri sejak masa mudanya itu, Abraham bangkit. Seorang beriman senantiasa dapat mengendalikan diri untuk menyelesaikan apa yang sedang dihadapinya.

Ayat 13–18 bercerita tentang negosiasi Abraham dengan Efron, pemilik ladang dan gua. Abraham ingin Sara dimakamkan di sana dengan harga 400 sikal perak. Abraham mendapatkan tanah kuburan yang diinginkannya, disanalah di gua Makhpela itu, dengan dikelilingi ladang yang indah. Sara dimakamkan. Rest in peace, Bunda Sara.

Teman-teman, apa yang bisa kita petik sebagai pelajaran dari episode ini?

Pertama, orang percaya tetap akan mengalami duka saat ditinggalkan oleh orang yang dikasihinya. Ratap tangis Abraham bukanlah tanda kurangnya iman, tetapi perpisahannya dengan wanita yang telah mendampingi seumur hidupnya pastilah meninggalkan rasa haru dan duka yang mendalam pada diri Bapak orang beriman ini.

Kedua, orang percaya menghadapi kematian dengan iman akan janji Tuhan. Abraham melihat momen kematian Sara juga dengan kacamata iman—iman akan janji Tuhan. Dia harus membeli ladang di gua Makhpela. Abraham menancapkan nah bahwa tanah perjanjian kini sudah mulai dimilikinya. Kematian Sara memberinya kesempatan untuk melakukan tindakan kenabian. Abraham membuka jalan bagi keturunannya nanti agar suatu hari janji Tuhan itu pastilah akan digenapi.

Ketiga, orang percaya menghadapi kematian dengan kesiapan finansial. 400 sikal perak bukan harga yang murah. Abraham tidak mau menerima tanah itu tanpa pembayaran, walau Efron menawarkan secara gratis kepadanya. Tapi pantang baginya untuk tidak memberikan yang terbaik bagi istrinya. Boleh saja kita berkata, harta takkan dibawa mati, tetapi menguburkan orang mati tak mungkin tanpa biaya. Orang percaya harus mengumpulkan harta di surga, tetapi tidak boleh lupa menyimpan sedikit harta untuk biaya penguburannya.

Apa yang bisa kita jadikan inspirasi dan motivasi? Kematian adalah sebuah realita. Dia akan datang kepada siapa saja. Sejatinya, kita semua sedang menunggu giliran. Waktu itu pastilah akan tiba. Nah, apakah kita akan siap, bukan saja menghadapi kematian, tetapi kepastian bahwa kita nanti pasti akan masuk surga?

Percayalah kepada Tuhan Yesus, sebab percaya kita akan diperhitungkan Allah sebagai kebenaran. Dosa kita ditebus oleh Tuhan Yesus di atas kayu salib. Manfaatkan hidup kita untuk menjadi berkat bagi sesama, baik secara rohani maupun jasmani.

KEHADIAN 24

Berbicara tentang perjodohan, naasnya adalah Kejadian pasal 24. Jika Anda lajang, sangat penting untuk mencari tuntunan Tuhan dan menaatinya dalam memilih pasangan. Menikah adalah keputusan terpenting setelah kita percaya kepada Kristus sebagai Juruselamat. Ini adalah masalah yang sangat serius.

Abraham meminta hambanya untuk mencari istri bagi Ishak dari kalangan keluarga Abraham sendiri, bukan dari luar. Abraham harus menjaga perjanjiannya dengan Allah bahwa melalui keturunannya, Allah akan memberikan tanah dan memberkati mereka. Karena itu, keturunan Ishak haruslah murni.

Abraham mengambil sumpah agar Elieser tidak mencarikan jodoh bagi Ishak kecuali dari keluarga Abraham. Katanya: "Baiklah, letakkan tanganmu di bawah pangkal pahaku supaya aku mengambil sumpahmu. Demi Tuhan Allah yang empunya langit dan yang empunya bumi, engkau tidak akan mengambil untuk anakku seorang istri dari antara perempuan yang diantaranya aku diam, tetapi engkau harus pergi ke negeriku dan kepada sanak saudaraku untuk mengambil seorang istri bagi Ishak anakku."

Sumpah dengan meletakkan tangan di bawah pangkal paha merupakan cara resmi pada masa itu untuk menunjukkan bahwa apabila sumpah itu dilanggar, anak-anak yang masih belum lahir akan membalas pelanggaran itu. Abraham tidak main-main, perjanjiannya dengan Tuhan dipegang teguh. Dia harus menjaga kemurnian keturunannya dan membangun iman keturunannya supaya janji Tuhan digenapi.

Abraham menyampaikan doa berkat, lalu mengutus hambanya. Katanya, malaikat Tuhan akan berjalan di depanmu dan menuntunmu pada jodoh yang tepat bagi Ishak. Doa amatlah penting. Sepanjang Elieser melaksanakan tugasnya, berulang kali doa dipanjatkannya.

Sesampainya di kota Nahor, Elieser, hamba Abraham, berdoa: "Tuhan Allah, Tuhanku Abraham, buatlah kiranya tercapai tujuanku pada hari ini. Tunjukkanlah kasih setiamu kepada tuanku Abraham. Di sini aku berdiri dekat mata air, dan anak-anak perempuan penduduk kota ini datang untuk menimba air. Kiranya terjadilah begini: anak gadis kepada siapa aku berkata, 'Tolong berikan air minum kepadaku,' dan yang menjawab 'Minumlah, dan juga unta-untaku akan kuberi minum,' dialah yang kau tentukan bagi hambamu Ishak. Maka dengan begitu akan kuketahui bahwa Engkau telah menunjukkan kasih setiamu kepada tuanku itu."

Doa Elieser tidak mungkin berhasil dengan kekuatannya sendiri. Jika kita ingin yang terbaik dari Tuhan, sikap terbaik adalah melibatkan Tuhan dan memohon pertolongan-Nya. Tetapi akal sehat juga harus digunakan. Elieser tidak pergi dengan tangan kosong; dia membawa banyak hadiah yang nantinya digunakan untuk memuluskan pelamaran sesuai budaya zaman itu. Jadi begini: iman harus ada, tetapi akal sehat tak boleh ditinggalkan. Kedua hal ini tidak akan saling bertabrakan jika dipahami dan disikapi dengan benar. Iman dan akal sehat memiliki dimensi yang berbeda dan dimaksudkan untuk tujuan yang berbeda. Dalam kehidupan orang beriman, keduanya justru saling melengkapi.

Yang menarik adalah tanda yang diminta. Gadis itu haruslah memberinya minum saat ia memintanya, tetapi tidak hanya itu, unta-untanya juga harus diberi minum meski tidak dimintanya. Tuhan mengirim Elieser untuk bertemu dengan Ribka, dan Ribka melakukan persis seperti yang didoakan Elieser.

Doa yang diminta Elieser bukan sekadar tanda. Ia mengerti betul pentingnya karakter dalam pernikahan sejatinya. Bukan sekadar komitmen untuk dua orang hidup bersama, tetapi dua karakter yang akan saling berinteraksi selamanya. Karakter yang indah akan menjadikan pernikahan bahagia dan tahan menghadapi setiap gelombang kehidupan.

Apa yang bisa kita petik dari kisah ini?

Pertama, karakter yang saleh harus di atas segalanya. Alkitab menggambarkan Ribka sebagai wanita yang sangat cantik, perawan, dan belum pernah bersetubuh dengan laki-laki. Kebiasaan di zaman itu setiap wanita muda harus memberikan minuman kepada orang asing, tetapi tidak untuk unta-unta. Tanpa diminta, Ribka melakukannya. Setiap unta meminum sebanyak 20 kalung, dan Elieser memiliki sepuluh ekor. Tidak ada sifat buruk dalam diri Ribka; dia adalah pribadi yang cantik dan saleh.

Kedua, orang baik disediakan Tuhan bagi orang baik. Karakter baik Ribka mengantarkannya kepada pria baik, Ishak, putra Abraham. Bayangkan jika Ribka menolak permintaan hamba Abraham itu, berkata dalam hati, "Memangnya kamu siapa? Aku kan bukan pembantumu." Ribka tidak akan pernah bertemu dengan Ishak. Untuk anak muda yang belum menikah, jika kalian ingin jodoh yang baik, penyayang, dan saleh, maka kalian harus menjadi orang yang baik, penyayang, dan saleh.

Ketiga, restu orangtua sangatlah penting. Ribka pastilah punya pendapat sendiri, tetapi dia membiarkan orangtuanya memutuskan untuk menerima lamaran Abraham melalui hambanya. Orangtua memiliki kebijaksanaan yang tidak dimiliki anaknya. Karena itu, kita perlu mendengarkan nasihat dan pandangan orangtua tentang jodoh.

Keempat, pernikahan adalah dasar untuk cinta, bukan cinta yang menjadi dasar pernikahan. Jika kita membangun pernikahan di atas dasar cinta romantis, saat badai konflik datang, cinta bisa berganti dengan rasa kecewa. Apa jadinya bila cinta tak dirasa lagi? Tetapi jika cinta dibangun di atas dasar komitmen pernikahan, rumah tangga tidak akan terguncang. Seperti yang dikatakan dalam ayat 63, cinta Ishak datang setelah dia mengambil Ribka menjadi istrinya.

Apa yang bisa kita jadikan inspirasi dan motivasi? Komitmen adalah segalanya. Komitmen untuk menemukan jodoh yang tepat sesuai kehendak Tuhan sama pentingnya dengan komitmen untuk membangun dan mempertahankan pernikahan. Kiranya kita selalu diberkati dengan rumah tangga yang indah dan tahan terhadap badai kehidupan.

KEJADIAN 25

Kejadian pasal 25 ayat 1 sampai dengan 11, pada sesi akhir hidupnya, Abraham mengakhirinya dengan tenang dan damai. Pasal 25 ini mendaftarkan anak-anaknya dari keturunan Tuhan. Allah telah berjanji untuk menjadikan Abraham bangsa yang besar, bapak dari banyak bangsa. Anak-anak Abraham dari keturunan ini menjadi salah satu penggenapan janji Tuhan di kemudian hari; mereka tumbuh menjadi bangsa-bangsa.

Musa menuliskan ini agar umat Israel yakin akan janji Tuhan. Usia tua tidak menghalangi Tuhan untuk memenuhi janji-Nya. Tidak ada alasan bagi Israel untuk ragu melangkah memasuki tanah Kanaan dan menjadikannya sebagai negeri mereka. Sejarah hidup orang percaya bukanlah cerita tentang dirinya, tetapi kisah Tuhan dalam hidupnya. Jika kita yang menjadi Tuhan lalu memiliki rencana untuk menjadikan seseorang bangsa yang besar, bapak dari banyak bangsa, tentulah kita akan memilih pasangan yang sempurna. Pria hebat, istri cantik, subur, agar mereka melahirkan banyak anak.

Tetapi Tuhan memilih Abraham yang istrinya, Sarah, mandul, dan Ishak yang istrinya, Ribka, juga mandul. Apa yang ingin Tuhan sampaikan melalui semua ini? Penggenapan janji Tuhan tidak bergantung pada kesanggupan manusia. Tuhan memuliakan diri-Nya, bukan manusia.

Seperti yang Rasul Paulus tuliskan: apa yang bodoh bagi dunia dipilih Allah untuk memalukan orang-orang yang berhikmat; apa yang lemah bagi dunia dipilih Allah untuk memalukan yang kuat; apa yang hina dan tak terpandang dipilih Allah untuk meniadakan yang berarti; supaya jangan ada seorang pun yang memegahkan diri di hadapan Allah.

Jika kita menangkap pesan ini, kita akan menerima kebenaran bahwa Abraham bukanlah tanpa kelemahan. Allah tak pernah kekurangan kemampuan. Abraham pernah menipu Firaun dan

Abimelek karena rasa takutnya akan dibunuh. Begitu juga dengan keturunan Sarah; dia bukan satu-satunya wanita dalam hidup Abraham. Iman Abraham tak selalu mulus, kehidupan pernikahannya tak selalu indah seperti yang kita kira. Tetapi Tuhan memilihnya, mengasihinya, menjadikannya sahabat, menggelarnya sebagai bapak orang beriman, dan mengumumkan bahwa dia adalah nabi. Tuhan menjadikan bangsa yang besar melalui keturunannya; bangsa-bangsa di muka bumi mendapat berkat.

Manusia dibenarkan oleh iman, manusia diselamatkan karena iman. Namun, dalam kelemahannya, Abraham tetap taat. Ia mengamankan warisan bagi Ishak, anak perjanjian Tuhan, dan dengan begitu Ishak pastilah mewarisi perjanjian Tuhan. Kemudian Abraham memberikan pemberian kepada anak-anaknya yang lain dari Hagar dan keturunan lainnya, menyuruh mereka pergi memisahkan diri dari Ishak. Abraham tetap teguh menjaga bahwa Ishak adalah anak perjanjian. Bukankah itu iman yang indah?

Tetapi yang terindah adalah kasih Allah. Tuhan memperhitungkan iman Abraham sebagai kebenaran. Betapa indahnya kasih Tuhan; seandainya Tuhan mensyaratkan perbuatan, kita pasti masuk neraka. Begitu juga semua orang di dunia ini.

Pasal ini mencatat akhir hidup Abraham: di usianya 175 tahun, Alkitab menyebutkan ia telah putih rambutnya, tua, dan suntuk umur. Ia dikumpulkan kepada kaum leluhurnya. Sebuah narasi indah menggambarkan kepergian seorang pahlawan iman. Dia tidak lagi ada di antara orang-orang yang mengasihinya, tetapi meninggalkan berkat bagi banyak bangsa, yang sampai hari ini kita nikmati sebagai berkat keselamatan di dalam Kristus Yesus. Terima kasih, pahlawan iman, kisahmu selalu menjadi pelajaran luar biasa tentang kasih Tuhan dan kesetiaan Tuhan yang tak pernah berkesudahan.

Apa yang bisa kita pelajari dari kisah ini?

Pertama, manfaatkan hidupmu sebaik mungkin. Kita semua punya kelemahan, tetapi jangan mudah menyerah pada godaan. Kita punya

Tuhan; percayalah dan setialah kepada-Nya. Alkitab tidak menggambarkan Abraham sempurna. Gambaran itu indah untuk mengajar orang agar taat dan setia kepada Tuhan. Tetapi Alkitab juga tidak menutupi kelemahannya, supaya kita tahu bahwa keselamatan bukan karena perbuatan, melainkan karena iman.

Kedua, akhiri hidupmu dengan indah, seperti Abraham. Dia menyelesaikan semua kewajiban, mengamankan posisi Ishak sebagai pewaris perjanjian. Sampai titik akhir hidupnya, Abraham tetap percaya dan setia memegang janji Tuhan. Begitu juga kita; selesaikan semua kewajiban kita sebagai umat percaya, baik kepada sesama maupun kepada Tuhan. Jangan menunggu memutih rambut baru dekat kepada Tuhan. Kematian tak selalu melihat usia; lakukan bagianmu, supaya kita memasuki surga dengan indah dan elegan.

Inspirasi dan motivasi yang bisa kita petik: jangan menyerah pada godaan. Tuhan tidak pernah gagal mewujudkan rencana-Nya. Singkirkan semua ragu, karena itu bisa mengganggu ketaatan dan kesetiaan kita. Saat Tuhan menutup bab akhir kehidupan kita, biarlah kalimat penutupnya berbunyi: "Telah kembali ke SurgaKu, anakKu yang setia kepadaKu."

Mengakhiri seri tentang kehidupan Abraham, ketika berbicara tentang Abraham, ada bagian dalam kehidupannya yang perlu diselesaikan, yaitu tentang Ismail. Kejadian pasal 25 ayat 12 sampai 18 menceritakan secara singkat anak sulung Abraham ini. Inilah keturunan Ismail, anak Abraham yang dilahirkan baginya oleh Hagar, perempuan Mesir, hamba Sara. Ismail adalah hasil perkawinan Abraham dengan gundiknya, Hagar.

Ada fase dalam kehidupan Abraham dan Sara di mana mereka tidak dapat melihat bahwa janji Tuhan bisa digenapi dalam hidup mereka, yaitu tentang keturunan. Abraham berumur 85 tahun ketika itu, dan Sarah 75 tahun. Abraham adalah kita semua; ketika ada keadaan yang menurut kita mustahil, kita kadang melupakan sejenak iman percaya kita kepada Tuhan dan melakukan tindakan di luar kehendak-Nya.

Ismail adalah momen bahwa dalam hidup ini ada saat pikiran kita tak mampu lagi menjangkau, tetapi bagi Tuhan tak ada yang mustahil. Ismail menjadi tonggak dalam kehidupan Abraham, bagian dari sejarah kehidupannya, bahwa manusia sering gagal memahami pikiran Allah, tetapi tetap dipanggil untuk setia kepada-Nya.

Ismail dicatat di dalam Alkitab walau ia bukan anak perjanjian, sebagai pengingat bahwa ada Ismail. Ismail dalam kehidupan kita adalah gambaran bahwa kita, seperti Abraham, tidaklah sempurna; hidup kita diwarnai iman dan keraguan, ketaatan, tetapi juga pelanggaran. Lahirnya Ismail menunjukkan sisi manusiawi Abraham.

Tuhan tidak mengurangi kasih-Nya kepada Abraham. Abraham tetap sahabat Allah walau Ismail lahir dari pelanggaran. Abraham tetap bapak orang beriman walau Ismail lahir dari ketidakpercayaannya akan janji Tuhan. Kehadiran Ismail tidak mengurangi kebesarannya.

Bagian ini dilanjutkan dengan catatan tentang silsilah Ismail secara singkat. Ismail memiliki 12 putra, yang oleh ayat 16 disebutkan sebagai 12 raja masing-masing dengan sukunya. Puji Tuhan, apa yang Tuhan janjikan tetap digenapi. Di pasal sebelumnya, ketika Abraham meminta supaya Ismail diperkenankan untuk hidup di hadapan Tuhan, Tuhan menolaknya. Tuhan berkata tentang Ismail: "Aku telah mendengar permintaanmu. Ia akan Kuberkat, kubuat beranak cucu sangat banyak, ia akan memperanakkan 12 raja, dan Aku akan menjadikannya bangsa yang besar."

Sekarang, Tuhan menggenapi janji-Nya. Berkat Abraham turun atas Ismail. Walau Ismail bukan anak perjanjian dengan Tuhan, Tuhan menjadikannya bangsa yang besar.

Pelajaran yang bisa kita petik dari catatan kecil tentang Ismail: walau manusia tidak selalu setia, Tuhan tetap setia. Kasih Tuhan tak pernah berkesudahan. Walau Ismail lahir dari ketidakpercayaan

Abraham akan janji Tuhan, Tuhan tetap setia kepada Abraham. Kedua belas putra Ismail menjadi raja atas penetapan Tuhan.

Ini menjadi penyemangat bagi kehidupan kita. Walau kita kadang gagal tetap setia kepada Tuhan, gagal tetap percaya dalam segala keadaan, Tuhan tetap setia. Walau kita sering ragu akan janji Tuhan, kasih setia-Nya tak pernah absen. Walau kita kadang bertindak di luar kehendak Tuhan, Dia tetap memanggil kita untuk hidup di dalam anugerah-Nya.

Ismail adalah sisi gelap dalam kehidupan kita, tetapi Tuhan sungguh luar biasa. Kasih setia-Nya tak berkesudahan dalam hidup orang percaya. Kesalahan adalah bagian dari sejarah kehidupan yang mungkin takkan pernah terlupakan, tetapi percayalah: ketika kita bertobat, kasih setia Tuhan akan memulihkan.

kelahiran Yakub dan Esau nasnya adalah kejadian pasal 25 ayat 19 sampai 34 kisah tentang Yakub dimulai dengan keinginan ayahnya untuk memiliki anak. sudah 19 tahun Ishak dan Ribka menjalani biduk rumah tangganya tetapi mereka tidak dikaruniai anak. ya Ribka mandul. ini seperti pengulangan kisah orang tuanya. Sara dulu juga mandul. di zaman itu tidak punya anak jauh lebih terasa sebagai sebuah hukuman jika dibanding di masa sekarang ini. karena itu dengan sungguh-sungguh Ishak berdoa seperti yang dikatakan di dalam ayat 21 berdoalah Ishak kepada Tuhan untuk istrinya sebab istrinya itu mandul dan Tuhan mengabulkan doa mereka sehingga Ribka istrinya itu mengandung. Yakub beruntung, dia dikaruniai Tuhan dengan orang tua yang saleh yang ketika menghadapi masalah yang tidak ada jalan keluarnya mereka berdoa dan Tuhan Maha Mendengar sehingga doa Ishak dikabulkan. Ribka mengandung dan kemudian melahirkan. anak adalah berkat dari Tuhan, sebuah anugerah yang indah dari Tuhan. sedangkan kemandulan adalah sesuatu yang istimewa, tak semua wanita mengalaminya. Ishak memiliki iman seperti bapaknya Abraham, karena itu dia berdoa dan Tuhan mengabulkan. saya berdoa kiranya Tuhan memberkati keluarga kita semua dan mengabulkan apa yang menjadi pergumulan kita. tetapi tidak semua kemandulan bila didoakan akan menghasilkan kehamilan. Allah berjanji kepada Abraham bahwa ia akan memiliki keturunan seperti pasir di tepi laut dan bintang di langit sebab begitu banyaknya. ini adalah pesannya: kemandulan bukanlah halangan bagi Tuhan untuk menggenapi janji-Nya. bagi Tuhan tidak ada yang mustahil.

selama kehamilan Ribka mengkhawatirkan kondisi bayinya karena anak-anaknya bertolak-tolakan di dalam perutnya dan dia mengeluh: jika demikian halnya, mengapa aku hidup? dan ia pergi meminta petunjuk kepada Tuhan. Ribka ternyata juga wanita yang saleh, yang beriman. lalu Tuhan menjelaskan mengapa anak-anaknya bertolak-belakan di dalam rahimnya: dua bangsa ada di dalam kandunganmu dan dua suku bangsa akan berpencar dari dalam rahimmu. suku bangsa yang satu akan lebih kuat dari yang lain dan anak yang tua akan menjadi hamba kepada anak yang muda. Tuhan tidak hanya Maha Kuasa tetapi juga Maha Tahu masa depan. keturunan Ishak sudah ada di dalam pengetahuan Tuhan. Ribka akan memiliki anak kembar dan kedua anaknya itu akan menjadi dua bangsa: Edom dan Israel. tetapi sayang kedua bangsa itu nanti akan saling bermusuhan.

kemudian anak yang sulung diberi nama Esau sebab warnanya merah dan seluruh tubuhnya berbulu sedang adiknya diberi nama Yakub karena pada waktu lahir tangannya memegang tumit kakaknya. setiap anak diciptakan Tuhan secara unik. dia bisa sangat berbeda walau dilahirkan dari rahim yang sama. nah kita harus menerima apa adanya anak-anak kita dan membiarkan mereka bertumbuh menjadi diri mereka sendiri sebagaimana mereka diciptakan oleh Tuhan. tetapi sayang walau saleh, Ishak dan Ribka tidaklah bijak. ayat 28 menjelaskan: Ishak sayang kepada Esau sebab ia suka makan daging buruan tetapi Ribka kasih kepada Yakub. favoritisme orang tua inilah yang seringkali membuat sebuah keluarga menjadi hancur. tanpa mereka sadari Ishak dan Ribka menciptakan kondisi yang membuat kedua anaknya saling bersaing dan saling menyalahkan. di kemudian hari mereka menjadi saling bertikai. kadang-kadang perusak anak bukan siapa-siapa melainkan orang tuanya sendiri dengan pandang yang buruk, yang hanya mengedepankan keinginan semata tanpa peduli dengan dampaknya di hari nanti. cepat atau lambat orang tua yang egois akan menciptakan permusuhan di antara anak-anaknya.

ketika Yakub sedang memasak sup, Esau datang dengan rasa lelah dan lapar. mungkin baru saja ia mengalami nasib yang naas, ia berburu dan ia gagal pulang tanpa hasil buruan. dalam keadaan lelah dan lapar Esau mencium sup yang sedang dimasak Yakub. dia memintanya. yang segera direspons Yakub dengan ajakan barter: juallah dahulu kepadaku hak kesulunganmu. kata Yakub. jelas terlihat Yakub sudah lama menginginkan hak kesulungan yang dimiliki oleh Esau. dia tidak dekat dengan bapaknya, bapaknya lebih sayang kepada Esau selama ini. seolah-olah Esau yang menjadi nomor satu di dalam keluarganya, menjadi kebanggaan keluarganya. Yakub hanya kebagian kasih sayang ibunya. tetapi dalam keluarga patriarkat posisi ibu tak setara dengan suaminya sehingga Yakub merasa dinomorduakan. sudah lama Yakub memikirkan apa yang hendak dilakukannya untuk mengatasi rasa di dalam hatinya. oh iya, ia menginginkan hak kesulungan. ia tak ingin selalu menjadi nomor dua. dia ingin dirinya dibanggakan dan juga dihargai. dan sekarang tiba kesempatan itu.

juallah dulu hak kesulunganmu itu. tanpa pikir panjang Esau segera menyambarnya: sebentar lagi aku akan mati, apakah gunanya bagiku hak kesulungan itu? Esau memandang remeh hak kesulungan. dia adalah tipe orang yang berpikir pendek. orang yang hidup untuk hari ini saja. sedangkan Yakub, dia adalah tipe orang yang licik, yang merencanakan semua yang diinginkannya. ini sebenarnya sebuah tragedi. hanya sekedar berbagi makanan dengan saudara kandung sendiri, dia transaksikan dengan hak kesulungan. bersumpahlah dahulu kepadaku kata Yakub di dalam ayat 33. maka bersumpahlah Esau kepada Yakub dan dijualnya lah hak kesulungannya kepadanya.

nah apa yang sebenarnya Esau wariskan? warisan ganda. hak kesulungan adalah milik paling berharga dari putra tertua. dia mendapatkan bagian yang lebih banyak dari harta ayahnya. tetapi itu belum seberapa. Esau melepaskan perjanjian Tuhan dengan Abraham. dia tepat berada di posisi yang membuat dia menerima semua janji Tuhan. tetapi dengan ceroboh dia menjualnya. Esau juga menyerahkan kekuasaannya sebagai kepala seluruh keluarga.

apa yang bisa kita pelajari dari kisah ini? jangan jual posisi kita sebagai anak Allah dengan sesuatu yang bersifat sementara, murah seperti sup kacang merah. entah itu jabatan, pasangan hidup, atau apapun. jangan jual keberhargaan kita sebagai umat pilihan Allah, sebagai imamat yang rajani, kepunyaan Allah sendiri dengan sesuatu yang hanya sementara di bumi ini. entah itu harta, karir, jodoh atau pertemanan. keselamatan kita tak ternilai harganya, karena bernilai kekekalan. jangan pernah menjual iman kita karena harta yang paling berharga adalah pengampunan dosa yang kita miliki di dalam Kristus Yesus.

genggamlah erat-erat hak berharga yang kita terima sebagai anugerah Tuhan yaitu pengampunan dosa dan keselamatan di dalam Kristus Yesus. jangan pernah menjualNya. karena posisi kita sebagai anak Tuhan tak ternilai harganya. tetaplah semangat.

KEJADIAN 26

kehidupan Ishak, orang biasa yang dipakai Tuhan untuk tujuan yang luar biasa, naasnya adalah kejadian pasal 26. Ishak adalah putra yang biasa dari ayah yang sangat luar biasa, Abraham, dan dia juga ayah biasa dari anak yang sangat terkenal, Yakub. Tetapi dia hidup lebih lama dari Abraham, dari Yakub, dan juga dari Yusuf. Dia tidak seberani ayahnya Abraham yang berani menyerang raja-raja dari timur, dia juga tidak lihai seperti putranya Yakub, dia juga bukan pemimpin yang berbakat seperti cucunya Yusuf, tetapi Tuhan memakainya untuk menggenapi perjanjiannya dengan Abraham. Kisah tentang Ishak pastilah mengingatkan hati kita semua bahwa Tuhan memakai orang biasa untuk mencapai tujuannya yang luar biasa. Ayah pertama memberitahu kita bahwa ada kelaparan di negeri itu, yang dimaksudkan adalah tanah perjanjian yang di Kitab Keluaran digambarkan berlimpah susu dan madunya. Sebenarnya bisa saja Tuhan membuat Ishak dan juga keluarganya berlimpah-limpah dengan berkat Tuhan walaupun di tengah-tengah kelaparan.

Apa yang tidak mungkin bagi Allah, Dia El Shaddai, Allah Yang Mahakuasa, bagi-Nya tidak ada yang mustahil. Tetapi Tuhan tidak melakukannya. Orang bilang Tuhan harus mengalami juga penderitaan bersama-sama dengan semua orang di tanah Kanaan itu, jadi pencobaan adalah hal yang biasa dan pencobaan akan selalu ada sampai Tuhan.

Untuk yang kedua kalinya, Ishak tidak bertanya kepada Tuhan, "Mengapa engkau biarkan kelaparan ini terjadi di tanah perjanjian ini?" Ishak juga tidak menghardik kelaparan dengan nama Tuhan.

Pencobaan adalah pengalaman biasa bahkan ketika kita berada di tempat yang dikehendaki Tuhan. Lupakanlah biologi. Jika anda berada di jalur Tuhan, hidup anda dijamin akan baik-baik saja, tak ada penderitaan atau cobaan. Ingat, sobat, tidak dicobai ular saat ia berada di Night Club, tetapi ketika dia ada di taman Eden, responnya kurang tepat. Dia tidak mencari Tuhan tetapi berniat pergi ke Mesir, karena itu ia terlebih dulu pergi ke Gerar kepada Abimelekh, raja orang Filistin.

Tuhan lalu menampakkan diri kepadanya, mencegahnya pergi ke Mesir, dan memintanya untuk bertahan sementara waktu di Gerar. Kemudian Tuhan meneguhkan kembali perjanjiannya dengan Abraham melalui hidup Ishak.

Ishak memiliki ketakutan yang sama dengan ayahnya Abraham, takut dibunuh karena istrinya Ribka sangatlah cantik. Karena itu, dia melakukan persis sama seperti yang dilakukan oleh ayahnya Abraham, yaitu berbohong, tidak mengakui bahwa Ribka adalah istrinya, melainkan saudaranya. Waktu Abram dua kali melakukan kesalahan seperti ini, Ishak pun menirunya.

Belum lahir, awas sifat buruk jangan dipelihara karena itu akan mewariskan kepada anak. Karena itu pula, sifat baik harus dikikis sifat buruk. Jadi sampai di sini kita melihat setidaknya dua kali Ishak berbuat salah. Dia tidak bertanya kepada Tuhan ketika hendak pergi ke Mesir, tetapi Tuhan mencegahnya. Tuhan memakai orang berdosa yang menanggapi anugerah Tuhan.

Kita kadang mendengar dari mimbar atau dari mulut ke mulut, jika anda berdosa atau tidak menjaga hidup anda suci, Tuhan tidak bisa memakai Anda. Jika kesempurnaan adalah syarat untuk dipakai Tuhan, pastilah Tuhan terpaksa harus bekerja sendirian. Tuhan memakai orang yang berdosa yang menanggapi panggilannya.

Akhirnya, seperti Abraham, raja Abimelekh pun menegurnya. Abimelekh melihat Ishak sedang bercumbu-cumbuan dengan Ribka. Bagaimanapun juga, dosa tidak akan pernah memuliakan Tuhan. Dosa membuat pandangan orang tentang umat percaya menjadi negatif, jadi kita harus berjuang supaya kita tidak sering jatuh ke dalam dosa.

Pada diri Ishak kita melihat kelemahannya, dia takut untuk berkonflik sekalipun. Ayat 12-14 menceritakan, maka menaburlah Ishak, dan dalam tahun itu juga dia mendapat hasil 100 kali lipat sebab ia diberkati Tuhan dan orang itu menjadi kaya. Bahkan, kian lama kian kaya, sehingga ia menjadi sangat kaya. Ia mempunyai kumpulan kambing, domba, dan lembu sapi, serta banyak anak buah, sehingga orang Filistin itu cemburu kepadanya. Kita tentu tahu apa yang akan dilakukan oleh orang yang cemburu, dia akan menyusahkan hidup kita.

Begitu juga dengan Ishak, beberapa kali gembala-gembalanya menggali sumur, tetapi gembala-gembala Abimelekh merebutnya, persis seperti yang dialami oleh Abraham. Tidak ada perlawanan, tidak ada usaha untuk mempertahankan hak atau untuk melindungi kepentingan keluarga.

Karena itu, Tuhan berfirman kepadanya, "Akulah Allah, ayahmu Abraham, janganlah takut, sebab aku menyertai engkau. Aku akan memberkati engkau dan membuat banyak keturunanmu karena Abraham hambaku itu."

Jika Tuhan berkata "jangan takut," itu berarti bahwa Ishak memang takut. Tuhan menanggapi rasa takut yang dimiliki oleh Ishak. Nah menarik, apa yang dikatakan Tuhan. Mengapa Ishak tak perlu takut?

Yang pertama, sebab Tuhan menyertai Ishak. Semoga kita menjadi orang yang tidak lagi takut. Bukankah Tuhan Yesus berjanji, "Aku menyertai kamu senantiasa sampai kepada akhir zaman"? Bayangkanlah, Tuhan Yang Mahakuasa ada di dalam diri kita. Jika kita masih takut juga, maka tak ada lagi obat untuk menyembuhkannya. Sebab jika disertai Tuhan yang maha kuasa tidak membuat kita tenang dan damai, maka tak ada lagi yang dapat menolong kita.

Yang kedua, sebab Tuhan memberkati Ishak, maka Ishak tak perlu lagi takut. Tuhan memberkati keluarganya. Tuhan juga menjamin bahwa apa yang dijanjikannya dengan Abraham akan digenapi di dalam hidup Ishak.

Setelah peneguhan Tuhan ini, Ishak mengalami dua hal. Yang pertama, dia mendirikan mezbah dan kemudian memanggil nama Tuhan. Yang kedua, Abimelekh datang dan mengikat perjanjian damai dengannya. Nah, ini yang dikatakan Abimelekh, "Kami telah melihat sendiri bahwa Tuhan menyertai engkau, sebab itu kami berkata, 'Baiklah kita mengadakan sumpah setia antara kami dan engkau,' dan baiklah ini mengikat perjanjian dengan engkau bahwa engkau tidak akan berbuat jahat kepada kami, seperti kami tidak mengganggu engkau, dan seperti kami semata-mata berbuat baik kepadamu dan membiarkan engkau pergi dengan damai." Bukankah engkau sekarang yang diberkati Tuhan? Ya, orang lain menjadi takut dan gentar kepada Ishak.

Apa yang bisa kita pelajari dari kisah ini?

Yang pertama, Tuhan memakai orang biasa untuk mencapai tujuannya yang luar biasa. Jangan ragu untuk menerima panggilan Tuhan. Jangan berkecil hati saat Tuhan belum membawa kita mencapai kebesaran. Kitapun tidak harus sempurna terlebih dulu; kebanyakan kita membutuhkan waktu yang sedikit lebih lama untuk bertumbuh mencapai kematangan dalam iman.

Yang kedua, latihlah respon. Saat menghadapi masalah atau bahaya, berdoalah untuk mencari tuntunannya. Bertindak sendiri dapat membawa konsekuensi yang nantinya tak dapat kita tanggulangi.

Yang ketiga, ingatlah ini selalu: Tuhan senantiasa menyertai kita. Mungkin saja Tuhan mengizinkan kesulitan, tetapi semua ada di dalam kendali Tuhan. Apa yang ada di dalam kendali Tuhan tidak akan pernah menjadi tidak terkendalikan.

Sekarang waktunya kita untuk memetik inspirasi dan juga motivasi. Kita yang ada di dalam Kristus adalah penerima berkat Abraham. Teruslah maju melangkah, sebab suksesmu bukan kehebatan kita yang menentukan, tetapi kesetiaan Tuhan yang akan menggenapi janjiNya. Tetap semangat.

KEJADIAN 27

berdasarkan pada Kitab Kejadian pasal 27, kita semua memiliki impian atau ambisi besar di dalam hidup ini. Kita dihadapkan pada pilihan: mencapainya dengan cara Tuhan atau dengan cara kita sendiri. Dalam Kejadian pasal 27, kita melihat pergumulan ini.

Ishak sudah tua dan matanya sudah kabur. Dia memutuskan untuk memberkati putra sulungnya, Esau. Nah tentu saja ini bertentangan dengan keinginan Tuhan. Tuhan sudah memberikan pewahyuan kepada Ribka saat kedua anak kembarnya masih berada di dalam kandungan. Kata Tuhan, "Dua bangsa ada dalam kandunganmu, dan dua suku bangsa akan berpencar dari dalam rahimmu. Suku bangsa yang satu akan lebih kuat dari yang lain, dan anak yang tua akan menjadi hamba kepada anak yang muda."

Dalam rencana Tuhan, Yakub yang kelak akan menjadi anak perjanjian menerima hak kesulungan, tetapi Esau adalah anak favorit Ishak. Jadi Ishak mengabaikan pesan Tuhan. Dia berkata, "Lihat, aku sudah tua. Aku tidak tahu bila hari kematianku. Maka sekarang ambil senjatamu, tabung panah dan busurmu. Pergilah ke padang dan berulah bagiku seekor binatang, olahlah bagiku makanan yang enak seperti yang gemari. Sesudah itu bawalah kepadaku, supaya aku memberkati engkau sebelum aku mati."

Ishak dalam hal ini hidup dalam penyangkalan akan firman Tuhan dan kehendak-Nya. Dia membuat persekongkolan secara rahasia dengan Esau, menyembunyikan rencananya dari Ribka dan Yakub. Dia ingin berkatnya jatuh kepada anak kesayangannya. Jika untuk itu dia harus mengelabuhi istri dan putranya, itu akan dilakukannya. Jika ia harus mengabaikan Tuhan, maka dia juga siap untuk melakukannya.

Esau mengalami kemerosotan rohani; dia sangat suka daging dan selalu membawakannya hasil buruan. Hanya Esau yang ada dalam hatinya. Tetapi Ribka mendengarnya. Dia dihadapkan pada pilihan: kehendak Tuhan akan digagalkan oleh Ishak, atau dia bisa membicarakan hal ini baik-baik dengan suaminya. Namun Ribka memilih jalannya sendiri. Kepentingan anak kesayangannya terancam, ia tak lagi bisa tinggal diam.

Ribka mengambil tindakan. Dia tidak memandang Yakub sebagai anak perjanjian Tuhan yang pasti akan dilindungi Tuhan, tetapi sebagai anak kesayangan yang sedang terancam. Lalu disusunlah rencana untuk mengelabui suaminya. Ia minta Yakub mengambil dua kambing muda. Ribka akan mengolahnya menjadi makanan kesukaan suaminya. Yakub harus membawanya kepada ayahnya supaya berkat Ishak turun ke atasnya.

Yakub dihadapkan pada situasi yang sulit, tetapi Ribka menggunakan otoritasnya sebagai seorang ibu. Katanya, "Anakku, dengarkanlah perkataanku seperti yang kuperintahkan kepadamu." Ribka menyalahgunakan otoritasnya; perintah ibu haruslah dilaksanakan. Yakub menjadi bingung. Dia tidak hanya akan membohongi ayahnya tetapi juga Tuhan.

Namun Ribka bersikeras. Ia berkata, "Akulah yang menanggung kutuk itu, anakku, dengarkan saja perkataanku. Pergilah ambil kambing-kambing itu." Luar biasa, Ribka kesediaannya untuk berkorban dan menanggung kutuk. Rela dijalaninya semua sengsara, siap untuk dipikul demi memperjuangkan berkat Ishak yang terancam lepas karena keputusan Ishak. Kadang orang percaya seperti ini rela menanggung penderitaan sedahsyat apapun demi cara yang salah ditempuhnya, tetapi takut menderita jika harus taat kepada Allah.

Akhirnya, Yakub menurut. Ia melakukan semua persis yang diperintahkan ibunya. Dia memakai pakaian indah Esau, membalut lengan dan lehernya dengan kulit domba sehingga menyerupai badan Esau yang berbulu, dan dia hantarkan makanan kepada ayahnya dengan mengaku bahwa dirinya adalah Esau.

Yakub berhasil meyakinkan ayahnya. Ishak pun memberikan berkat itu kepada Yakub, yang sebenarnya dia maksudkan untuk Esau. Kata Ishak, "Sesungguhnya bau anakku adalah sebagai bau padang yang diberkati Tuhan. Allah akan memberikan kepadamu embun dari langit, tanah-tanah gemuk di bumi, gandum serta anggur berlimpah-limpah. Bangsa-bangsa akan takluk kepadamu dan suku-suku bangsa akan sujud kepadamu. Jadilah tuan atas saudaramu, dan anak-anak ibumu akan sujud kepadamu. Siapa yang mengutuk engkau terkutuklah, dan siapa yang memberkati engkau diberkatilah."

Sebuah penipuan yang berhasil. Yakub berhasil merebut berkat yang diperuntukkan bagi Esau. Kini dia adalah pewaris perjanjian Abraham, tetapi tak berlangsung lama. Ketika Esau pulang dan menyajikan makanan sesuai permintaan ayahnya, Alangkah terkejutnya dia dan ayahnya. Berkat itu sudah diberikan kepada Yakub.

Esau berkata kepada ayahnya, "Hanya berkat yang satu itukah ada padamu, ya Bapa? Berkatilah aku ini juga, ya Bapa!" Dengan suara keras, Esau menangis. Ishak menjawab, "Sesungguhnya tempat kediamanmu akan jauh dari tanah-tanah gemuk di bumi dan jauh dari embun dari langit. Di atas engkau akan hidup dari pedangmu, dan engkau akan menjadi hamba adikmu. Tetapi kelak, apabila engkau berusaha sungguh-sungguh, engkau akan melemparkan ku itu dari tengkukmu."

Apa yang bisa kita petik sebagai pelajaran dari kisah ini?

Pertama, favoritisme orangtua kepada anak telah merusak segalanya. Tatanan keluarga yang sehat menjadi rusak, kerohanian pun ikut menjadi rusak. Atmosfer yang tercipta adalah persaingan dan permusuhan. Ishak mengabaikan kehendak Allah, Ribka memperjuangkan dengan cara yang salah, akhirnya anaklah yang menjadi korbannya. Tidak ada yang menang, semuanya kalah.

Kedua, tujuan baik tidak pernah menjadi izin untuk menggunakan cara-cara yang salah. Tujuan yang baik harus ditempuh juga dengan cara yang baik. Terlalu banyak kebohongan yang dirancang oleh Ribka, tetapi semua itu dipicu oleh pelanggaran Ishak. Ishak adalah imam bagi keluarga, tetapi kenikmatan daging buruan membuatnya abai terhadap kehendak Tuhan. Berkat yang akan diberikannya kepada Esau diputuskannya tanpa sepengetahuan Ribka.

Ketiga, kesediaan menanggung kutuk sangatlah mengherankan. Setiap kita sebenarnya memiliki jiwa yang rela berkorban demi membayar harga dari apa yang kita inginkan, tetapi seperti Ribka, untuk Tuhan kita tidak rela berkorban. Kita rela berkorban hanya untuk sesuatu yang kita inginkan, walau itu salah. Ribka mengetahui keputusan Tuhan bahwa Yakublah yang akan menerima berkat perjanjian, jika Ishak membelokkan, seharusnya diserahkan semuanya itu kepada Tuhan dan siap menanggung derita untuk tetap berada di jalan Tuhan.

Apa yang bisa kita petik sebagai inspirasi dan motivasi? Teguhlah dalam iman. Jangan terprovokasi oleh keadaan atau kesalahan orang lain. Gunakan jiwa rela berkorban yang kita miliki untuk tetap berada di jalan Tuhan walau harus menghadapi semua halangan atau rintangan. Tuhan tidak membutuhkan bantuan untuk mewujudkan kehendak dan rencanaNya.

KEJADIAN 28

dimulai dari hal-hal kecil dan yang sederhana, nasnya adalah Kitab Kejadian pasal 28. Itulah yang terjadi dengan Yakub. Perjalanannya dengan Allah diawali ketika ibunya memintanya pergi ke rumah Laban, pamannya yang tinggal di Haran. Yakub harus mengungsi sebab Esau hendak membunuhnya. Sebuah awal yang tidak spektakuler untuk seseorang yang nantinya diberkati Tuhan secara luar biasa.

Sebenarnya ini adalah sesuatu yang memalukan, tetapi Tuhan memakai situasi apapun untuk menarik orang-orang datang kepada-Nya dan memimpinnya pada kehendak dan rencananya. Dari sinilah perjalanan Yakub dimulai. Ishak, ayahnya, memberinya pesan supaya jangan ia mengambil istri dari perempuan asing. Yakub harus menjaga kemurniannya sebagai keturunan Abraham yang sejati, sebab dialah sekarang penerima berkat Abraham dan menjadi penerus perjanjian Abraham dengan Tuhan.

Di tengah perjalanannya menuju Haran, dia bermalam di sebuah tempat. Ayat 12 berkata: "Maka bermimpilah ia. Ia melihat sebuah tangga berdiri di bumi, ujungnya sampai di langit, dan tampaklah malaikat-malaikat Allah turun naik di tangga itu." Yakub sedang sendirian, sedang di pelarian, dan sedang membutuhkan Tuhan. Ia yang selama ini tinggal di rumah aman dalam lingkungan keluarga, tiba-tiba harus menempuh perjalanan jauh dan berbahaya. Ia yang selama ini lihai dan licik, apapun yang ia mau harus ia dapatkan, kini tampak tak berdaya, kecil di tengah kebesaran alam raya yang luas dan ganas.

Tak ada rasa yang lebih membutuhkan Tuhan selain ketika seseorang merasa rentan, terlempar dari kehidupan normalnya, dari zona nyamannya. Di situ, ketika ia tak lagi bisa mengandalkan kekuatannya sendiri, surga mengunjunginya. Ayat 13 dan 15 berkata: "Berdirilah, Tuhan berdiri di sampingnya dan berkata: Akulah Tuhan, Allah Abraham nenekmu, dan Allah Ishak. Tanah tempat kau berbaring ini akan kuberikan kepadamu dan keturunanmu. Keturunanmu akan menjadi seperti debu tanah, banyaknya, dan engkau akan mengembang ke timur, barat, utara, dan selatan. Olehmu serta keturunanmu, semua bangsa di muka bumi akan mendapat berkat. Sesungguhnya, Aku menyertai engkau dan akan melindungi engkau kemanapun engkau pergi, dan Aku akan membawa engkau kembali ke negeri ini. Sebab Aku tidak akan meninggalkan engkau, melainkan tetap melakukan apa yang Kujanjikan kepadamu."

Sungguh luar biasa. Kasih Tuhan tak terselami, anugerah-Nya tak terpahami. Tidak ada kualitas yang membuat Yakub pantas untuk kunjungan surgawi ini. Itu sebabnya kisah ini bukan tentang dirinya, tetapi kisah Tuhan di dalam hidupnya. Jika kita memahami kebenaran ini, maka semua yang kita terima dari Tuhan sejatinya bukan hasil transaksi. Jika kita ingin dipakai Tuhan, menerima pertolongan-Nya, atau diberkati-Nya, kita harus membayarnya dengan kesucian.

Hidup suci bukan sekadar sebagai respon kasih kita kepada Allah atau buah pertobatan, tetapi kesucian menjadi sarana Tuhan meneguhkan janji-Nya. Tidak ada kesucian dari apa yang dihidupi Yakub selama ini yang pantas untuk kunjungan surgawi dan peneguhan janji, tetapi semua itu karena kasih karunia Tuhan semata-mata.

Yakub mengambil batu dan membuatnya menjadi tugu, lalu menumpahkan minyak di atasnya. Ia menamai tempat itu Betel, sebagai tonggak perjalanan imannya. Yakub bernazar: jika Allah menyertainya, melindungi dia di jalan yang ditempuh, memberinya roti dan pakaian sehingga ia selamat kembali ke rumah ayahnya, maka Tuhan akan menjadi Allahnya, dan batu yang didirikannya akan menjadi rumah Allah.

Yakub masih menggunakan kata "jika," karena ia masih membutuhkan waktu untuk percaya sepenuhnya kepada Tuhan. Tidak mengapa, iman besar bisa dimulai dari iman kecil, penyiaran besar bisa dimulai dari benih yang kecil, tekad yang besar bisa dimulai dari langkah yang kecil. Hal-hal besar dimulai dari yang sederhana.

Pelajaran dari kisah ini:

Semua adalah karena anugerah Tuhan. Kebaikan Tuhan bukan karena kebaikan kita, melainkan semata-mata karena kasih setia-Nya. Bersyukurlah, sebab kasih setia Tuhan tetap kekal.

Pintu gerbang surga adalah hati yang berserah. Rumah Tuhan adalah hati yang percaya. Doalah untuk pergumulanmu dan jangan pernah ragu, Tuhan pasti mendengarmu.

Respon adalah janji Tuhan dengan iman. Belajarlah untuk melangkah dengan iman, tak masalah jika langkah itu kecil. Hal-hal besar dimulai dari hal-hal kecil dan sederhana.

Inspirasi dan motivasi: mulailah belajar melangkah dengan iman. Langkah kecil dan sederhana sekalipun, jangan pernah berhenti. Untuk sesama, toleransilah langkah-langkah kecil iman mereka. Tidak semua memiliki kecepatan yang sama, tetapi semua akan tiba di tempat yang sama.

KEJADIAN 29

Kitab Kejadian pasal 29 ini dimulai dengan kalimat kemudian berangkatlah Yakub dari situ dan pergi ke negeri Bani Timur. Dalam bahasa Ibrani, kata yang dipakai berarti Yakub mengangkat kakinya, sebuah ekspresi yang berarti ada semangat. Dia melakukan sebuah lompatan yang baru di dalam hidupnya. Yakub mantap melangkah menuju Haran. Perjumpaannya dengan Tuhan memberinya keyakinan yang kuat; dia ternyata tidak sendirian. Tuhan beserta dengannya. Tuhan juga memberikan kepadanya jaminan; rasa takut dan rasa bersalah itu hilang. Mungkin tidak benar-benar hilang, tetapi setidaknya sekarang rasa takut dan rasa bersalah itu sudah mereda. Dia tidak ragu lagi karena adalah sebuah keputusan yang tepat.

Tetapi ada sesuatu yang tidak disadarinya: Yakub sedang menuju sekolah Tuhan. Dua puluh tahun hidupnya ke depan akan menjadi sebuah kehidupan yang tidak mudah. Tuhan menggunakan ton penuh cobaan itu untuk membentuk iman dan karakternya agar menjadi lebih pantas sebagai penerus berkat perjanjian Abraham. Haran adalah sebuah sekolah pembentukan Tuhan bagi Yakub.

Akhirnya dia tiba di sebuah sumur di padang di mana pada waktu itu para gembala sedang berkumpul. Dalam ayat 4 diceritakan, bertanyalah Yakub kepada mereka, "Saudara-saudara, dari mana kamu?" Jawab mereka, "Kami dari Haran." Yakub sudah dekat dengan tujuan; lega hatinya. Jarak yang ditempuhnya 724 km dari Beersheba ke Haran dengan berjalan kaki. Kini rumah Laban hanya sejauh pandangan mata lagi, katanya kepada mereka, "Kenalkah kamu Laban, cucu Nahor?" Jawab mereka, "Kami kenal."

Selanjutnya katanya kepada mereka, "Selamatkah Iya?" Jawab mereka, "Selamat." Tetapi lihat, itu datang anak perempuan Rachel dengan kambing dombanya. Yakub seakan melambung ke awan. Ini adalah perjalanannya yang pertama yang ditempuhnya, yang jauhnya tidak kira-kira. Tak disangka-sangka, semuanya berjalan dengan begitu lancar.

Laban segera pucat dengan tangan terbuka kepadanya. Dia berkata, "Sesungguhnya engkau sedarah sedaging dengan aku." Ini adalah pertemuan keluarga yang tak pernah terbayangkan sebelumnya. Ibu Yakub, Ribka, adalah adik dari Laban. Tetapi ada yang tidak saling mereka tahu; Yakub dan Laban seperti saudara kembar, tetapi di dalam hal karakter, Laban tidak kalah liciknya dengan Yakub. Karena itu, berhati-hatilah: orang dengan karakter yang sama condong untuk berkumpul bersama tanpa mereka sadari, sebab karakter kita akan menjadi magnet yang akan menarik orang dengan karakter yang sama.

Berkatalah Laban kepada Yakub, "Masakan karena engkau adalah sanak saudara, engkau bekerja padaku dengan cuma-cuma. Katakanlah kepadaku apa yang patut menjadi upahmu." Setelah Yakub bekerja satu bulan, ia meminta Rachel sebagai upah kerjanya selama tujuh tahun ke depan. Setuju, maka bekerjalah Yakub menyelesaikan tujuh tahun kontraknya untuk mendapatkan upah istimewa: wanita yang dicintainya.

Lalu tibalah hari yang dinantikan itu. Yakub mendapatkan Rahel, tetapi bagi harinya setelah malam pertama, yang tak terlukiskan betapa indahnya dua insan yang sedang dimabuk asmara dalam gairah yang membara, ketika fajar menjelang, Yakub terkejut luar biasa. Ternyata bermalam pertama dengan Lea, bukan Rachel, wanita yang dicintainya. Laban menipunya; ia tidak memberikan Rachel, tetapi Lea.

Sekolah kehidupan Tuhan memakai Laban untuk Yakub merasakan sakitnya sebuah pengkhianatan. Bekerja pada Laban saja sudah merupakan sebuah perjuangan. Yakub, anak juragan, ayahnya Ishak kaya, luar biasa; semua yang ia inginkan serba ada tersedia, tetapi sekarang dia harus bekerja untuk seorang majikan. Ada banyak pelajaran yang Tuhan sediakan di sekolah Tuhan. Yakub mengerti sekarang rasa sakit yang dialami korban penipuannya. Untuk mendapatkan Rachel, Laban minta Yakub harus bekerja tujuh tahun.

Apa yang bisa kita pelajari dari kisah ini?

Yang pertama, Tuhan menggunakan situasi atau keadaan untuk membentuk umat-Nya. Sepanjang perjalanan menuju Haran, kita tidak menjumpai Yakub berdoa seperti Eliezer, hamba Abraham. Berulang kali ia berdoa, tetapi Yakub tidak. Yakub adalah tipe orang yang mengandalkan kekuatannya sendiri. Setelah Tuhan menjumpainya di Betel, Yakub berjanji akan menjadikan Tuhan sebagai Allahnya, itu pun dengan syarat: jika Tuhan memberinya keselamatan dan memeliharanya sampai ia kembali ke kampung halamannya. Yakub adalah tipe orang yang akan selalu "bertransaksi" dengan Tuhan.

Yang kedua, Tuhan mengajar Yakub tentang konsekuensi dosa. Haran hanya menjauhkan Yakub dari Esau dan juga dari Ishak, tetapi tidak membebaskannya dari konsekuensi dosanya. Yakub menipu ayah kandungnya di rumah, dan di Haran, Yakub ditipu ayah mertuanya. Di sekolah Tuhan, Haran, Yakub belajar bahwa dia hanya bisa lari jauh dari orang yang menjadi korban dosanya, tetapi tidak bisa lari dari konsekuensi dosanya.

Yang ketiga, Tuhan menggunakan orang-orang yang sulit untuk membentuk umat-Nya. Di sekolah kehidupan Haran, Tuhan memakai Laban untuk membentuk karakter Yakub. Laban adalah lihai dalam bisnis, pribadi yang egois dan serakah. Tuhan pakai orang yang sulit untuk membentuk pribadi dan karakter kita supaya kita menjadi pribadi yang lebih indah di hadapan Tuhan.

Yang keempat, Tuhan menggunakan waktu untuk membentuk umat-Nya. Berubah tidak pernah mudah dan tidak pernah cepat. Ribka memberitahu Yakub bahwa di Haran ia hanya akan beberapa waktu saja, tetapi Yakub membutuhkan 20 tahun. Waktu tidak akan bisa mengubah seseorang secara instan, tetapi untuk berubah, setiap orang membutuhkan waktu.

Yang kelima, Tuhan juga memberkati Yakub. Tuhan memberikan kepadanya kasih karunia. Yakub mendapatkan wanita yang dicintainya, 12 anak, dan harta kekayaan. Di kemudian hari, Tuhan mengembalikan Yakub ke kampung halamannya.

Inspirasi dan motivasi: ketika Tuhan mengirim kita ke sekolah Tuhan atau sekolah kehidupan, Ia tidak akan mengirim kita ke ruang kelas yang ber-AC dan nyaman. Dia akan mengirim kita ke kehidupan yang keras dan kejam agar kita bisa belajar menjadi pribadi yang lebih indah dan lebih percaya kepada Tuhan. Tetap semangat menjalani kehidupan.

KEJADIAN 30

kita melihat kerumitan keluarga Yakub, naasnya adalah kitab Kejadian pasal 29 ayat 31 sampai pasal 30 ayat 24. pernikahannya Yakub dengan Lea adalah sebuah pernikahan yang aneh dan yang tak lazim di zamannya. kita sulit untuk mendeskripsikannya. perjanjian Yakub dengan Laban adalah setelah tujuh tahun bekerja, Yakub mendapatkan Rahel, setuju. tetapi pada malam pertama, Laban menukar Rahel dengan Lea, sehingga Yakub beristrikan Lea dan Rahel. Lea sangatlah menambahkan cinta Yakub yang seluruhnya diberikan-nya untuk Rahel.

pada kisah mereka, kita melihat kebesaran Tuhan dan juga pergumulan istri yang tidak diharapkan. ayat itu berkata: ketika Tuhan melihat bahwa Lea tidak dicintai, dibukalah kandungannya, tetapi Rahel mandul seluruhnya. Lea melahirkan anak-anak bagi Yakub. pada nama anak Lea jelas tergambar pergumulan hidupnya. anaknya yang pertama diberinya nama Reuben, sebab katanya: "Sesungguhnya Tuhan telah memperhatikan kesengsaraanku; sekarang tentulah aku akan dicintai oleh suamiku," sebuah perjuangan istri yang tidaklah mudah.

anak kedua diberi nama Simeon, ia berkata: "Sesungguhnya Tuhan telah mendengar bahwa aku tidak dicintai," lalu diberikan-nya pula anak ini kepadaku. anak ketiga diberinya nama Levi, katanya: "Sekali ini suamiku akan lebih erat kepadaku karena aku telah melahirkan tiga anak laki-laki baginya." anaknya yang keempat diberinya nama Yehuda, katanya: "Sekali ini aku akan bersyukur kepada Tuhan."

Nah, kita lihat dari anak pertama sampai anak yang keempat, tidak mudah bagi Lea menjadi istri yang tidak dicintai. kasih Tuhan lah yang membuatnya akhirnya bisa bersyukur kepada Tuhan. berharap kepada Tuhan memang tidak akan mengecewakan; ada kekayaan belas kasih surgawi.

tetapi pada pasal 30 ayat 1 dikatakan: ketika dilihat Rahel bahwa ia tidak melahirkan anak bagi Yakub, cemburulah ia kepada kakaknya itu, lalu berkata kepada Yakub: "Berikanlah kepadaku anak, kalau tidak aku akan mati." Rahel menunjukkan kualitas rohani yang masih di bawah Lea. posisinya sebagai istri yang dicintai belum mendewasakannya. setidaknya itulah yang tersirat dari perkataannya.

dan Yakub pun tak kalah salahnya dalam menanggapi kecemburuan Rahel. katanya: "Akukah pengganti Allah yang telah menghalangi engkau mengandung?" Yakub menyalahkan Allah baginya. Allah-lah yang menyebabkan Rahel mandul. perkataan yang mirip yang pernah diucapkan oleh Sarai kepada Abraham: "Engkau tahu, Tuhan tidak memberi aku melahirkan anak, karena itu biarlah hambaku ini mungkin olehnya aku dapat memperoleh seorang anak."

manusia sering mengatasnamakan Tuhan atas apa yang dia pikirkan dan rasakan. saya menyebutnya ngarang sendiri. Tuhan tidak pernah menyatakan itu. Tuhan tidak pernah berkata seperti itu, tetapi ada saja orang-orang yang berkata: "Tuhan berbicara kepada saya, Tuhan memberitahu saya," atau apa sajalah yang diatasnamakan Tuhan. ini adalah teologi halusinasi. karena Tuhan tidak pernah berkata seperti itu. entah kenikmatan apa yang dirasakan oleh orang-orang semacam ini, yang selalu mengatasnamakan Tuhan atau berlindung dibalik nama Tuhan.

kemudian Rahel memberikan bilha, budaknya, untuk menjadi gundik Yakub. Bilha melahirkan, dan bagi Rahel, ini katanya: "Allah telah memberikan keadilan kepadaku, juga telah mendengarkannya permohonanku, dan diberikan-nya kepadaku seorang anak laki-laki." Bilha kemudian melahirkan anak kedua bagi Rahel. Rahel menamainya Naftali, katanya: "Aku telah sangat hebat bergulat dengan kakakku dan akupun menang."

bagi Rahel, empat anak yang dilahirkan Lea adalah seperti serangan pribadi kepadanya. jadi dua anak dari Bilha membuat Rahel merasa menang. tetapi Lea membalas, ia memberikan budaknya yang bernama Zilpa kepada Yakub, yang melahirkan dua anak. Lea menamainya Gad dan Asyer, katanya: "Aku ini berbahagia, tentulah perempuan-perempuan akan menyebut aku berbahagia."

Lea masih melahirkan tiga anak lagi, dinamai Isakhar, karena Allah telah memberi upahku karena aku telah memberi budakku perempuan kepada suamiku; anak keenam dinamai Zebulon, karena Allah telah memberikan hadiah yang indah kepadaku. sekali ini, suamiku akan tinggal bersama-sama dengan aku karena aku telah melahirkan enam orang anak laki-laki baginya. tetapi ternyata Lea masih melahirkan anak ketujuh, seorang anak perempuan, yang dinamainya Dina.

nah yang menarik adalah setelah kelahiran Dina, dikatakan dalam ayat 22: "Lalu ingatlah Allah akan Rahel. Allah mendengarkan permohonannya serta membuka kandungannya." Rahel melahirkan anak laki-laki pertamanya bagi Yakub, dia menemuinya Yusuf, katanya: "Allah telah menghapus aibku pada hari tuanya." di pasal selanjutnya, Rahel melahirkan anak lagi bagi Yakub dan menamainya Benjamin.

apa yang bisa kita petik sebagai pelajaran dari kisah ini?

yang pertama, poligami tidak membawa kebaikan, terutama bagi pihak istri dan nantinya anak-anak. lupakanlah ide gila ini. Tuhan tidak pernah mengajarkannya. ini adalah produk budaya yang sudah jatuh ke dalam dosa; wanita tidak dimuliakan, anak-anak jugalah yang nantinya akan menjadi korban.

yang kedua, asal-usul bangsa Israel ini dituliskan tidaklah membawa kebanggaan nasional. umat Tuhan harus mengerti dari mana mereka berasal; tidak ada alasan untuk menjadi sombong, tidak ada superioritas. sejak manusia jatuh dalam dosa, semua memiliki kekurangan dan kelemahan. kita harus belajar mengakui kita hidup oleh anugerah Tuhan.

yang ketiga, jangan mengatasnamakan Tuhan untuk apa yang kita pikirkan atau rasakan. jangan memanipulasi hal-hal secara rohani; bersikaplah jujur. Tuhan yang maha kasih akan memberikan kita pertolongan dan bimbingan.

apa yang bisa kita jadikan sebagai inspirasi dan motivasi? kita semua sejatinya berharga di mata Tuhan. belajarlah untuk berjalan bersamanya, ikutlah kehendaknya. jika Tuhan memakai kita, itu bukan karena kita sempurna; oleh anugerah-Nya, Dia ingin kita berada di barisan-Nya.

tetap semangat menjalani kehidupan.

KEJADIAN 31

topik kemakmuran, naasnya adalah Kejadian pasal 30 ayat 25 sampai pasal 31 ayat 21.

pada pasal 30 ayat 43 dikatakan: "Maka sangatlah bertambah-tambah harta Yakub, dan ia mempunyai banyak kambing, domba, budak perempuan dan laki-laki, unta dan keledai." Yakub datang ke Haran dari Beersheba dengan tidak membawa apa-apa, tetapi sampai dia siap untuk membawa kedua istri dan anak-anaknya pulang ke kampung halamannya, dia sudah kaya raya.

kekristenan memiliki sikap yang berbeda-beda tentang kemakmuran, tetapi kita punya pemahaman yang sama.

yang pertama, kemakmuran datangnya dari Tuhan. Rasul Paulus meminjam pernyataan Yakub kepada jemaat di Korintus: "Apakah yang engkau punyai yang tidak engkau terima? Dan jika engkau memang menerimanya, mengapa engkau memegahkan diri seolah-olah engkau tidak menerimanya?"

kemakmuran kita terima dari Tuhan, bukan dari kecerdikan, kerja keras, atau sekedar keberuntungan belaka. jika dari kecerdikan, pastilah semua orang cerdik kaya. jika dari kerja keras, pastilah semua pekerja keras kaya. jika dari keberuntungan, bukankah Tuhan yang memberikan keberuntungan? tentu kita tidak boleh bermalas-malasan; semua orang harus rajin bekerja dan juga cerdik di dalam pekerjaan. tetap, Tuhanlah yang memakmurkan kita. Yakub menyadari betul prinsip ini; setidaknya dia menyadari ada peranan Tuhan di dalamnya.

dalam pasal 31 ayat 5 dikatakan: "Yakub memberitahu istri-istrinya, 'Allah ayahku menyertai aku.'" pada ayat yang ketujuh, Yakub memberikan bukti: "Tetapi ayahmu toh berlaku curang kepadaku dan telah 10 kali mengubah-ubahku, tetapi Allah tidak membiarkan dia berbuat jahat kepadaku." pada ayat ke-9, Yakub membuat kesimpulan: "Demikianlah Allah mengambil ternak ayahmu dan memberikannya kepadaku."

Yakub dan Laban memiliki kesepakatan tentang bagi hasil ternak, tetapi keduanya saling mengakali—sama-sama tidak jujur, sama-sama egois, sama-sama tidak menghormati kesepakatan. apapun mereka lakukan demi keuntungan pribadi yang lebih banyak.

ketika Yakub berkata: "Allah ayahku menyertai aku," Yakub mengacu kepada pertemuannya dengan Tuhan di Betel 20 tahun silam. di Betel, Tuhan berjanji bahwa Ia akan melaksanakan perjanjiannya dengan Abraham. Yakub akan diberkati Tuhan dan disertai Tuhan sehingga dia akan berhasil. karena itu, benarlah kesimpulan Yakub bahwa Allah yang mengambil ternak dan memberikannya kepada Yakub. Laban kalah dalam upaya saling mencurangi, tetapi juga kita harus akui bahwa Yakub cerdik; dia memancing Laban untuk menyepakati usulannya tentang bagi hasil.

Yakub berkata kepada Laban: "Setiap binatang yang berbintik-bintik dan berbelang-belang, segala domba yang hitam, dan segala kambing berbelang-belang dan berbintik-bintik, itulah upahku." Yakub meminta bagian jenis kambing domba yang jarang; pastilah dia akan mendapatkan domba yang sangat sedikit. karena itu, Laban langsung menyetujuinya.

tetapi apa yang diceritakan dalam ayat 38, ia meletakkan dahan-dahan yang dikupas dalam palungan, dalam tempat minum, kemana kambing-domba itu datang minum, sehingga tepat di depan kambing-domba itu. adapun kambing-domba itu suka berkelamin pada waktu datang minum; jika kambing-domba itu berkelamin dekat dengan dahan itu, maka anaknya bercorak berbintik-bintik dan berbelang-belang. itulah Yakub. Tuhan memang memberkatinya. Tuhan tetap melaksanakan bagiannya, tetapi Yakub tetaplah licik; tidak ada campur tangan Tuhan dalam kelicikan Yakub. Yakub tetap layak, sampai Tuhan kemudian mengubah semuanya.

yang kedua, Tuhan memberikan kemakmuran untuk memenuhi tujuannya. janji Tuhan kepada Yakub di Betel 20 tahun silam sedang digenapi. Tuhan akan memberikan tanah Kanaan menjadi miliknya, keturunannya akan sangat banyak, jumlahnya akan mengembang ke kanan dan ke kiri. oleh Yakub dan keturunannya, semua kaum di muka bumi akan diberkati. Tuhan membuat janji ini bukan untuk membuat Yakub bahagia, merasa nyaman, atau memuaskan nafsu keserakahannya. maksud Tuhan memakmurkan Yakub sebagai keturunan Abraham adalah supaya semua keluarga di bumi ini diberkati. Tuhan memberkati semua orang yang diberkati-Nya itu untuk menjadi saluran berkat bagi semua orang.

dalam pasal 31 ayat 3, Tuhan berfirman: "Pulanglah ke negeri nenek moyangmu dan kepada kaummu, dan Aku akan menyertai engkau." Tuhan memulangkan Yakub ke kampung halamannya dengan semua berkat yang sudah dimilikinya. kata-kata istrinya di ayat 16 menjadi penguatan baginya: "Maka sekarang perbuatlah segala yang difirmankan Allah kepadamu."

jadi, kemakmuran yang Tuhan berikan kepada umat-Nya tidak boleh disia-siakan untuk kehidupan egois dan yang mementingkan diri sendiri. tujuan Tuhan dengan kekayaan bukanlah kesenangan duniawi, melainkan kesenangan surgawi, di mana melalui berkat yang kita miliki, orang lain akan menerima berkat. janji Tuhan bahwa oleh Abraham dan keturunannya semua kaum di muka bumi akan mendapat berkat, digenapi di dalam Yesus Kristus.

bukankah kita juga menikmati sukacita keselamatan di dalam Kristus Yesus? ingatlah apa yang terjadi di surga ketika satu orang diselamatkan: malaikat Tuhan bersorak-sorai, semua bahagia. itulah tujuan Tuhan memakmurkan umat-Nya.

yang ketiga, kemakmuran menuntut kita untuk senantiasa taat kepada Tuhan. selama 20 tahun, Yakub bekerja pada Laban; tidak diceritakan bahwa Tuhan berbicara kepada Yakub. tetapi setelah Yakub makmur dan konfliknya dengan pamannya semakin bertambah-tambah, Tuhan menyuruhnya pulang, dan Yakub taat.

kemakmuran menuntut kita untuk senantiasa taat. kita harus waspada tentang kekayaan. kekayaan bisa membuat kita lupa Tuhan, menjadi sombong, dan meremehkan Tuhan. kekayaan bisa membuat kita merasa seakan kita bisa menjadi Tuhan. tetapi belum kaya juga memiliki bahayanya sendiri; seseorang bisa menjadi minder atau menjadikan kekayaan sebagai obsesi. kata-kata orang kaya terdengar seakan-akan kata-kata Tuhan. ada juga orang yang kemudian meninggalkan Tuhan karena obsesinya terhadap kekayaan. nah, apapun itu, kita harus taat.

kemakmuran menuntut kita taat kepada Tuhan. apa yang bisa kita pelajari dari kisah ini? Tuhan memberkati kita supaya kita menjadi berkat bagi semua orang. kemakmuran yang benar akan menghadirkan kebahagiaan kolektif; bahkan malaikat pun ikut bersukacita jika melalui kekayaan yang kita miliki banyak jiwa diselamatkan.

apa yang bisa kita petik sebagai inspirasi dan motivasi? merasa kaya bukan karena banyaknya harta, tetapi oleh karena kekayaan yang kita miliki, banyak jiwa yang diselamatkan.

Kejadian pasal 31 ayat 22 sampai 55 ini berbicara tentang iman-iman yang besar membebaskan kita dari keterikatan duniawi dan memperbesar rasa tenang dan damai kita untuk mengikuti tuntunan Ilahi.

Setelah Tuhan memerintahkan Yakub untuk pulang ke kampung halamannya, akhirnya Yakub pun pulang. Dia tidak memberitahukan perihal kepulangannya ini kepada Laban, sebab Laban pastilah mencegahnya karena ya Goblok. Laban akhirnya menjadi kaya-raya, pastilah dia tidak akan mau kehilangan mesin pencetak kekayaannya.Karena itu, ketika menyadari Yakub telah lari dengan membawa anak, istri, dan seluruh harta kekayaannya, Laban mengejarnya. Dia mengajak seluruh sanak keluarganya. Laban adalah orang yang egois, picik, dan juga jahat. Kemungkinannya, dia merencanakan untuk memaksa Yakub supaya kembali ke Haran, tetapi Tuhan mencegahnya.

Hai, malam sebelum mereka bertemu, Tuhan menemui Laban dalam sebuah mimpi dan berkata, "Jagalah baik-baik supaya engkau jangan mengatai Yakub dengan sepatah katapun." Dalam bahasa Ibrani, ungkapan ini berarti jangan gunakan sanjungan atau ancaman untuk membujuk Yakub kembali. Sebab jika itu terjadi, kemungkinan besarnya adalah Yakub pulang ke kampung halamannya dengan tangan hampa. Tak mungkin, Tuhan sudah berjanji akan menjadikan Yakub berkat bagi semua orang, banyaknya keturunannya takkan terbilang jumlahnya. Karena itu Tuhan campur tangan melindungi umat-Nya.

Jadi, ketika akhirnya Laban sampai kepada Yakub, yang pertama dikatakannya adalah, "Apakah yang kau perbuat ini? Maka engkau mengakali aku dan mengangkut anak-anakku perempuan sebagai tawanan." Tuduhan ini menyeramkan. Ia melakukan penekanan kepada Yakub, kata-katanya provokatif dan sangat negatif. Ia tidak menganggap Lea dan Rahel sebagai istri Yakub; Laban hanya melihat Lea dan Rahel sebagai semacam umpan supaya Yakub bekerja padanya mencetak kekayaan.

Saya bersyukur, Alkitab bercerita tentang Laban. Laban mewakili dunia: seorang munafik yang saleh, seolah-olah percaya kepada Tuhan, tetapi pada saat yang sama dia menggantungkan peruntungan hidupnya kepada dewa-dewa. Yang sangat berbahaya adalah kata-katanya; dia menuduh Yakub menjadikan Lea dan Rahel sebagai tawanan. Laban pandai memainkan kata-kata dan menciptakan drama.

Lanjut, Laban berkata: "Mengapa engkau lari diam-diam dan mengakali aku? Mengapa engkau tidak memberitahuku supaya aku mengantarkan engkau dengan sukacita dan nyanyian dengan rebana dan kecapi? Lagipula, engkau tidak memberikan aku kesempatan untuk mencium cucuku laki-laki dan anak-anakku perempuan."

Laban bermain kata-kata. Siapapun yang mendengarnya pastilah akan menyangka bahwa Laban adalah korban ketidakbijaksanaannya Yakub. Namun sebenarnya Yakub sedang menggambarkan Laban sebagai seorang ayah mertua yang baik, kakek yang penyayang, padahal Laban hanya memanipulasi keadaan. Katanya, "Aku ini berkuasa untuk berbuat jahat kepadamu, tetapi Allah ayahmu telah berfirman kepadaku tadi malam: jagalah baik-baik, jangan engkau gugup dengan sepatah katapun."

Sekarang, kalau memang Yakub harus pergi semata-mata karena sangat rindu ke rumah ayahnya, mengapa engkau mencuri dewa-dewa? Itulah Laban. Dia menggeretak Yakub, katanya dia sanggup mencelakai Yakub, tetapi itu tidak dilakukannya karena semata-mata Tuhan campur tangan. Dengan kata-kata seperti itu, Laban menggambarkan dirinya sebagai pria yang baik dan saleh, tetapi kemunafikannya tak dapat ia sembunyikan. Ia mempersoalkan tentang dewa yang hilang dicuri; imannya tak sanggup membuat dia bergantung hanya kepada Tuhan saja. Ini dia butuh Tuhan dan juga dewa.

Seperti orang Kristen dengan salib di tangan kanan dan jimat di tangan kirinya, Alkitab di tangan kanan dan tulisan mantra di tangan kiri; hari Minggu ke gereja, malam Jumat pergi ke tempat perdukunan. Nah itulah Laban, dia ada di sekitar kita. Semoga dia bukanlah kita.

Akhirnya, Yakub membereskan semuanya. Mereka kemudian mengikat perjanjian untuk tidak saling mencelakakan.

Beberapa pelajaran yang bisa kita petik: Tuhan melindungi umat-Nya. Jika Tuhan tidak mencegah, kemungkinan besar Laban akan memaksa Yakub untuk kembali ke Haran dan menjadi mesin pencetak kekayaannya. Jika Yakub menolak, kemungkinan besarnya adalah Yakub akan kehilangan semuanya: istrinya, anak-anaknya, dan seluruh hartanya. Tetapi Tuhan mencegah Laban. Yakub dapat meneruskan perjalanannya ke kampung halamannya dengan semua hasil kerja kerasnya. Tuhan melindungi umat-Nya.

Tuhan memimpin kita supaya lepas bebas dari perbudakan keduniawian. Bayangkanlah 20 tahun kehidupan Yakub di Haran: 14 tahun di antaranya bekerja tanpa upah yang semestinya, hanya upahnya dua wanita Lea dan Rahel yang sebenarnya hanyalah diumpankan saja oleh Laban untuk memperkaya dirinya, sedangkan enam tahun sisanya, kekayaan Yakub tidak diakui Laban sebagai hasil keringatnya. Laban berkata, "Perempuan-perempuan ini anakku dan anak-anak lelaki ini cukup, ternak ini ternakku, bahkan segala yang kau lihat di sini adalah milikku."

Semua yang kita miliki tidak benar-benar kita miliki. Semua yang kita miliki akhirnya juga akan kita tinggalkan di dunia ini. Kita akan kembali kepada Tuhan dengan telanjang, seperti kita datang ke dalam dunia ini juga dengan telanjang. Yakub dipimpin Tuhan untuk meninggalkan Haran; begitu juga Tuhan memimpin kita untuk meninggalkan keterikatan kita dengan hal-hal yang bersifat keduniawian.

Mari kita perbesar iman kita supaya kita dapat bergantung hanya kepada Tuhan. Dewa yang hilang sebenarnya dicuri. Jika seandainya Laban dan Rahel memiliki cukup iman, mereka tak membutuhkan dewa. Jika kita memperbesar iman kita, maka besarlah juga rasa tenang dan damai di dalam hati kita.

Apa yang bisa kita jadikan sebagai inspirasi dan motivasi semuanya adalah tentang iman—iman yang besar, memperkecil keterlibatan kita dengan hal-hal keduniawian, dan memperbesar rasa tenang dan damai kita untuk taat kepada tuntunan Tuhan. Maka tugas kita dalam hidup ini adalah memperbesar iman kita dan memperkecil takut serta keterikatan kita terhadap hal-hal yang bersifat duniawi dan yang setara.

KEJADIAN 32

Dihadapkan pada situasi yang serba salah, Esau muncul di depan mata. Masalah lama kini muncul sebagai masalah yang baru, ya Esau yang dihindari selama 20 tahun ini sekarang ada di depan mata. Yakub menjadi sangat takut luar biasa karena itu. Saat ini, kita ini yang didasarkan pada Kejadian pasal 32 ayat 1 sampai dengan 21 membahas tentang ketika rasa takut datang mencengkeram. Dalam ayat yang pertama dikatakan Yakub melanjutkan perjalanannya lalu bertemu dengan malaikat-malaikat Allah. Tuhan sungguh luar biasa, Dia setia dengan janjinya. Tuhan menunjukkan penyertaannya kepada Yakub. Bala tentara Allah berkemah di sekelilingnya. Ayat-ayat berkata, ketika Yakub melihat mereka, berkatalah ia: "Ini balatentara Allah," sebab itu dinamainya tempat itu Mahanaim. Mahanaim artinya dua kemah Allah. Tetapi ini tidak cukup untuk membuat Yakub merasa aman. Rasa takut Yakub terlalu besar sampai tidak memberi sedikitpun ruang iman, walau balatentara Allah ada di sekelilingnya.

Rasa takut itu begitu mencengkram sehingga membuat Yakub mengesampingkan iman dan bereaksi secara spontan, membuat rencananya sendiri, melakukan tindakan penyelamatan. Yang pertama, Yakub mengirim utusan untuk menyampaikan pesan kepada Esau, "Beginilah katakan kepada tuanku Esau: Beginilah kata hamba-Mu, Yakub. Aku telah tinggal pada Laban sebagai orang asing dan diam di situ selama ini. Aku telah mempunyai lembu, sapi, keledai, kambing, domba, budak laki-laki dan perempuan, dan aku menyuruh memberitahukan hal ini kepada tuanku supaya aku mendapat kasihmu." Yakub mengirim utusan, dia ingin melihat reaksi Esau. Tetapi malang bagi Yakub, utusannya datang dengan laporan yang semakin membuatnya ketakutan. Kata mereka, "Kami telah sampai kepada kakakmu, kepada Esau, dan ia pun sedang di jalan menemui engkau, diiringi oleh 400 orang." Yakub takut bukan kepalang sampai dia merasa sesak.

Ia segera beralih kepada rencana yang kedua. Ia membagi rombongannya menjadi dua, pikirnya, jika esok datang menyerang, pasukan yang satu sehingga terpukul kalah, maka pasukan yang tinggal akan terluput. Yakub tidak melihat adanya jalan keluar; yang bisa ia lakukan hanyalah meminimalkan korban. Ingat bahwa malaikat Tuhan berkemah tak jauh darinya, namun rasa takut membuatnya merasa tak lagi ada jalan keluar. Yakub berdoa memohon belas kasihan Tuhan, berkata, "Ya Allah nenekku Abraham dan Allah Ayahku, Ya Tuhan yang telah berfirman kepadaku: pulanglah ke negerimu serta kepada sanak saudaramu, dan aku akan berbuat baik kepadamu. Sekali-kali aku tidak layak untuk menerima segala kasih dan kesetiaan yang Kau tunjukkan kepadaku. Sebab aku membawa hanya tongkatku ini waktu menyeberangi Sungai Yordan ini, tetapi sekarang telah menjadi dua pasukan. Lepaskanlah kiranya aku dari tangan kakakku, dari tangan Esau, sebab aku takut kepadanya. Jangan-jangan ia datang membunuh aku juga bersama ibu-ibu dan anak-anaknya. Bukankah Engkau telah berfirman: tentu aku akan berbuat baik kepadamu dan menjadikan keturunanmu sebagai pasir di laut yang karena banyaknya tak dapat dihitung."

Yakub berdoa sesuatu yang jarang dilakukan, tetapi 20 tahun sekolah Tuhan di Haran telah mengubahnya. Yakub kemudian mengambil persembahan untuk Esau: 200 kambing betina dan 20 kambing jantan, 200 domba betina dan 20 domba jantan yang menyusui beserta anak-anaknya, 40 lembu betina dan 10 lembu jantan, 20 keledai betina dan 10 keledai jantan. Pikirnya, "Baiklah, aku mendamaikan hatinya dengan persembahan yang diantar lebih dahulu, kemudian barulah aku akan melihat mukanya supaya ia menerima aku dengan baik."

Apa yang bisa kita pelajari dari kisah ini? Kesalahan yang tidak diselesaikan pada masa silam suatu hari nanti akan datang sebagai teror yang menakutkan. Ancaman pembunuhan yang dilakukan Esau 20 tahun yang lalu kini menghantui Yakub. Seperti yang saya sampaikan, di masa lalu kita bisa lari dari orang-orang yang menjadi korban rusak kita, tetapi kita tidak bisa lari dari konsekuensi itu. Jika ketakutan telah menguasai hati dan pikiran kita, penyertaan Tuhan takkan pernah membuat iman kita menjadi kuat. Sebenarnya malaikat Tuhan berkemah di sekeliling Yakub. Nama Mahanaim yang diberikan Yakub berarti kemah Allah atau tepatnya dua kemah Allah. Tuhan, jangankan 400 pasukan, sebanyak apapun pasukan lawan, jika Tuhan beserta dengan kita, akan ada yang dapat menyentuh kita. Tetapi rasa takut begitu besar sampai penyertaan Tuhan tak lagi dilihatnya sebagai jaminan Tuhan. Karena itu, jangan besarkan rasa takutmu, tetapi besarkanlah imanmu sampai masalahmu tak lagi menjadi masalah bagimu.

Doa mungkin saja tak menghilangkan masalah, tetapi doa pastilah menyelesaikan. Yakub sungguh-sungguh mengingat janji Tuhan. Ia juga memohon belas kasihan Tuhan, tetapi itu sama sekali tak menghentikan langkah Esau untuk mendatanginya. Namun di pasal selanjutnya, ketika Esau benar-benar datang, Tuhan telah mengubah hatinya. Esau memeluknya sebagai seorang saudara. Apa yang bisa kita petik sebagai inspirasi dan motivasi? Ketika ketakutan datang mencengkram, belajarlah untuk percaya dan berserah kepada Tuhan. Jangan biarkan rasa takutmu melumpuhkan imanmu, tetapi lumpuhkanlah rasa takutmu dengan imanmu.

Kitab Kejadian pasal 32 ayat 22 sampai dengan 32. Ada kalanya Tuhan membiarkan umat-Nya sampai pada batas kemampuannya sendiri, barulah Tuhan bertindak memberikan pertolongan. Ini yang terjadi dengan Yakub. Dalam ayat 22 sampai dengan 24 diceritakan, pada malam itu ia bangun dan membawa kedua istrinya, kedua budaknya perempuan, dan kesebelas anaknya, lalu menyeberang di tempat penyeberangan Sungai Yabok. Sesudah dia menyeberangkan mereka, dia menyebrangkan juga segala miliknya. Lalu tinggallah Yakub seorang diri.

Ini bukan seperti yang dideskripsikan oleh John Gray dalam buku Pria dari Mars, Wanita dari Venus, bahwa ketika punya masalah, pria akan masuk ke dalam goa sampai pikirannya menjadi jernih kembali. Tidak. Yakub sendirian sedang mengalami pergumulan yang sangat hebat. Ia sedang dalam perjalanan menuju Esau, yang disertai 400 orang, masih tersimpan dalam ingatan Yakub bahwa Esau sudah bersumpah untuk membunuhnya setelah Yakub mencuri berkat yang seharusnya untuk Esau. Nyawa Yakub terancam. Semua yang terbaik sudah dia lakukan. Ia sudah mengirim utusan, sudah memecah pasukannya menjadi dua, sudah berdoa memohon belas kasihan Tuhan, tetapi Esau tetap melangkah ke arahnya. Ia sudah menyiapkan persembahan bagi Esau, ternak dalam jumlah yang sangat banyak, untuk meredakan kemarahan Esau. Tetapi Esau tetap melangkah ke arahnya.

Masa lalu yang tidak diselesaikan memang bisa berubah menjadi teror yang mencekam di masa depan, dan sekarang Yakub merasakannya. Malam menjelang esok, Yakub sangat putus asa. Pikirannya dihantui oleh banyak hal yang mengerikan. Ia sudah tidak lagi bisa berbuat apa-apa. Akhirnya dia meminta supaya kedua istrinya, kedua budaknya, dan juga semua anaknya, termasuk harta miliknya, diberangkatkan terlebih dahulu, dan Yakub tinggal sendirian.

Ini adalah langkah penghabisan. Yakub menunggu esok Sungai Yabok sendirian. Jika ia tidak mungkin lagi selamat, dan jika memang ia harus mati sebentar lagi, ia tidak mau mati di depan istri dan anak-anaknya. Yakub tinggal seorang diri, menantikan esok. Entah apa yang ia rasakan, Yakub diliputi oleh bayang-bayang kengerian akan kematian. Tetapi sesuatu yang tak terduga terjadi. Ia bergulat dengan seseorang sampai fajar menyingsing.

Rasa takut yang begitu mencengkram membuat Yakub sensitif terhadap kemungkinan Esau datang dan menyerangnya. Bagi Yakub yang sudah sangat ketakutan, hal terbaiknya adalah menyerang terlebih dahulu sebelum ia diserang. Jadi Yakub berkelahi sampai pagi.

Menjelang fajar menyingsing, Yakub dipukul di pangkal pahanya sehingga ia terpelecok. Barulah Yakub menyadari bahwa ia berkelahi dengan Tuhan yang datang dalam rupa malaikat. Akhirnya Tuhan memberkati Yakub dan mengubah namanya menjadi Israel, sebab Yakub telah bergumul melawan Allah dan manusia, dan Yakub menang.

Pelajaran dari kisah ini adalah yang pertama, Tuhan membiarkan Yakub tiba pada batas kemampuannya. Selama ini, Yakub adalah orang yang sangat keras. Ia mengandalkan kekuatannya sendiri dan memiliki kemauan yang sangat kuat. Apa yang ia mau harus ia dapatkan, baik dengan cara yang baik maupun dengan cara yang curang. Yakub tidak pernah melibatkan Tuhan. Karena itu, Tuhan membiarkan Yakub bergumul sampai pada batas kemampuannya supaya ia mengerti kelemahan dirinya sendiri dan kebutuhannya akan Tuhan, seperti yang digambarkan di dalam ayat 26: "Aku tidak akan membiarkan engkau pergi jika engkau tidak memberkati Aku." Ini adalah ucapan pertama Yakub setelah ia tiba di batas kemampuannya. Yakub membutuhkan Tuhan.

Kedua, melalui pergumulan, Tuhan ingin Yakub mengenali dosanya dan kemudian mengubahnya. Di ayat 27 dikatakan, bertanyalah orang itu kepadanya, "Siapakah namamu?" Sahutnya Yakub. Yakub harus mengakui dengan mulutnya sendiri bahwa dirinya adalah Yakub, nama yang karena karakter dan perbuatannya dimaknai secara konotatif sebagai penipu. Tidak mudah untuk bisa sampai ke titik ini. Lalu Tuhan berkata di ayat 28, "Namamu tidak akan disebut lagi Yakub, tetapi Israel, sebab engkau telah bergumul melawan Allah dan manusia, dan engkau menang." Yakub tidak menang berkelahi melawan Allah. Ia dipukul di pangkal pahanya. Kalau Tuhan mau, ia bisa tewas. Tetapi Yakub menang ketika ia mengakui dosanya dan kebutuhannya akan Tuhan.

Ketiga, pergumulan menuntun Yakub kepada pertobatan dan mengenal Tuhan. Di ayat 29, Yakub bertanya, "Siapakah namamu?"

Tuhan menjawab, "Mengapa engkau menanyakan namaku?" Lalu Yakub diberkati. Di ayat 30, Yakub menamai tempat itu Penuel. Ia berkata, "Aku telah melihat Allah berhadapan muka, tetapi nyawaku tertolong." Puji Tuhan, ada pemulihan. Kita bisa belajar, kadang orang yang stress dan mengalami rasa tertekan karena sangat ketakutan, Tuhan yang datang hendak memberinya pertolongan disangkanya musuh yang mengancam nyawanya. Sebab itu Yakub berkelahi sampai pagi. Tetapi kini itu sudah tidak lagi. Tuhan sudah memulihkannya. Yakub sudah dibukakan mata hatinya sehingga ia mengenali Tuhan.

Saya sangat suka dengan ending kisah ini. Kejadian 32 ayat 31 berkata, lalu tampaklah kepadanya matahari terbit. Untuk setiap kita yang bertobat akan selalu terbit fajar pengharapan yang baru. Malam kelam kehidupan yang penuh dosa sudah sirna. Matahari kebenaran menjadi kehidupannya yang baru.

Nah, apa yang bisa kita petik sebagai inspirasi dan motivasi? Ketika Tuhan membawa kita kepada keadaan yang seakan tanpa pertolongan, Tuhan membiarkan kita tiba di batas kemampuan supaya kita bertobat dan menyadari kebutuhan kita akan Tuhan. Syukurlah masalahmu, karena dalam masalahmu engkau akan bertemu dengan Tuhanmu. Tetap semangat menjalani kehidupan.

KEJADIAN 33

Sesuatu yang tak terhindarkan akhirnya terjadi. Yakub bertemu dengan Esau. Nasnya, kitab Kejadian Pasal 33 ayat 1 berkata, Yakub pun melayangkan pandangnya, lalu dilihatnya Esau datang dengan diiringi oleh 400 orang. Ini adalah situasi yang paling tidak diinginkan Yakub. Dihitung dari sejak pertama dia meninggalkan Bersyeba dan lari ke Haran, sudah 21 tahun Yakub berhasil menghindari Esau. Yakub menipu bapaknya, Ishak, untuk merebut berkat yang seharusnya milik Esau, dan atas peristiwa itu Esau bersumpah untuk membunuh Yakub.

Jadi, 21 tahun itu adalah keberhasilan Yakub untuk menghindari Esau, dan 21 tahun itu juga telah mengubah banyak hal dalam dirinya. Yakub dulu dia datang hanya dengan membawa tongkat saja. Sekarang, Yakub punya dua istri dan 11 anak, ratusan ternak, mungkin bahkan ribuan. Dia bukan lagi seperti dulu, tetapi ketika Yakub sudah memiliki segalanya, Tuhan berkata kepadanya: "Pulanglah, Yakub, ke kampung halamanmu." Dan itu berarti Yakub harus berhadapan dengan Esau.

Esau adalah kejahatan masa lalu Yakub. Esau adalah aibnya. Esau adalah sifat buruknya. Esau adalah karakter jahatnya. Esau adalah mimpi buruknya. Esau adalah masa lalunya yang kelam, yang dia berusaha untuk lari darinya. Tetapi sekarang, itu sudah tidak bisa lagi. Wuih, sama seperti Yakub, kita juga punya Esau dalam hidup ini. Semua kesalahan kita di masa lalu, semua kejahatan kita di masa lalu, semua dosa kita di masa lalu, sifat buruk kita, karakter kita yang jahat adalah Esau kita.

Pelajaran yang bisa kita petik dari kisah ini adalah:

Pertama, akui kenyataan bahwa memang ada Esau dalam kehidupan kita. Esau itu memang benar-benar nyata. Ayat 1 tadi berkata, waktu Yakub melayangkan pandangnya, Esau sudah berdiri dihadapannya dengan 400 orang pengikutnya. Dia tidak bisa lagi sembunyi atau lari. Yakub tidak bisa bersikap seolah-olah itu tidak pernah ada dalam kehidupannya. Begitu juga dengan kita, kita harus mengakui bahwa kita memang punya Esau di masa lalu kita. Jangan pernah memutar balik cerita supaya seolah-olah kita tidak tampak salah atau membuat pembenaran atas sesuatu yang salah yang kita lakukan di masa lalu. Itu adalah bagian dari perjalanan kehidupan, dan kehidupan akan terus berjalan. Mengakui Esau di masa lalu kita adalah bagian dari pertobatan. Jadi, akui saja memang ada Esau di masa lalu kita.

Kedua, berserah dirilah kepada Tuhan. Jangan pernah lari darinya. 21 tahun tidak cukup untuk Yakub lari dari kesalahan masa lalunya. Setelah 21 tahun itu, Esau akhirnya datang kepadanya. Jangan coba hadapi Esau dengan caramu sendiri. Di pasal sebelumnya, Yakub mula-mula mengirim utusan kepada Esau, tetapi tidak berhasil. Kemudian Esau memecah rombongan menjadi dua pasukan, tetapi itu juga tidak berhasil. Dia tetap ketakutan. Akhirnya, dia berdoa, tetapi itu juga masih belum membuat rasa takutnya hilang. Yakub kemudian menyiapkan persembahan untuk Esau, untuk meredakan kemarahannya. Tetapi hasilnya tetap sama. Bahkan rasa takut itu semakin mencekam. Yakub yang gelap mata oleh ketakutan akhirnya berkelahi dengan malaikat Tuhan yang datang hendak memberinya pertolongan. Ketakutan membuat semua orang terasa sebagai ancaman. Karena itu, sikap terbaik adalah berserah diri kepada Tuhan.

Mengapa Yakub berdoa dan ketakutannya tidak hilang? Jawabannya: doa jika bukan doa yang berserah diri kepada Tuhan, tidak akan pernah bisa mengobati ketakutan. Berserah diri kepada Tuhan akan menciptakan ketenangan. Sikap rohani yang tertinggi adalah ketika kita bisa ikhlas dalam kehidupan, dan keikhlasan dibangun oleh sikap berserah diri kepada Tuhan.

Ketiga, rendahkan diri sebegitu rupa sehingga bukan hanya surga yang akan tergetar, tetapi Esau pun takkan tahan untuk tidak memaafkan. Ini yang dilakukan oleh Yakub. Ayat 3 dan 4 berkata, dan ia sendiri berjalan di depan mereka, dan ia sujud sampai ke tanah tujuh kali hingga ia sampai ke dekat kakaknya. Tetapi Esau berlari mendapatkan dia, memeluknya, mencium lehernya, dan berkata setangkai kasih. Lihat sikap Esau ketika Yakub merendahkan diri. Sujud tujuh kali untuk datang kepadanya, Esau tidak tahan untuk tidak memaafkan. Esau memang tidak akan pernah lupa dengan kejahatan yang dilakukan Yakub, tetapi dia memaafkan. Tuhan mengubah hati Esau. Tuhan mengambil dendam dari hatinya. Esau telah memaafkan Yakub, walau datang dengan 400 pasukan.

Ketika Yakub merendahkan diri, surga tergetar, dan Tuhan menyembuhkan luka hati Esau sehingga Esau memaafkan. Di ayat 8 dan 9, Esau berkata, "Apakah maksudmu dengan seluruh pasukan yang telah bertemu dengan aku tadi?" Yakub menjawab, "Untuk mendapatkan kasih tuanku." Tetapi kata Esau, "Aku mempunyai banyak adikku. Peganglah apa yang ada padamu." Esau tidak hanya menerima Yakub, tetapi juga menolak pemberian Yakub. Esau tulus memaafkan Yakub.

Pelajaran yang bisa kita petik sebagai inspirasi dan motivasi: semua masa lalu kita yang buruk adalah bagian dari perjalanan kehidupan kita. Akuilah dan hadapilah. Tetapi ketika masa lalu yang buruk itu kita hadapi dengan berserah diri kepada Tuhan dan dengan kerendahan hati, surga pasti akan membukakan pintu maaf, dan kita akan tetap semangat dalam kehidupan.

KEJADIAN 34

Dalam kejadian pasal 34, insiden yang sangat mengerikan terjadi di keluarga Yakub. Dina diperkosa oleh anak raja Hemor, dan anak-anak Yakub melakukan pembalasan dendam yang paling mengerikan: mereka membantai setiap laki-laki di kota itu, menjarahnya, dan menawan anak-anak serta perempuan mereka.

Bagaimana kita bisa memahami tragedi seperti ini?

Karakter Yakub menurun kepada anak-anaknya. Ayat pertama bercerita bahwa Dina, anak perempuan Lea yang dilahirkan bagi Yakub, mengunjungi perempuan-perempuan di negeri itu. Yang dimaksud dengan negeri itu adalah Siqem, letaknya di perbatasan sebelah timur. Karena Tuhan memerintahkan Yakub untuk kembali ke kampung halaman, tetapi Yakub hanya pergi sejauh Siqem. Kota di perbatasan ini adalah ciri khas Yakub: ia tidak terlalu taat kepada Tuhan. Puluhan tahun ia menghidupi karakternya yang licik dan egois, menghalalkan segala cara sebagai caranya menjalani hidup. Kini pada kisah ini, kita melihat bahwa karakter itu menurun kepada anak-anaknya.

Sesampainya keluarga Yakub di Siqem, Dina segera membaur dengan perempuan-perempuan di sana. Identitasnya sebagai pewaris berkat Abraham tidak dijaganya. Ia ingin menikmati kebebasannya sebagai gadis belia, seperti para perempuan di kotanya itu. Tetapi sesuatu yang tak terduga terjadi: pria muda, anak raja Hemor, yang juga bernama Siqem, memerkosanya. Harga yang harus dibayar Dina terlalu tinggi: karakter yang diwarisinya dari ayahnya membuat dia menanggung aib seumur hidup, hancur sudah harga dirinya sebagai seorang wanita seiring hilangnya kesuciannya di usianya yang masih belia.

Anak-anak Yakub yang lain juga sama, mereka mewarisi karakter ayahnya. Begitu mendengar Dina diperkosa, mereka sakit hati dan muncullah rencana untuk membalaskan dendam mereka. Siqem dan ayahnya, Raja Hemor, datang dengan maksud meminang Dina setelah memperkosanya, tetapi diperangkap dengan tipu muslihat yang sangat keji.

Dalam ayat 15 dan 16, mereka berkata bahwa mereka hanya akan menyetujui permintaan itu jika setiap laki-laki di antara mereka disunat terlebih dahulu. Setelah semua pria disunat, pada hari ketiga ketika mereka masih dalam keadaan sakit, Simeon dan Lewi menyerang dan membunuh semua laki-laki di kota itu. Mereka kemudian mengambil Dina, sementara anak-anak Yakub lainnya menjarah kota dan menawan anak-anak serta perempuan.

Karakter buruk Yakub yang licik dan menghalalkan segala cara menurun kepada anak-anaknya.

Musibah Dina adalah karma Yakub bagi keluarganya—dalam tanda kutip—karena apa yang ditabur akan dituainya. Akibat perbuatan Yakub dulu menipu ayahnya, keluarganya menjadi pecah. Esau bersumpah untuk membunuhnya, sehingga Yakub harus lari menyelamatkan diri. Kepedihan tercipta akibat perbuatan Yakub, dan ketika Dina diperkosa, itu adalah buah dari apa yang dulu diperbuatnya.

Begitu juga ketika Yakub di rumah Laban, ia mencurangi Laban mengenai pembagian hasil ternak. Lama-kelamaan anak-anak Laban tahu kecurangan Yakub, walau Laban juga sangat licik dan jahat. Namun, Yakub cepat atau lambat pasti menuai akibat dari perbuatannya. Musibah Dina hanyalah permulaan, dan musibah lain akan tetap hadir dalam keluarga Yakub. Ini adalah sesuatu yang tak terhindarkan, seperti menanam pohon durian: jika menanam durian, nanti akan berbuah durian. Begitu juga pohon kejahatan: yang ditanam adalah kejahatan, yang dituai adalah badai kehidupan.

Dosa menjadi penyebab gagalnya Yakub sebagai seorang ayah. Dosa masa lalunya membuatnya tidak tegas menegakkan disiplin keluarga. Ia tidak bisa mencegah Dina berkumpul dengan perempuan di negeri itu karena ia sendiri adalah seorang pendosa. Ketika Siqem dan Hemor membicarakan keinginan meminang Dina, anak-anak Yakub yang mengambil keputusan. Fungsi Yakub sebagai kepala keluarga tidak berjalan; seharusnya Yakub yang memberi jawaban atau keputusan, tetapi ia memilih diam.

Dosa melemahkan fungsi Yakub dalam keluarga. Yakub menjadi kurang marah kepada Siqem sehingga membiarkan anak-anaknya mengambil keputusan sendiri. Ketika anak-anak Yakub membantai semua laki-laki di negeri itu, menjarah, dan menawan anak-anak serta perempuan, Yakub tidak marah terhadap dosa anak-anaknya, tetapi lebih memperdulikan nama baiknya.

Pelajaran yang bisa kita petik:

Bangunlah karakter yang baik dan terpuji, karena karakter orang tua pastilah menurun kepada anak-anaknya. Warisan paling berharga bukan harta, tetapi iman dan karakter baik.

Jika apa yang kita tabur pasti akan kita tuai, maka taburlah kebajikan, karena kebajikanlah yang akan kita tuai dalam hidup ini.

Bangunlah integritas, karena integritas akan menguatkan peran kita sebagai orang tua.

Hari ini adalah hasil dari apa yang kita tanam tempo hari; taburlah kebajikan agar kebajikan yang akan kita tuai di kemudian hari.

KEJADIAN 35

Dalam Kitab Kejadian pasal 35, kemerosotan rohani memang bisa terjadi dan biasanya tidak disadari. Jika kita masih Kristen baru, kita akan heran: bagaimana mungkin itu bisa terjadi? Sebab kita sedang cinta-cintanya dengan Tuhan. Alkitab menyebut itu sebagai cinta mula-mula. Kita aktif bekerja, selalu memuji Tuhan, berdoa, membaca firman Tuhan, dan melayani Dia. Bahkan kita terus melakukannya setelah bertahun-tahun.

Namun ada sesuatu yang tidak kita sadari. Bunga-bunga cinta pertama itu lama-kelamaan menjadi layu. Spiritnya tidak lagi sama. Setelah bertahun-tahun kita melakukannya sebagai sebuah rutinitas atau kewajiban, diam-diam kita mengalami kemerosotan rohani.

Setelah pertemuan Yakub dengan Tuhan di Betel, Yakub memiliki semangat iman. Tetapi setelah bertahun-tahun, lambat laun semangat itu pudar. Yakub lebih menikmati hari-harinya tanpa Tuhan, sampai terjadilah insiden Dina. Dina diperkosa dan berakhir dengan pembalasan dendam yang kejam oleh anak-anaknya. Namun Tuhan tidak tinggal diam. Tuhan memimpin Yakub untuk memulihkan.

Jika kita mengalami kemerosotan rohani, langkah untuk pemulihannya adalah: taatilah Tuhan. Setelah kekacauan yang dilakukan oleh anak-anak Yakub dalam pasal 34, pasal 35 ayat pertama berkata, Allah berfirman kepada Yakub: "Bersiaplah, pergilah ke Betel, tinggallah di situ dan buatlah di situ mezbah bagi Allah yang telah menampakkan diri kepadamu ketika engkau lari dari Esau." Puji Tuhan, kasih setia Tuhan tidak pernah berkesudahan. Tuhan tidak mendiskualifikasi Yakub atas ketidaktaatannya, juga kejahatan anak-anaknya. Tuhan memanggil kembali Yakub untuk memulihkan, dan Tuhan menggunakan Betel. Betel ada di memori Yakub. Di sana Tuhan melihat tangga yang menjulang dari bumi ke surga, dan malaikat Tuhan naik turun di tangga itu. Di sana juga Tuhan menjumpai Yakub dan memberikan perjanjiannya kepadanya. Di sana Yakub membuat komitmen untuk Tuhan untuk pertama kalinya. Karena itu di sanalah Yakub harus berada untuk dipulihkan Tuhan.

Respon Yakub sungguh luar biasa. Dalam ayat kedua dan ketiga dikatakan: lalu berkatalah Yakub kepada seisi rumahnya dan kepada semua orang yang bersama-sama dengan dia: "Jauhkanlah dewa-dewa asing yang ada di tengah-tengah kamu, tahirkanlah dirimu dan tukarlah pakaianmu. Marilah kita bersiap dan pergi ke Betel. Aku akan membuat mezbah di situ bagi Allah yang telah menjawab aku pada masa kesesakanku dan yang telah menyertai aku di jalan yang kutempuh."

Respon Yakub adalah dia membersihkan keluarganya dari segala berhala. Yakub kembali kepada posisinya sebagai kepala keluarga. Yakub taat dan dia kembali memegang kendali sebagai seorang imam bagi keluarganya.

Komitmen harus dipenuhi. Harus dibayar. Komitmen harus dituntaskan. Di Betel, Yakub berkomitmen, seperti yang dituliskan di dalam pasal 28 ayat 20 sampai 22: "Jika Allah akan menyertai dan akan melindungi aku di jalan yang kutempuh ini, memberikan kepadaku roti untuk dimakan dan pakaian untuk dipakai, sehingga aku selamat kembali ke rumah ayahku, maka Tuhan akan menjadi Allahku, dan batu yang kudirikan sebagai tugu ini akan menjadi milik-Mu, dan dari segala sesuatu yang Kau berikan kepadaku akan selalu kupersembahkan sepersepuluh kepada-Mu."

Tuhan sudah melakukan bagiannya. Yakub ada di tanah Kanaan, kampung halamannya, dengan memiliki ribuan ternak. Tetapi Yakub belum memenuhi komitmennya itu. Sebab itu Tuhan memerintahkan supaya dia kembali ke Betel. Yakub harus melakukan bagiannya, dan Yakub benar-benar melakukannya.

Di ayat ketujuh diceritakan, Yakub mendirikan mezbah di sana dan menamai tempat itu El-Betel karena Allah telah menyatakan diri kepada-Nya di situ. Komitmen harus dipegang. Janji harus dibayar. Nazar harus dilakukan.

Yang ketiga, pegang teguh janji Tuhan. Tuhan kemudian menampakan diri kepada Yakub dan memberkatinya. Ayat 10 sampai 12: Tuhan berfirman, "Namamu Yakub dari sekarang bukan lagi Yakub, melainkan Israel. Itulah yang akan menjadi namamu. Aku, Allah Yang Mahakuasa, beranakcuculah, dan bertambah banyak. Satu bangsa, bahkan sekumpulan bangsa-bangsa akan terjadi daripadamu, dan raja-raja akan berasal daripadamu. Negeri ini yang telah kuberikan kepada Abraham dan kepada Ishak akan kuberikan kepadamu dan kepada keturunanmu."

Tuhan kembali mengulangi perjanjiannya dan menegaskannya kepada Yakub. Mungkin Yakub seperti kebanyakan kita. Walau kasih setia Tuhan tak pernah berkesudahan, tetapi kita seringkali tidak berani untuk memegang teguh janji Tuhan. Tuhan ingin Yakub memegang janjinya, meyakininya tanpa ragu, dan menghidupinya dengan sepenuh iman.

Mengapa Tuhan menegaskan kembali janjinya? Sebab dalam hidup ini akan selalu ada tantangan, ujian, atau cobaan. Selesai. Tuhan menegaskan janjinya. Yakub mengalami tiga kesedihan: pertama, pengasuh Ribka yang bernama Deborah meninggal; kedua, Ribka juga meninggal setelah melahirkan Benjamin; dan ketiga, Ruben, anak kandung Yakub, tidur dengan gundiknya yang bernama Pilha.

Kita semua perlu memegang teguh janji Tuhan, karena dunia ini bukan tempat yang aman bagi setiap anak Tuhan. Apa yang bisa kita petik sebagai pelajaran dari ini semua? Percayakan kuatirmu dan rasa takutmu kepada Tuhan. Tuhan tidak pernah meninggalkan. Lakukanlah apa yang menjadi bagianmu, sebab Tuhan pasti akan melakukan apa yang menjadi bagiannya.

Sebagai penutup, ini menjadi inspirasi dan motivasi hidup: dunia ini takkan pernah sepi dari ujian atau cobaan, tetapi bagi mereka yang memegang iman dan memegang komitmennya kepada Tuhan akan dapat melewati semua badai kesulitan.

KEJADIAN 36

Kejadian 36 berisi silsilah keturunan Esau. Musa menuliskan kitab ini untuk orang-orang Israel yang akan menaklukkan tanah Kanaan. Orang Edom, keturunan Esau, tinggal di perbatasan negeri itu. Israel perlu tahu siapa orang-orang ini supaya mereka memperlakukan Edom seperti yang Tuhan perintahkan di Kitab Bilangan pasal 20.

Ketika Musa mengirimkan utusan kepada raja Edom meminta izin untuk melintasi tanah mereka, Musa menyebut Israel sebagai saudara Edom. Musa juga menuliskan kitab ini supaya Israel melihat perbedaan kehidupan Esau yang sekuler dengan kehidupan Yakub.

Esau sukses besar, kaya raya, dan memiliki kekuasaan yang besar. Dia dan keturunannya tinggal di negeri mereka sendiri, sedangkan Yakub dan keturunannya masih tinggal di negeri penumpang ayahnya. Esau sukses duluan, berhasil menaklukkan tanah, mendirikan sebuah bangsa, dan melahirkan raja-raja. Tetapi di saat yang sama, Yakub masih tinggal di negeri penumpangan. Yakub memiliki tanahnya sendiri, tetapi keturunan Esau menjadi kepala suku dan juga raja, sedangkan keturunan Yakub menjadi budak di Mesir.

Dari gambaran sekilas ini, kita bisa melihat bahwa jalan kesuksesan duniawi, yang menghasilkan kekayaan, ketenaran, dan kekuasaan, sangatlah cepat. Orang duniawi mudah mensyukuri hal ini. Tetapi jalan ketaatan kepada Tuhan, di dalam mana taat itu sendiri tidak mudah, hasilnya pun terlihat lebih lambat dan kurang terlihat. Jalan dunia berfokus kepada hal-hal yang terlihat: harta, kekayaan, dan kemewahan, tetapi membawa kebinasaan. Jalan Tuhan berfokus kepada janji Tuhan yang tak terlihat, tak bisa diraih dengan cepat, tetapi membawa kepada hidup yang kekal.

Pelajaran yang bisa diperoleh dari pasal yang penuh nama namun sarat makna ini adalah: ukuran keindahan sebuah keluarga berbeda antara dunia dan surga. Esau tidak mengindahkan pesan Abraham yang dipesankan kepada hambanya, Elieser, supaya tidak mengambil istri bagi Ishak dari putri orang-orang Kanaan. Tetapi Esau mengambil istri-istri dari Kanaan. Esau juga mengambil istri lagi dari keturunan Ismail. Kehendak Tuhan tidak menjadi pertimbangan bagi Esau.

Sangat menarik bahwa istri-istri Esau tidak dikatakan mandul. Mereka semuanya subur, tidak kesulitan sama sekali untuk melahirkan anak-anak bagi Esau. Tetapi keadaan ini bertolak belakang dengan keadaan orang-orang pilihan Tuhan. Istri Abraham, Sarah, mandul; istri Ishak, Ribka, mandul; dan istri kesayangan Yakub, Rachel, juga mandul. Tetapi Tuhan menjanjikan bahwa mereka akan memiliki keturunan yang seperti pasir di tepi lautan, tak terhitung banyaknya. Karena mereka mandul, mereka membutuhkan waktu yang sangat lama untuk memiliki rakyat sendiri.

Jika penilaian kita seperti kebanyakan orang, maka Esau yang terlihat sukses, kaya, dan diberkati Tuhan, bukan Yakub. Ukuran sukses di mata dunia dan surga sangat berbeda. Orang dunia mengejar kesuksesan di sini dan sekarang, tetapi Tuhan menghendaki anak-anak-Nya membangun kesuksesan sampai kepada kekekalan. Orang dunia bebas memiliki semua sumber daya secara berlimpah sehingga tak terpikir oleh mereka bahwa mereka harus hidup bergantung kepada Tuhan. Tetapi anak-anak Tuhan memiliki banyak sekali keterbatasan karena Tuhan ingin bekerja melalui mereka.

Kedua, kaya secara duniawi berbeda dengan kaya secara rohani. Ayat 6 dan 7 berkata, Esau membawa istri-istrinya, anak-anaknya lelaki dan perempuan, dan semua orang yang ada di rumahnya, ternaknya, segala hewannya, dan segala harta bendanya yang telah diperolehnya. Kemudian Esau pergi ke negeri lain dan meninggalkan Yakub, adiknya, sebab harta milik mereka terlalu banyak sehingga mereka tidak dapat tinggal bersama-sama. Negeri penumpangan mereka tidak dapat menampung mereka karena banyaknya ternak mereka.

Tidak dapat dipungkiri, Esau yang lebih sukses secara duniawi sebenarnya adalah seorang yang baik. Ia memaafkan Yakub. Ia juga menolak pemberian Yakub berupa ratusan ternak yang dimaksudkan untuk meredakan kemarahannya. Esau tulus memaafkan adiknya. Tetapi Esau berbeda secara rohani dengan Yakub.

Yakub, bukannya tidak kaya, tetapi Yakub memiliki visi Tuhan. Tuhan akan menjadikannya bangsa yang besar, dan dari keturunannya akan lahir bangsa-bangsa dan juga raja-raja untuk menjadi berkat bagi semua bangsa. Kemakmuran Esau tidak membawanya kepada penyembahan kepada Tuhan, tetapi tidak demikian dengan Yakub. Tujuan utama Tuhan bagi Yakub sebagai keturunan Abraham adalah supaya mereka menjadi penyembah-Nya, umat pilihan yang memuliakan nama Tuhan.

Ketiga, jalan sukses berbeda dengan jalan sukses dunia. Yakub, sebagaimana jalan sukses Tuhan, berbeda dengan jalan sukses dunia. Esau dan keturunannya tidak hanya kaya tetapi juga memiliki kekuasaan yang besar. Mereka menjadi kepala suku dan juga raja-raja, berkuasa memerintah tanah Edom sebagai raja jauh sebelum raja manapun memerintah di Israel. Kesuksesan duniawi Esau sangatlah cepat dibandingkan Yakub. Esau jauh lebih populer dan dikenal di zaman itu daripada Yakub. Tetapi sebaliknya, keturunan Yakub menjadi budak di Mesir selama 400 tahun, tidak terpandang, rendah, dan menjadi kebingungan bagi banyak bangsa.

Inikah umat pilihan Tuhan? Jalan sukses dunia tidak sama dengan jalan sukses Tuhan. Jika dunia yang memimpin kita, maka kita akan langsung dibawa ke puncak kesuksesan. Tetapi jika Tuhan yang memimpin kita, maka kita akan dibawa turun ke dalam lembah, melewati jalan salib yang berliku untuk menjadikan kita pantas. Namun ketika kita berada di puncak kesuksesan nanti, kita akan dipandang oleh Tuhan indah, sebab kita sudah tahu maksud Tuhan: bukan untuk kepuasan duniawi kita, melainkan untuk memenuhi tujuan Allah, keselamatan bagi semua bangsa.

Apa yang bisa kita petik sebagai inspirasi dan motivasi? Jika Tuhan tidak menyegerakan sukses kita, tidak usah kecewa. Sukses yang dari

Tuhan pastilah datang saat kita telah pantas untuk berada di puncaknya.

KEJADIAN 37

Dimulainya kisah Yusuf, salah satu tokoh favorit saya. Nasya adalah Kitab Kejadian pasal 37 ayat 1 sampai dengan ayat 11. Keluarga Yakub adalah gambaran dari sebuah keluarga yang kacau balau. Yakub, bukankah ayah yang terhebat di dunia? Ia banyak melakukan kesalahan, reputasinya buruk, sehingga secara konotatif nama aslinya, Yakub, diplesetkan oleh masyarakat menjadi "Ya'akob", yang artinya penipu.

Pribadi Yakub tidak akan memenuhi selera kita, tetapi yang luar biasa adalah Tuhan memilihnya. Yakub mewarisi perjanjian Tuhan dengan Abraham, dan di kemudian hari menjadi bapa sebuah bangsa yang disebut sebagai umat pilihan Tuhan. Yang terpenting, Yakub percaya Tuhan. Ia tidak selalu hidup di dalam Tuhan, tetapi ia percaya Tuhan.

Dalam pasal ini, kita melihat pola asuh yang salah kembali terulang. Model pola asuh tertentu bisa menjadi model pola asuh yang turun-temurun dari generasi ke generasi, entah itu benar atau salah. Yakub dibesarkan oleh orangtuanya dengan pola asuh favoritisme: Yakub favorit ibunya, Ribka, sedangkan Esau favorit ayahnya, Ishak. Favoritisme inilah yang menyebabkan keluarga Ishak pecah, dan sekarang Yakub membawanya ke dalam keluarganya sendiri.

Yakub memfavoritkan Yusuf. Dalam ayat ketiga dikatakan, Israel lebih mengasihi Yusuf daripada semua anaknya yang lain, sebab Yusuf lah anaknya yang lahir pada masa tuanya, dan ia menyuruh membuat jubah yang maha indah bagi dia. Simbol dari favoritisme Yakub terhadap Yusuf adalah jubah yang maha indah. Jubah semacam ini seharusnya jatuh pada anak pertama, Ruben, tetapi Yakub memberikannya kepada Yusuf. Jubah indah seperti ini menjadi semacam pengakuan bahwa Yusuf memiliki kemurnian moral dibandingkan dengan semua saudara-saudaranya.

Mungkin itu menjadi alasan mengapa di ayat kedua dikatakan bahwa Yusuf menyampaikan kepada ayahnya kabar tentang kejahatan saudara-saudaranya. Yakub menugasi Yusuf untuk mengawasi saudara-saudaranya sebab Yakub lebih percaya kepada Yusuf daripada semua anak-anaknya yang lain. Jubah maha indah ini juga menjadi semacam simbol status; ini adalah jubah para sultan, bukan jubah para gembala. Setidaknya dari jubah ini terungkap doa dan harapan baik, berkat Yakub turun atas Yusuf. Jubah indah ini juga simbol otoritas: Yakub menganggap Yusuf sebagai anak sulung, sebuah isyarat bahwa di kemudian hari Yusuf lah yang akan menerima hak kesulungan dan menjadi pemimpin keluarga Yakub di masa depan.

Mungkin Yakub terdorong oleh beberapa keadaan sehingga ia lebih memfavoritkan Yusuf. Saudara Yusuf adalah pembuat masalah ketika adik mereka, Dina, secara licik dan keji, dipermalukan. Ruben memimpin adik-adiknya untuk memerangkap Raja Hemor, ayah si pemuda pemerkosa Dina, dengan syarat sunat. Ketika semua laki-laki di kota disunat, Ruben memimpin adik-adiknya untuk membantai semua pria di kota tersebut, sebuah tindakan brutal dan tak bermoral yang takkan dimaafkan oleh siapapun juga. Hanya karena campur tangan Tuhan mereka lolos dari pengejaran dan pembalasan dendam.

Mengapa jubah indah ini jatuh ke tangan Yusuf dan bukan kepada Ruben? Ada insiden lain di pasal-pasal sebelumnya: Ruben meniduri gundik ayahnya, Bilha, sebuah tindakan yang sangat melukai harga diri Yakub. Apapun alasannya, Yakub memang tipe orang tua yang pilih kasih. Tidak masalah bagi dia punya banyak anak, tetapi masalah bagi Yakub adalah ketidakmampuannya membagi kasih secara adil dan merata.

Bukan hanya Ruben yang membenci jubah Yusuf, tetapi semua saudaranya yang lain. Tetapi di tengah-tengah keluarga yang kacau ini, Tuhan menyatakan kedaulatannya. Tuhan memberi Yusuf mimpi-mimpi, seperti yang diceritakan di ayat 5 sampai dengan ayat 9, dengan inti pesan yang sama: Yusuf akan diangkat ke atas sehingga posisinya melebihi saudara-saudaranya. Yusuf akan memiliki otoritas atas seluruh saudaranya.

Sayangnya, Yusuf masih terlalu naif sehingga ia menceritakan mimpinya, yang semakin membuat saudara-saudaranya iri hati. Yusuf tidak bijaksana dalam suasana keluarga yang didominasi oleh sikap kompetisi dan iri hati. Mimpi Yusuf menimbulkan rasa sakit hati; mimpi Yusuf hanyalah semakin mempertebal rasa benci saudara-saudaranya kepadanya.

Pelajaran yang bisa kita petik dari kisah ini adalah: pola asuh yang buruk bisa menurun dari generasi ke generasi. Setiap orang tua harus menyadari hal ini. Kita harus dengan sengaja memutus rantai pola asuh yang salah. Pasti tidak mudah, tetapi setiap orang tua harus memiliki kesadaran akan bahaya buruk dari pola asuh yang salah.

Kedua, menjadi pribadi yang taat dan takut akan Tuhan adalah sebuah keharusan, tetapi bersikap bijaksana juga adalah keharusan. Saya teringat akan sebuah quotes, yang intinya adalah: orang lebih terhibur ketika mendengar kabar kita celaka daripada kabar keberhasilan kita. Jadi jangan posting hal-hal yang menimbulkan iri hati; simpanlah hal-hal yang dapat menimbulkan benci dan perselisihan, sebab akibatnya bisa tidak terduga. Dalam ayat 19 sampai 20 dikisahkan salah satu kakaknya berkata, "Lihat, tukang mimpi kita itu datang sekarang. Marilah kita bunuh dia dan kita lemparkan ke dalam salah satu sumur ini, lalu kita katakan seekor binatang buas telah menerkamnya, dan kita akan lihat nanti bagaimana jadinya mimpinya itu."

Ketiga, di atas semuanya itu, kita harus percaya akan kedaulatan Tuhan. Walau keluarga Yakub kacau, walau Yusuf tidak bijaksana, Tuhan berdaulat untuk menjadikan mereka bagian dari rencana ilahi yang menyelamatkan bangsa-bangsa.

Inspirasi dan motivasi yang bisa kita petik dari kisah ini adalah: yang dipakai Tuhan bukan dia yang sempurna, tetapi melalui dia Tuhan dapat menyatakan pekerjaan-Nya yang mulia.

Melanjutkan kisah Yusuf, Yusuf yang dibenci saudara-saudaranya karena sikap pilih kasih ayahnya juga karena mimpinya, meski tak bersalah. Kitab Kejadian pasal 37 ayat 12 sampai dengan 36.

Saat hidup kita masuk ke dalam lubang penderitaan, Yakub tidak peka terhadap keadaan semua orang. Egois memang tidak akan peka terhadap keadaan, sebab fokusnya adalah dirinya sendiri. Karena itu, Yakub menyuruh Yusuf pergi ke Si-Gem untuk melihat keadaan saudara-saudaranya yang sedang menggembalakan kambing domba di sana.

Ayat 13 dan 14 mengatakan: "Bukankah saudara-saudaramu menggembalakan kambing domba dekat Si-Gem? Marilah engkau Kusuruh kepada mereka." Kata-kata Israel kepadanya: pergilah, engkau melihat apakah baik keadaan kambing domba dan bawalah kabar tentang itu kepadaku.

Si-Gem menakutkan bagi Yakub. Beberapa tahun yang lalu, secara licik dan keji, anak-anak Yakub membantai semua laki-laki di kota itu, dan dia takut terhadap pembalasan dendam. Maka, dia menyuruh Yusuf untuk menyusul saudaranya. Yakub tidak bekas sama sekali terhadap situasi keluarganya sendiri. Anak-anaknya sangat membenci Yusuf, dan kalau bisa, membunuhnya. Tetapi Yakub tidak dapat merasakan suasana buruk yang ada di dalam keluarganya. Karena itu, tanpa disadarinya, Yakub mengirim Yusuf kepada penderitaan yang dahsyat dan tak pernah terbayangkan sebelumnya.

Yusuf berangkat dengan memakai jubah yang maha indah, jubah yang menunjukkan bahwa Yusuf telah diangkat menjadi pemimpin keluarganya, jubah yang menimbulkan rasa sakit hati saudara-saudaranya. Yusuf pun berangkat tanpa pernah sadar bahwa itu adalah terakhir kalinya dia melihat ayahnya.

Ayat 19 dan 20 bercerita: kata mereka seorang kepada yang lain, "Lihat, tukang mimpi kita itu datang sekarang. Marilah kita bunuh dia dan kita lemparkan ke dalam salah satu sumur ini, lalu kita katakan seekor binatang buas telah menerkamnya, dan kita akan lihat nanti bagaimana jadinya mimpinya itu."

Saudara-saudaranya berniat untuk membunuh Yusuf, tetapi Ruben mencegahnya. Akhirnya, Yusuf dimasukkan ke dalam sumur kosong. Ia adalah awal dari penderitaan Yusuf. Yusuf masuk ke lubang penderitaan yang sangat panjang. Melalui berbagai pertimbangan, akhirnya Yusuf dijual kepada pedagang budak, dan saudara-saudaranya melaporkan kepada ayahnya bahwa Yusuf telah mati diterkam binatang buas.

Kita harus belajar dari kisah ini karena ini sangat penting sekali. Apa yang membuat seseorang bisa masuk ke dalam lubang penderitaan?

Yang pertama adalah sikap egois. Yakub dibutakan oleh sikap egoisnya. Tindakannya menganakemaskan Yusuf membuat kebencian terhadap Yusuf semakin hari semakin bertambah. Kebencian adalah emosi negatif yang sangat kuat, yang jika tidak dapat dikendalikan akan membawa kepada dosa yang sangat mengerikan. Yusuf hampir dibunuh, tetapi menjual Yusuf sebagai budak adalah tindakan yang jauh lebih mengerikan. Budak tidak memiliki harga sebagai seorang manusia. Budak sering disetarakan dengan binatang. Membunuh budak bisa tidak dianggap sebagai kriminal.

Bermula dari sikap egois Yakub, anak-anaknya sangat membenci Yusuf dan menjualnya sebagai budak. Sikap egois bukanlah dosa yang sederhana. Ada orang lain yang nanti akan menjadi korbannya. Sikap egois Yakub mengirim Yusuf kepada nasib buruk, perbudakan, penderitaan yang sangatlah panjang.

Yang kedua adalah emosi sesaat. Emosi sesaat dapat mengirim seseorang ke dalam lubang penderitaan. Emosi negatif sesaat yang tidak terkontrol tidak akan menghadirkan kedamaian atau kebahagiaan. Tak ada apa pun yang dibuat oleh hati yang dikuasai emosi sesaat.

Pembalasan dendam, ketika anak-anak Yakub ingin membunuh Yusuf, Ruben berusaha mencegahnya. Dalam ayat 22, Ruben berkata, "Janganlah tumpahkan darah, lemparkanlah dia ke dalam sumur yang ada di padang gurun ini, tetapi janganlah apa-apakan dia." Maksudnya, hendak melepaskan Yusuf dari tangan mereka dan membawanya kembali kepada ayahnya.

Ruben memiliki batas untuk bersikap dendam kepada adiknya. Tidak ada kebahagiaan yang akan hadir dengan mencelakai saudara kandungnya sendiri. Tetapi mungkin saja Ruben ingin menjadi pahlawan dengan menyelamatkan Yusuf, dan dengan begitu dia bisa memperbaiki kesalahannya terhadap ayahnya.

Tetapi musuh dendam yang tak tertahan, yang dipicu oleh emosi sesaat, membuat rencana Ruben kalah cepat. Yusuf sudah dijual terlebih dahulu ke pedagang budak. Sejak saat itu, kebahagiaan tak lagi ada dalam keluarga mereka. Bahkan setelah bertahun-tahun sesudahnya, saudara Yusuf masih dibayang-bayangi oleh rasa takut dan penyesalan. Jangan tanyakan apa yang dirasakan Yusuf.

Emosi sesaat mengirimnya ke lubang penderitaan yang bernama perbudakan, dan nantinya juga penjara.

Yang ketiga, jika lubang penderitaan tak terhindarkan, akhirnya berserahlah kepada Allah. Tidak ada kata lain. Sepanjang pasal 37 ini, mungkin Musa sebagai penulis kitab Kejadian ingin memfokuskan pada keburukan kisah keluarga Yakub untuk menjadi sebuah pelajaran.

Tetapi jika kita sendiri di posisi Yusuf dan menyadari bahwa penderitaan besar tak mungkin lagi untuk dihindarkan, apakah kira-kira yang akan kita lakukan? Tidak ada cara lain selain berserah diri kepada Tuhan. Berserah kepada Tuhan adalah obat untuk semua penderitaan dan kepahitan.

Berserah membuat kita ikhlas. Berserah membuat kita menitipkan sebagian penderitaan kita kepada belas kasihan Tuhan. Berserah memelihara sedikit harapan. Berserah menjaga api iman agar tidak padam. Berserah adalah sebuah pengakuan bahwa Tuhanlah yang mengendalikan keadaan, dan berserah percaya bahwa apa yang ada di dalam kendali Tuhan tidak akan pernah menjadi tidak terkendalikan.

Inspirasi dan motivasi yang bisa kita petik dari kisah ini: jika kita orang tua, bersikaplah adil dan bijaksana, jangan pilih kasih untuk alasan apapun juga, sebab bukan anak yang ingin dilahirkan ke dalam dunia ini. Jika kita korban kejahatan, berserahlah kepada Allah. Tak ada penderitaan yang sia-sia dalam rancangan Tuhan. Seperti pada kasus Yusuf, setiap penderitaan kita akan semakin mendekatkan kita kepada kemuliaan. Tetap semangat dalam kehidupan.

KEJADIAN 38

Kisah tentang Yehuda dan Tamar adalah sebuah pelajaran betapa rentannya umat Tuhan dengan dosa. Yehuda, putra Yakub, cicit Abraham, anggota sebuah keluarga yang sedang disiapkan Allah untuk menjadi sebuah bangsa yang besar, umat pilihan Allah. Tetapi hidup seperti orang-orang Kanaan, hidup itu seperti seorang Kristen yang hidup seperti orang-orang dunia.

Bagaimanakah ini bisa terjadi? Awalnya dimulai dari sesuatu yang sederhana: meninggalkan komunitas imannya. Dalam ayat pertama dikatakan, pada waktu itu Yehuda meninggalkan saudara-saudaranya dan menumpang pada seorang Adulam yang namanya Kirat. Tidak ada situasi yang dijelaskan yang membuat Yehuda terpaksa melakukan ini. Ini adalah murni pilihan hidupnya. Entah apa alasannya, mungkin keluarga Yehuda terlalu banyak drama, mungkin peristiwa mereka menjual adiknya sendiri ke pedagang budak membuatnya merasa bersalah, atau entah apa. Tak ada keterangan yang diberikan.

Yehuda memilih untuk menjauhi keluarganya, maka sesuatu yang buruk segera terjadi. Seperti yang diperingatkan oleh Rasul Paulus, "Janganlah kamu sesat; pergaulan yang buruk merusakkan kebiasaan yang baik." Yehuda segera larut dalam cara hidup Kanaan yang tidak mengenal Allah.

Dalam ayat kedua dikatakan, Yehuda melihat anak perempuan seorang Kanaan, nama orang itu ialah Suat. Lalu Yehuda kawin dengan perempuan itu dan menghampirinya. Begitu berada di luar lingkungan keluarganya, Yehuda melakukan sesuatu yang bertentangan dengan kakek buyutnya, Abraham. Abraham dengan tegas melarang keturunannya mengambil istri dari orang-orang Kanaan. Abraham tidak bersikap rasis, tetapi menikah dengan orang kafir penyembah berhala akan membawa keburukan terhadap iman umat Tuhan.

Yehuda tidak hanya menikahi wanita Kanaan, tetapi dia juga mencarikan istri untuk anak sulungnya, Er, wanita Kanaan setempat yang bernama Tamar. Tetapi karena Er terlalu jahat di mata Tuhan, Tuhan membunuh Er, sehingga Tamar menjadi janda. Maka, sesuai dengan kebiasaan umum di Timur dekat Guni pada zaman itu, Yehuda menyuruh anak keduanya, Onan, untuk melanjutkan pernikahan kakaknya Er dengan Tamar. Nah, ini adalah pernikahan levirat.

Tetapi Onan menolak untuk memiliki anak dengan Tamar, sebab anak yang nanti dilahirkannya menjadi anak kakaknya, bukan anaknya sendiri. Maka setiap kali mereka melakukan hubungan seksual, Onan membuang spermanya. Tindakan ini dipandang jahat di mata Tuhan, maka Tuhan pun membunuh Onan.

Yehuda menjadi kuatir jangan-jangan anak ketiganya, yang bernama Shela, juga akan mati. Maka, beralasanlah Yehuda, bahwa Shela belum dewasa, dan memintanya untuk menunggu Shela di rumah ayahnya. Yehuda takut Tamar adalah wanita pembawa sial, dan dia tidak ingin semua anaknya nanti mati. Jadi, ketika Shela telah dewasa, Yehuda mengingkari janjinya. Dia tidak memberikan Shela untuk menjadi suami Tamar.

Mengetahui hal ini, Tamar segera menyusun rencana untuk menjebak Yehuda. Setelah istri yang sudah meninggal, Tamar meninggalkan status jandanya, menyamar sebagai pelacur, dan sesuai dengan harapannya, Yehuda terpancing, mengira bahwa Tamar adalah seorang pelacur. Yehuda segera memesan jasanya; harganya adalah seekor anak kambing yang akan dikirimkan segera setelah hubungan seksualnya selesai. Tetapi Tamar meminta jaminan berupa cap, meterai, kalung, dan juga tongkat, yang nanti akan ditukar setelah anak kambing itu diterimanya.

Setelah hubungan itu, Tamar segera menghilang bersama jaminannya. Yehuda tidak mampu menemukannya. Akhirnya, Tamar hamil mengandung anak Yehuda. Ketika Tamar hendak dihukum dengan dibakar, dia menunjukkan jaminan yang dia sembunyikan. Pemiliknya adalah yang menghamilinya. Yehuda segera tersadar bahwa dia dijebak oleh Tamar, sehingga dia menerima Tamar, sampai akhirnya Tamar melahirkan anak kembar baginya, Peres dan Zerah.

Pelajaran yang dapat kita petik dari kehidupan Yehuda ini:

Pertama, umat Tuhan rentan terhadap dosa. Di dunia ini memang ada ilmu kebal, senjata, dan rompi antipeluru, tetapi tidak ada ilmu kebal dosa atau rompi antidosa. Menjauh dari keluarga rohani adalah awal dari sebuah petaka rohani. Kehidupan beriman umat Tuhan dapat luluh lantak dibuatnya. Tak ada yang namanya kesenangan dunia, tak ada yang namanya kebebasan dunia. Kehidupan Yehuda dirundung kemalangan, dan sepenuhnya dia kehilangan kebebasan untuk menikmati kesenangan surgawi. Karena itu, tetaplah berada dalam keluarga rohanimu, sekalipun itu bukan keluarga terbaikmu. Yang terburuk dari keluarga rohanimu masih sanggup untuk memelihara imanmu untuk tetap ada.

Kedua, selalu ada konsekuensi dosa. Anak Yehuda, Er dan Onan, jahat di mata Tuhan, sehingga Tuhan membunuh mereka. Selalu ada konsekuensi dosa, sebab Tuhan adalah Allah yang Mahasuci. Karena keluarga Yakub tidak dapat menjaga diri dari pengaruh dosa Kanaan, maka Tuhan mengungsikan umat-Nya ke Mesir. Untuk kita yang mengira bahwa Tuhan menghukum Israel dengan menjadi budak di Mesir, ini yang sebenarnya Tuhan sedang lakukan: selama 400 tahun menjadi budak di Mesir, kehidupan iman keturunan Yakub terjaga. Tidak ada waktu atau kesempatan untuk meniru dosa Kanaan atau Mesir, sebab kehidupan budak menghabiskan waktu dan energi mereka, dan penderitaan membuat mereka selalu mencari Tuhan.

Ketiga, kasih setia Tuhan tidak berkesudahan. Walaupun Yehuda berdosa, walaupun Tamar berdosa, namun kasih setia Tuhan tak meninggalkan mereka. Tuhan menganugerahi mereka anugerah yang luar biasa. Kita menemukan nama Yehuda, Tamar, dan kedua anaknya, Peres dan Zerah, menjadi nenek moyang Juruselamat kita. Nama keempatnya ada di dalam daftar silsilah Tuhan Yesus dalam Injil Matius pasal pertama.

Inspirasi dan motivasi dari kisah Yehuda dan Tamar ini:

Dosa merusakkan kehidupan beriman dan mendatangkan petaka bagi orang percaya. Jangan pernah meninggalkan keluarga rohanimu, sebab yang terburuk dari keluarga rohanimu masih sanggup untuk menjaga imanmu. Kasih setia Tuhan tak pernah berkesudahan. Tetaplah pelihara iman, karena dengan imanlah kita akan dianugerahi Tuhan dengan kasih setia-Nya yang kekal.

KEJADIAN 39

Berdasarkan kisah Yusuf dalam Kejadian pasal 39, apa yang harus kita lakukan saat hidup tak sesuai dengan apa yang kita harapkan? Yusuf adalah anak kesayangan Yakub. Dia dipercayai ayahnya untuk mengawasi saudara-saudaranya. Dia dipicu oleh jubah indah yang menyimpulkan bahwa dia penerima hak kesulungan dua kali. Yusuf bermimpi untuk menjadi yang terkemuka, melebihi saudaranya bahkan orang tuanya. Tetapi kini, nasib buruklah yang justru menimpanya; dia dijual sebagai budak, dan dalam pasal 39 ini juga diceritakan Yusuf di penjara.

Belajar dari kisah Yusuf, ketika nasib buruk menimpa orang baik, inilah pelajaran yang bisa kita dapatkan.

Pertama, jalani hidupmu bersama Tuhan. Pedagang budak menjual Yusuf kepada Potifar, kepala pengawal raja. Ayat kedua mengatakan, tetapi Tuhan menyertai Yusuf, sehingga ia menjadi seorang yang selalu berhasil dalam pekerjaannya. Maka tinggallah ia di rumah tuannya, orang Mesir itu. Saya percaya ini prinsip hidup Yusuf: hidup harus tetap berjalan. Ketika hidup tidak sesuai dengan apa yang kita harapkan, hidup harus tetap berjalan. Dijual sebagai budak, hidup harus tetap berjalan. Tak ada waktu untuk menangisi nasib, tak ada ide atau pikiran untuk mengacuhkan keadaan. Hidup harus tetap berjalan.

Yang menarik di sini adalah bagaimana Yusuf menjalani hidupnya. Tuhan menyertainya. Yusuf menjalani hidupnya bersama Tuhan sehingga Tuhan mengaruniakan keberhasilan dalam setiap pekerjaan, sehingga Yusuf dipercaya majikan untuk menjadi kepala rumah tangga. Jika hidup dijalani bersama Tuhan, orang percaya tidak akan bertanya, "Di manakah Tuhan saat hidupku menderita?" Tuhan sedang bersama-sama memikul salib penderitaan kita. Tuhan tidak akan meringankan beban penderitaan kita, tetapi memastikan bahwa kita akan berhasil melewatinya. Karena itu, jangan jalani hidup ini dengan keluhan-keluhan, kekecewaan, atau kemarahan. Jalani bersama Tuhan. Kadang-kadang saat terbaik dalam hidup ini adalah saat kita ada di dalam ujian atau cobaan.

Kedua, hadapi godaan dengan iman kepada Tuhan. Dalam ayat keenam bagian B dikatakan, Adapun Yusuf itu manis sikapnya dan elok parasnya. Kalau kita punya keduanya, itu adalah berkat dalam hidup kita, tetapi sikap manis dan elok parasnya juga sebuah masalah. Nyonya Potifar, istri majikan, berahi setiap kali melihat elok paras Yusuf. Tetapi Yusuf menolaknya. Dia berkata, "Dengan bantuanku, tuanku itu tidak lagi mengatur apa yang ada di rumah ini, dan telah menyerahkan segala miliknya pada kekuasaanku. Bahkan di rumah ini, dia tidak lebih besar kuasanya daripadaku, dan tiada yang tidak diserahkannya kepadaku selain daripada engkau, sebab engkau istrinya. Bagaimanakah mungkin aku melakukan kejahatan yang besar ini dan berbuat dosa terhadap Allah?"

Berkat Yusuf juga menjadi masalah bagi Yusuf. Tetapi menghadapi godaan dengan iman kepada Tuhan. Namun ternyata godaan tidak datang hanya sekali atau sesekali. Setiap hari nyonya majikan membujuknya. Penolakan Yusuf menjadi sebuah tantangan baginya. Maka diaturnya situasi supaya rumah tak ada siapa-siapa saat Yusuf datang untuk bekerja. Jika kata-kata gagal menggoda, sentuhan dan pelukan pasti bisa.

Ayat 12 berkata, lalu perempuan itu memegang baju Yusuf sambil berkata, "Marilah tidur dengan aku." Tetapi Yusuf meninggalkan bajunya di tangan perempuan itu dan lari keluar. Jika godaan tak mempan ditolak, ini jurus pamungkasnya: ambil langkah seribu. Tetapi sayangnya, baju Yusuf tertinggal. Namun sampai di sini, Yusuf mampu menolak godaan dengan jurus iman dan langkah seribu.

Ketiga, temukan kekuatanmu di dalam Tuhan. Gagal menggoda Yusuf, istri Potifar menuntut. Yusuf pun kemudian masuk ke dalam penjara. Tampaknya keadaan menjadi semakin tidak terkendali. Ini bukan lagi tidak sesuai dengan harapan, tetapi ini benar-benar sebuah bencana. Tetapi Yusuf kuat menjalaninya. Ayat 21 sampai dengan 23 berkata, tetapi Tuhan menyertai Yusuf dan melimpahkan kasih setia-Nya kepadanya, dan membuat Yusuf kesayangan bagi kepala penjara itu. Sebab itu kepala penjara mempercayakan semua tahanan dalam penjara itu kepada Yusuf, dan segala pekerjaan yang harus dilakukan di situ dialah yang mengurusnya. Kepala penjara tidak mencampuri segala yang dipercayakan kepada Yusuf, karena Tuhan menyertainya, dan apa yang dikerjakannya dibuat Tuhan berhasil. Yusuf disertai Tuhan, dan dengan penyertaan Tuhan itu Yusuf kuat. Kepala penjara ditaklukkannya sehingga Yusuf menjadi kesayangannya dan juga kepercayaannya.

Apa yang bisa kita petik sebagai inspirasi dan motivasi ketika keadaan tak sesuai dengan apa yang kita harapkan?

Yang pertama, jangan remehkan kemampuan diri. Rasul Paulus berkata, "Pencobaan-pencobaan yang kamu alami ialah pencobaan-pencobaan yang tidak melebihi kemampuan manusia." Besarnya masalahmu adalah ukuran besarnya dirimu di hadapan Tuhanmu. Hadapi bersama Tuhan, Tuhan pasti memberi kita kekuatan.

Yang kedua, ketika keadaan tak sesuai harapan, ubahlah sudut pandang. Ukuran sukses bukanlah seberapa baiknya keadaan kita, tetapi kemampuan kita melewati berbagai cobaan dengan tetap setia dan percaya kepada Tuhan. Tetap semangat menjalani kehidupan.

KEJADIAN 40

Menjadi Yusuf tidaklah mudah, apalagi jika kita sudah terbiasa percaya bahwa ketaatan pastilah mendatangkan berkat. Secara umum memang benar, tetapi kali ini kita melihat sesuatu yang lebih daripada apa yang selama ini kita percayai. Kitab Kejadian pasal 40 akan menjadi berkat luar biasa bagi kita semua.

Akhirnya Yusuf di penjara. Dia pribadi yang indah, hidup benar di hadapan Allah. Saat menjaga kekudusan, Tuhan menyertainya. Tetapi Alkitab berkata, Yusuf di penjara. Kenyataan tak selalu indah seperti rumusan: "jika anda taat, pasti diberkati Tuhan, hidup anda akan baik-baik saja" atau "jika kita lurus-lurus saja, pastilah hidup kita akan mulus-mulus saja." Jika hanya ini yang kita ketahui, kita akan kehilangan kekayaan yang indah dari misteri surgawi.

Pelajaran dari pasal 40 ini adalah, yang pertama, Tuhan menggunakan kekecewaan untuk membawa kita ke tempat dimana satu-satunya harapan adalah Tuhan. Di dalam penjara, Yusuf bertemu dengan dua pelayan Firaun; yang satu adalah juru minuman raja dan yang satu lagi juru roti. Keduanya dianggap salah dan dipenjara. Itulah risiko pekerjaan; bahkan yang tak bersalah pun bisa dipenjara, tetapi yang bersalah juga tak selalu berakhir di dalam penjara.

Itulah kekayaan misteri kehidupan. Keduanya bermimpi, dan untuk setiap mimpinya masing-masing memiliki artinya. Yusuf memiliki karunia hikmat untuk mengartikan mimpi. Untuk mimpi juru minuman, Yusuf berkata: "Beginilah arti mimpi itu, dalam tiga hari engkau akan meninggikan dirimu dan mengembalikan engkau ke dalam pangkatmu yang dahulu, dan engkau akan menyampaikan piala ke tangan Firaun seperti dahulu kala ketika engkau menjadi juru minumannya." Tuhan bisa menggunakan apa pun untuk menyingkapkan tabir kehidupan, termasuk melalui mimpi. Tuhan juga bisa menggunakan seseorang seperti Yusuf untuk mengartikan mimpi sehingga pesan Tuhan sampai kepada sasaran. Yusuf menaruh harapan:

"Ingatlah kepadaku apabila keadaanmu telah baik nanti, tunjukkanlah terima kasihmu kepadaku dengan menceritakan hal ini kepada Firaun, dan tolonglah keluarkan aku dari rumah ini, sebab aku dicuri, diculik dari negeri orang Ibrani, dan di sini pun aku tidak pernah melakukan apa-apa yang menyebabkan aku layak dimasukkan ke dalam penjara ini."

Juru minuman raja menjadi secercah harapan, mungkin jawaban doa. Sedangkan untuk juru roti, Yusuf mengartikan mimpinya: "Beginilah arti mimpi itu; dalam tiga hari, engkau akan meninggikan engkau tinggi ke atas dan digantung pada sebuah tiang, dan burung-burung akan memakan tubuhmu." Sebuah akhir yang berbeda. Semua terjadi persis seperti yang diartikan Yusuf. Juru roti Raja dihukum gantung, dan juru minuman Raja dipulihkan posisinya.

Hati Yusuf tentu berbunga-bunga. Jika kita berbuat kebaikan, bukankah wajar jika kita juga akan menuai kebaikan? Tetapi rumusan bisa berbeda dengan kenyataan. Ayat 23 berkata, "Tetapi Yusuf tidaklah diingat oleh kepala juru minuman itu, melainkan dilupakannya." Ini adalah bahasa kekecewaan.

Mengapa Tuhan mengizinkan kita mengalaminya? Tuhan menggunakan kekecewaan untuk membawa kita ke tempat dimana satu-satunya harapan adalah Tuhan. Ini adalah sekolah Tuhan, proses kehidupan yang menyakitkan. Tuhan melucuti setiap harapan kita yang tidak tertuju kepada-Nya: harapan kepada manusia, keluarga, teman, lembaga, bisnis, atau pekerjaan. Ketika Tuhan menuntun kita supaya kita berharap kepada-Nya, maka Ia mengizinkan kita mengalami kekecewaan. Ia melucuti setiap harapan manusiawi kita, tetapi proses Tuhan itu akan mendewasakan kerohanian kita.

Amat mudah ketika kita kecewa kepada manusia, kita kemudian mengalihkan kekecewaan itu kepada Tuhan atau menyalahkan Tuhan; itu bukan kerohanian yang dewasa. Maka kekecewaan menjadi alat pendewasa kerohanian kita.

Yang kedua, pengharapan kita harus dengan sengaja tertuju hanya kepada Tuhan, dan ini cirinya: dia tidak akan mengasihani dirinya sendiri. Di dalam penjara, Yusuf tidak mengasihani dirinya sendiri. Malah dia menaruh perhatian dan belas kasihan kepada sesama narapidana. Itulah sebabnya ketika teman narapidana bersedih, Yusuf menaruh belas kasihan. Ayat 6-7 berkata: "Ketika pada waktu pagi Yusuf datang kepada mereka, segera dilihatnya bahwa mereka bersusah hati. Lalu ia bertanya kepada pegawai-pegawai Istana Firaun yang ditahan bersama-sama dengannya: 'Mengapakah hari ini mukamu semburan?'"

Orang yang berharap kepada Tuhan, sikapnya akan tetap positif walau dalam kesulitan. Selama di penjara, sikap Yusuf positif, dan itu yang membuat dia menjadi kesayangan kepala penjara, dipercaya dengan tanggung jawab untuk mengurus pekerjaan penjara. Sikap positif Yusuf juga terlihat saat dia membantu pelayan Firaun mengartikan mimpi mereka. Orang yang berharap kepada Tuhan akan selalu mengikutsertakan Tuhan dalam setiap permasalahan.

Ayat 8 berkata: "Jawab mereka kepadanya, 'Kami bermimpi tetapi tidak ada orang yang dapat mengartikannya.'" Lalu kata Yusuf kepada mereka: "Bukankah Allah yang menerangkan arti mimpi? Ceritakanlah kiranya mimpimu itu kepadaku."

Apa yang bisa kita petik sebagai inspirasi dan motivasi? Jika kita mengalami kekecewaan, jangan salah mengira bahwa Tuhan sudah tak lagi peduli dengan kita. Sebab sejatinya, Tuhan sedang membawa kita ke tempat dimana satu-satunya harapan adalah di dalam Dia. Orang yang berharap kepada Tuhan akan selalu positif dengan sikapnya, karena dia percaya Tuhan pasti punya rencana yang indah bagi kita semua.

KEJADIAN 41

Jika kita masih ingat permainan ketapel, cara bermainnya adalah seperti ini: batu yang menjadi peluru ketapel itu ditarik ke belakang oleh karet pelontar sekuat mungkin. Lalu ketika pembidik sudah yakin dengan sasarannya, batu itu dilepaskan, melesat ke depan ke sasaran. Nah, itulah gambaran kehidupan Yusuf selama belasan tahun. Hidupnya ditarik ke belakang, ditarik dengan paksa dengan sangat kuat. Dia dimasukkan ke dalam sumur kering semalaman, dia juga dijual sebagai budak, dan kemudian masuk ke dalam penjara.

Tarikan ke belakang itu begitu kuatnya, tetapi itu bukan sebuah kemunduran. Pada saat kita membaca Kejadian pasal 41, Tuhan yang telah menarik kuat Yusuf ke belakang melepaskannya seperti ketapel, dan Yusuf melesat ke depan ke sasaran yang tepat. Yusuf menjadi orang nomor dua paling berkuasa di Mesir. Pasal 41 ini adalah kisah Yusuf dari penjara ke istana, dari narapidana menjadi perdana menteri.

Nah, mari kita petik pelajaran sukses dari kehidupan Yusuf. Pelajaran sukses yang pertama adalah: Tuhan adalah sumber kesuksesan Yusuf, dan Tuhan juga yang menjadi sumber sukses kita. Di dalam ayat 1 sampai dengan 8 diceritakan Firaun bermimpi yang tak seorang ahli pun bisa mengartikan mimpi itu. Firaun melihat tujuh sapi gemuk ditelan tujuh sapi kurus — itu mimpi yang pertama. Pada mimpi yang kedua Firaun melihat tujuh bulir gandum yang penuh dan baik ditelan tujuh bulir gandum yang kurus.

Untuk dapat mengerti arti mimpi itu maka dihadapkanlah Yusuf kepada Firaun. Ayat 15 dan 16 menceritakan seperti ini: berkatalah Firaun kepada Yusuf, "Aku telah bermimpi dan seorang pun tak ada yang dapat mengartikannya, tetapi telah kudengar tentang engkau: hanya dengan mendengar mimpi saja engkau dapat mengartikannya." Yusuf menyahut, "Bukan sekali-kali aku, melainkan Allah juga yang akan memberitakan kesejahteraan kepada tuanku Firaun."

Yusuf menyatakan bahwa sumber hikmat yang membuatnya dapat mengartikan mimpi adalah Allah. Dan Yusuf menggunakan itu untuk bersaksi tentang Tuhan. Empat kali Yusuf menyebut Tuhan di hadapan Firaun: ayat 25, ayat 28, dan ayat 32. Di ayat 28 Yusuf berkata: "Allah telah memperlihatkan kepada tuanku Firaun apa yang hendak dilakukan-Nya." Dan ayat 32 berkata: "Sampai dua kali mimpi itu diulangi bagi tuanku Firaun, berarti hal itu telah ditetapkan oleh Allah, dan Allah akan segera melakukannya."

Tuhan adalah sumber sukses Yusuf. Karena itu Yusuf mengabadikannya melalui pemberian nama anak-anaknya. Anak pertama diberinya nama Manasye, artinya Allah telah membuat aku lupa sama sekali kepada kesukaranku dan kepada rumah bapaku. Anak yang kedua diberinya nama Efraim, artinya Allah membuat aku mendapat anak dalam negeri kesengsaraanku. Yusuf dan Tuhan tidak dapat dipisahkan — itulah kunci sukses Yusuf.

Pelajaran sukses yang kedua: Yusuf sukses karena dia bekerja dengan sangat efektif. Yusuf adalah tipe pekerja yang baik, rajin, dan sangat efektif di mana pun dia berada. Semua pekerjaan dikerjakannya sebaik mungkin, baik ketika di rumah Potifar, ketika di penjara, maupun setelah dia diangkat menjadi perdana menteri. Ayat 46 sampai dengan 49 menggambarkan bagaimana Yusuf bekerja: dia keliling seluruh tanah Mesir. Dia harus mengenal bidang pekerjaannya dengan baik. Yusuf memetakan situasinya, dia membuat gudang di setiap kota dan menimbun bahan makanan selama tujuh tahun kelimpahan. Begitu banyaknya bahan makanan yang dia timbun sampai tak terhitung lagi banyaknya.

Yusuf bekerja dengan sangat efektif, dan hasilnya: ketika tujuh tahun kelaparan melanda dunia, bukan hanya rakyat Mesir saja yang tercukupi, tetapi seluruh bumi dapat menikmati hasil kerja Yusuf. Bekerja dengan sangat efektif adalah kunci sukses dan kunci untuk mempertahankannya selama berada di puncak kesuksesan.

Pelajaran sukses yang ketiga: kunci sukses Yusuf adalah karakternya. Yusuf dapat dipercaya. Ketika menjadi budak di rumah Potifar, Yusuf dipercaya majikannya sehingga majikan mempercayakan seluruh pekerjaan di dalam rumahnya kepada Yusuf. Ketika Yusuf berada di penjara, Yusuf dipercaya kepala penjara untuk mengurusi seluruh pekerjaan di penjara, sampai kepala penjara tak perlu lagi ikut campur. Yusuf orangnya jujur. Dia tidak menyalahgunakan kesempatan yang diberikan kepadanya.

Suksesnya mengelola ketahanan pangan Mesir di masa kelaparan tidak terlepas dari penerapan prinsip kejujuran ini. Pengawasan ketat diterapkan sehingga tidak terjadi kebocoran. Persediaan makanan berlimpah sehingga mampu menghidupi seluruh rakyat Mesir di masa tujuh tahun kelaparan. Tidak hanya rakyat Mesir — ketahanan pangan Mesir di bawah pengelolaan Yusuf juga menyelamatkan rakyat dari seluruh bumi.

Apa yang bisa kita petik sebagai inspirasi dan juga motivasi dari kisah Yusuf ini? Sumber kesuksesan adalah Tuhan, tetapi alat penukarnya adalah kemampuan kerja tinggi dan juga kejujuran. Jadi: Tuhan, etos kerja yang hebat, dan kejujuran adalah alat pembayaran yang sah bagi kesuksesan kita.

KEJADIAN 42

Kejadian pasal 42 berbicara tentang saudara-saudara Yusuf yang menindas rasa bersalah tetapi Tuhan menuntunnya kepada pertobatan. Ya, saudara Yusuf telah menindas rasa bersalah mereka yang sudah menjual dirinya 22 tahun lalu kepada pedagang budak yang kemudian menjualnya ke Mesir. Dosa yang mengerikan ini mereka selesaikan dengan cerita-cerita bahwa Yusuf diterkam binatang buas dan Yusuf telah tewas. Ayahnya percaya, dan rahasia itu lama tersimpan selama 22 tahun.

Tetapi yang indah dari Tuhan adalah Tuhan membimbing mereka kepada pertobatan. Maka Tuhan menggunakan kelaparan yang melanda seluruh tanah Kanaan. Kelaparan itu begitu hebatnya sehingga beberapa wilayah, tidak hanya Mesir, tetapi juga beberapa negeri lainnya mengalami kekeringan dan gagal panen. Yakub mendengar bahwa ada gandum di Mesir, jadi dia membicarakan dengan anak-anaknya, tetapi tak seorang pun merespon. Mereka hanya saling melihat, saling berpandangan. Ruben melihat Simeon, Simeon melihat Yehuda, dan Yehuda melihat lainnya, begitu seterusnya.

Sampai aku berkata, mengapa kamu berpandang-pandangan saja? Kata Mesir seperti sebuah bom yang tiba-tiba meledak di depan mereka; sesuatu yang mereka pindah selama ini, sesuatu yang mereka simpan rapat-rapat, sesuatu yang mereka sama sekali tidak ingin membicarakannya. Mesir membuat mereka teringat ada peristiwa yang paling mengerikan: mereka menjual Yusuf, adiknya sendiri, ke pedagang budak di Mesir. Mesir membuat mereka dapat mendengar kembali gemerincing koin perak yang dibayarkan oleh pedagang budak kepada mereka. Mesir membuat mereka dapat melihat kembali mata kosong, wajah penuh ketakutan, ekspresi kengerian, dan permohonan Yusuf supaya dibebaskan. Semua kenangan buruk dosa mereka yang mereka tindas, yang mereka tekan, yang mereka simpan sebagai rahasia selama 22 tahun ini tiba-tiba hadir kembali.

Iya, kelaparan membuat mereka harus berhadapan dengan dosa. Dosa dan rasa bersalah tak dapat diselesaikan dengan menekannya, dengan berpura-pura tidak pernah ada, atau dengan membuat cerita pengalihan fakta. Tuhan menggunakan kelaparan untuk membimbing saudara-saudara Yusuf kepada pertobatan dan pemulihan. Tuhan juga menggunakan masalah yang sama untuk menuntun saudara Yusuf kepada pertobatan.

Ketika Yusuf melihat saudara-saudaranya untuk membeli gandum, Yusuf menuduh mereka sebagai mata-mata dan kemudian memenjarakan mereka selama tiga hari. Yusuf menuntut mereka supaya membuktikan kejujuran mereka dengan membawa saudara bungsu mereka kepadanya dan menahan salah seorang dari mereka sebagai jaminan.

Dalam kepanikan dan ketakutan ini, mereka berkata seorang kepada yang lain, “Betul-betul, ah, kita menanggung akibat dosa kita terhadap adik kita itu. Akankah kita melihat bagaimana sesak hatinya ketika dia memohon belas kasihan kepada kita, tetapi kita tidak mendengarkan permohonannya? Itulah sebabnya kesesakan ini menimpa kita.” Lalu Ruben menjawab, “Bukankah dahulu kukatakan kepadamu janganlah kamu berbuat dosa terhadap anak itu, tetapi kamu tidak mendengarkan perkataanku. Sekarang darahnya dituntut daripada kita.”

Tuhan berhasil melalui perlakuan yang hampir sama. Mereka saling mengakui dosa. Tuhan juga menggunakan waktu untuk menuntun kepada pertobatan. Saudara Yusuf sangat menyepelekan rasanya berada di dalam lubang sumur, terkurung semalaman tanpa tahu nasib buruk apa nantinya akan menimpa. Ketika Yusuf memasukkan mereka ke dalam penjara bawah tanah, sesuatu terjadi: mereka mulai mengingat penderitaan Yusuf juga ketakutan yang terekspresi dari wajah dan suara Yusuf. Kadang, dengan mengalami nasib yang sama atau serupa, kita baru tersadar betapa buruknya dosa.

Waktu dapat menuntun kita kepada pertobatan. Karena itu, kita semua membutuhkan waktu. Tuhan juga menggunakan kasih-Nya untuk menuntun kita kepada pertobatan. Yusuf memerintahkan supaya uang pembelian gandum dikembalikan secara diam-diam, sehingga ketika saudara-saudaranya pulang dan mendapati semua uang pembelian gandum dikembalikan, mereka sangat ketakutan. Untuk pertama kalinya, mereka menyebut nama Tuhan. Dalam Kejadian 42:28 dikatakan, "Uangku dikembalikan, lihat, ada di dalam karungku." Lalu hati mereka menjadi tawar dan mereka berpandang-pandangan dengan gemetar serta berkata, "Apakah juga yang diperbuat Allah terhadap kita?" Keluarga Yakub adalah keluarga yang percaya Tuhan, tetapi hidup seperti orang yang tidak mengenal Tuhan. Kini mereka merasa Tuhan seperti sedang berperkara di dalam hidup mereka.

Pelajaran yang dapat kita petik dari kisah ini: dosa tak dapat diselesaikan dengan cara apapun juga kecuali dengan pertobatan. Menekannya atau menindasnya, berbuat seakan-akan tidak pernah ada, tak akan dapat menyelesaikan dosa; hanya pertobatan yang menyelesaikannya. Peristiwa serupa dengan dosa yang kita lakukan dapat membuka mata rohani kita dan membawa kita kepada pertobatan. Kadang Tuhan menggunakan masalah agar kita dituntun kepada pertobatan. Kesadaran membutuhkan waktu, pertobatan juga membutuhkan waktu. Kita harus bersabar sampai waktu melunakkan kekerasan hati dan mencairkan kebekuan jiwa dari dosa. Semua membutuhkan waktu untuk bertobat. Pada akhirnya, kasih Tuhanlah yang menyentuh hati kita dan membuat panggilan-Nya untuk bertobat menjadi indah untuk kita menyambutnya. Inspirasi dan motivasi yang dapat kita petik dari kisah ini adalah: hanya anugerah Tuhan saja. Jika kita dapat bertobat, Tuhan dapat menggunakan segala cara supaya kita menyadari dosa kita dan memenuhi panggilan-Nya untuk hidup di dalam pertobatan. Tetap semangat dalam kehidupan.

KEJADIAN 43

Bagai buah simalakama. Itulah situasi yang sedang dihadapi saudara-saudara Yusuf dan juga Yakub. Mereka menghadapi situasi yang serba salah. Nah, inilah topik kita saat ini, kitab Kejadian Pasal 43. Kelaparan yang melanda tanah Kanaan semakin hebat. Gandum yang dibeli dulu di Mesir sudah hampir habis, tetapi saudara Yusuf tidak berani untuk kembali ke sana. Mereka harus membawa Benyamin ke penguasa Mesir yang mereka tidak tahu bahwa itu adalah Yusuf, untuk membuktikan kebenaran cerita mereka. Sebab, Yakub melarangnya.

Yakub tidak ingin kehilangan anak untuk kedua kalinya. Setelah kehilangan Yusuf, tetapi tidak kembali ke Mesir sama dengan bunuh diri, mati pelan-pelan akibat kelaparan. Nah, pernahkah kita mengalami situasi seperti ini, situasi serba salah? Apapun yang diputuskan, akibatnya adalah buruk. Tetapi tidak mengambil keputusan pun juga buruk. Dosa atau kesalahan, ditambah dengan kesulitan, akan membuat apapun yang dilakukan serba salah. Tak ada yang tidak berakibat buruk.

Dalam situasi seperti ini, Yakub dan anak-anaknya akhirnya mengambil keputusan untuk memilih pilihan dengan akibat buruk yang paling tidak buruk. Opsi Yakub semula adalah tidak membawa Benyamin, tetapi tetap kembali ke Mesir dan membeli gandum sedikit saja. Katanya, "Pergilah pula membeli sedikit bahan makanan untuk kita." Sebab pikirnya, dengan membeli sedikit, mungkin tidak menjadi masalah jika tidak membawa Benyamin. Tetapi anak-anak Yakub merasakan keseriusan pada depan Yusuf, maka Yehuda menjawab, "Tetapi jika engkau tidak mau membiarkan dia pergi, maka kami tidak akan pergi ke sana. Sebab orang itu telah berkata kepada kami: 'Kamu tidak boleh melihat mukaku jika adikmu itu tidak ada bersama-sama dengan kamu.'"

Jadi opsi itu tidak mungkin. Maka dengan putus asa, Yakub menyalahkan anak-anaknya yang telah bercerita punya adik laki-laki yang tinggal di rumah. Tetapi nasi telah menjadi bubur. Menghadapi situasi yang serba salah ini, mereka tetap harus membuat sebuah keputusan. Lalu berkatalah Yehuda kepada Israel, ayahnya, "Biarkanlah anak itu pergi bersama-sama dengan aku, maka kami akan bersiap dan pergi supaya kita tetap hidup dan jangan mati, baik kami maupun Engkau dan anak-anak kami."

Mereka cukup tidak lagi punya pilihan: mengambil keputusan dengan risiko kehilangan satu orang lagi, atau mereka semua mati kelaparan. Jadi Yakub akhirnya mengizinkan Benjamin dibawa ke Mesir. Ketika kita dihadapkan pada situasi yang serba salah, ambillah keputusan dengan akibat buruk yang paling ringan. Tetapi Yakub tidak menyerah begitu saja. Dia tetap mengupayakan yang terbaik walau akibat buruk tidak dapat dihindarkan.

Keputusan Yakub adalah ambillah hasil yang terbaik dari negeri ini dalam tempat gandum, dan persembahkan kepada orang itu sedikit balsem dan sedikit madu, damar, dan buah kemiri, dan buah badam. Bawalah uang dua kali lipat banyaknya uang yang telah dikembalikan ke dalam mulut karung-karung. Itu haruslah kamu bawa kembali. Mungkin itu suatu kekhilafan, tetapi Allah juga adekmu itu bersiaplah dan kembalilah pula kepada orang itu. Allah Yang Mahakuasa kiranya membuat orang itu menaruh belas kasihan kepadamu, supaya ia membiarkan saudaramu yang lain itu beserta Benjamin kembali.

Mengenai aku ini, jika terpaksa aku kehilangan anak-anakku, biarlah juga kehilangan. Yakub akhirnya menyerah. Akhirnya dia berserah. Ini seperti kebanyakan kita: ketika kita tidak lagi melihat jalan keluar, ketika upaya terbaik yang kita rencanakan tidak kita yakini akan menghindarkan kita dari masalah, kita berserah kepada Tuhan. Baik atau buruk hasilnya, kita percayakan kepada kasih Tuhan.

Tetapi sebelum sampai kepada titik ini, Yakub masih berupaya untuk melakukan yang terbaik. Dia kirim persembahan kepada penguasa Mesir yang sebenarnya adalah anaknya sendiri. Dia juga minta supaya uang pembelian yang dulu dikembalikan dikembalikan lagi.

Pelajaran dari situasi yang serba salah ini adalah kita tetap wajib untuk melakukan upaya yang terbaik. Persembahan itu mungkin tidak terlalu perlu dalam kasus ini, tetapi setidaknya itu akan menenangkan hati kita. Jika kita sudah melakukan upaya terbaik, barulah kita berserah kepada Tuhan tentang hasilnya. Karena sifat manusia menuntut kita akan merasa pantas dan layak menyerahkan hasilnya kepada Tuhan setelah kita berupaya yang terbaik.

Jadi pelajarannya adalah ketika situasinya serba salah, berserah dirilah kepada Tuhan. Terimalah apapun hasilnya dalam kasih dan anugerah Tuhan Yang Maha Esa.

Sesampai anak-anak Yakub di Mesir dengan membawa Benyamin, Yusuf telah menyiapkan segalanya. Mereka dibawa ke rumahnya, dan mereka menikmati jamuan makan siang dan bersukaria bersama-sama, walau Yusuf tetap merahasiakan identitas dirinya di hadapan saudara-saudaranya.

Saya ingin menyimpulkan kembali pelajaran kisah ini. Ketika kita menghadapi situasi yang serba salah, pelajarannya adalah jika kita tidak lagi dapat menghindari akibat buruk, pilihlah keputusan dengan akibat buruk yang paling ringan. Tetapi kita tetap wajib untuk berupaya melakukan yang terbaik. Serahkanlah semua masalah kita kepada Tuhan, dan terimalah apapun hasilnya sebagai keputusan Tuhan yang terbaik.

Nah, jadi apa inspirasi dan motivasi dari kisah ini? Ketika situasimu serba salah, berserahlah kepada Allah. Percayakanlah kepada-Nya. Jangan jadikan Dia sebagai upaya terakhirmu, supaya rasa tertekanmu tidak berlarut-larut membelenggu hidupmu. Tetap semangat dalam kehidupan.

KEJADIAN 44

Pada topik pertobatan sejati, naasnya adalah kitab Kejadian Pasal 44. Pada pasal ini, kita melihat saudara-saudara Yusuf mengalami sebuah perubahan yang nyata dalam kehidupan mereka. Pada kedatangan mereka kedua kalinya ke Mesir, mereka dijamu di rumah Yusuf. Disinilah sebenarnya ujian itu akan dimulai. Benyamin mendapatkan hidangan lima kali lebih banyak dari semua saudara-saudaranya. Mereka diuji karena mereka jahat, tega mencelakai saudaranya sendiri ketika rasa cemburu menguasai hati. 22 tahun yang lalu, mereka menjual Yusuf sebagai budak karena ayah mereka lebih mengasihi Yusuf, dan kini Benjamin menggantikan kedudukan Yusuf menjadi yang penuh kasih ayahnya.

Tetapi itu hanyalah sebagian kecil dari rencana Yusuf untuk menguji saudara-saudaranya. Yusuf pun memerintahkan pelayannya untuk memasukkan piala perak miliknya ke karung Benjamin, selain gandum dan uang pembelian yang dikembalikan lagi oleh Yusuf. Yusuf ingin Benyamin nantinya kedapatan mencuri piala perak miliknya, dan melihat bagaimana reaksi saudara-saudaranya nanti. Apakah mereka akan membiarkan Benjamin celaka, karena Benjamin sekarang adalah kesayangan ayah mereka?

Jadi ketika saudara Yusuf mulai meninggalkan kota, pelayan-pelayan Yusuf mengejarnya dan menyampaikan tuduhan seperti yang diinstruksikan Yusuf. Ketika dilakukan penggeledahan, maka kedapatanlah bahwa piala perak itu ada di karung Benyamin. Di hadapan Yusuf, mereka berkata, "Apakah yang akan kami katakan kepada Tuhanku? Apakah yang akan kami jawab? Dan bagaimana kami akan membenarkan diri kami? Allah telah memperlihatkan kesalahan hamba-hambamu ini. Maka kami ini budak Tuanku, baik kami maupun orang pada siapa kedapatan piala itu."

Yehuda sudah berubah. Mereka memang tidak mencuri piala perak. Itu sebab Yusuf sengaja menjebak untuk menguji mereka. Tetapi

22 tahun yang lalu mereka mencuri kebebasan Yusuf. Yehuda lah yang meminta supaya Yusuf dijual kepada pedagang budak, dan sekarang Yehuda, atas nama saudara-saudaranya, mengakui kesalahan itu sebagai kesalahan mereka dan tidak melemparkan kesalahan itu kepada Benyamin sebagai kesalahan Benjamin. Mereka siap untuk menerima konsekuensi dari kesalahan itu. Dulu mereka sudah menjual Yusuf sebagai budak, dan sekarang mereka bersedia menjadi budak.

Ini adalah sebuah perubahan yang luar biasa. Yehuda dia bukan lagi pria yang egois, dia bukan lagi pria yang jahat, dia juga bukan lagi pria yang licik. Ketika Yusuf hanya ingin menjadikan Benyamin saja sebagai budaknya, Yehuda bahkan memberikan dirinya menjadi pengganti adiknya itu. Nah, ini yang dikatakan Yehuda kepada Yusuf: "Tetapi hambamu ini telah menanggung anak itu terhadap ayahku. Jika aku tidak membawanya kembali kepada Bapa, maka Akulah yang berdosa kepada Bapak untuk selama-lamanya. Oleh sebab itu, baiklah hambamu ini tinggal menjadi budak, aku menggantikan anak itu, dan biarlah anak itu pulang bersama-sama dengan saudara-saudaranya." Puji Tuhan, Yehuda berubah. Perubahannya sekarang seperti langit dan bumi. Ini adalah sebuah perubahan nyata, sebuah pertobatan yang sejati.

Pelajaran yang bisa kita petik adalah kita bisa mengalami perubahan hidup yang nyata dengan melakukan ini. Pertama, terimalah didikan Tuhan. Jangan pernah menolaknya atau mencoba untuk menghindarinya. Ucapan Yehuda tadi menunjukkan bahwa dia siap menerima risiko, dia siap untuk dididik Tuhan. "Apakah yang akan kami katakan kepada Tuhanku? Apakah yang akan kami jawab? Bagaimana kami akan membenarkan diri kami? Allah telah memperlihatkan kesalahan hamba-hambamu ini. Maka kami ini budak Tuanku, baik kami maupun orang pada siapa kedapatan piala itu." Jika ini terjadi 22 tahun yang lalu, tidak akan seperti ini. Mereka pasti akan menutupi dosa mereka rapat-rapat, seperti yang mereka lakukan terhadap Yusuf. Mereka melaporkan Yusuf kepada ayah mereka bahwa

Yusuf sudah mati sebab diterkam binatang buas. Tetapi sekarang itu tidaklah. Mereka tidak mencoba untuk membela diri. Ini pertobatan yang sejati, sebuah perubahan yang nyata. Pertobatan bukanlah pertobatan sampai terjadi perubahan yang nyata dalam kehidupan.

Kedua, mengakui dosa. Yehuda berkata, "Allah telah memperlihatkan kesalahan hamba-hambamu ini." Sebenarnya piala itu ditemukan di karung Benjamin, hanya di karung Benjamin. Semua mereka yang lain bisa saja berkata, "Kami tidak mengambilnya," lalu Benjamin juga sebenarnya tidak mengambilnya. Tetapi mereka mengakui kesalahan itu sebagai kesalahan mereka bersama. Tanda pertobatan bagi kita juga sama, bahwa kita bersedia mengakui dosa kita. Bukankah Alkitab berkata bahwa semua orang berbuat dosa dan telah kehilangan kemuliaan Allah? Jadi kapan kita tidak berdosa? Pertobatan sejati dimulai saat kita bersedia untuk mengakui kesalahan dan juga dosa-dosa kita.

Ketiga, meninggalkan dosa. 22 tahun yang lalu, Yehuda dan saudara-saudaranya menghidupi dosa dan seakan hanya itu yang bisa mereka lakukan. Yakub mengirim Yusuf untuk memata-matai mereka, sebab Yakub mengenal betul karakter buruk anak-anaknya. Mereka membenci Yusuf dan menyingkirkan Yusuf secara permanen adalah obsesi mereka. Tetapi kini itu tidak lagi. Yehuda berkata, "Oleh sebab itu, baiklah hambamu ini tinggal menjadi budak Tuanku, menggantikan anak itu, dan biarlah anak itu pulang bersama-sama." Apabila anak itu tidak bersama-sama dengan aku, aku tidak akan sanggup melihat nasib celaka yang akan menimpa ayahku. Ini dia yang sama dengan 22 tahun yang lalu, tetapi sudah berubah. Tidak ada lagi sikap licik, tidak ada lagi sikap egois, tidak ada lagi impuls untuk mencelakai saudaranya sendiri. Yehuda bahkan siap untuk mengorbankan diri, menanggung hukuman yang seharusnya ditanggung oleh Benjamin. Dia betul-betul meninggalkan dosa keegoisannya, dia menjadi sangat peduli dengan adiknya. Pertobatan bukanlah pertobatan sampai kita meninggalkan semua dosa-dosa kita.

Inspirasi dan motivasi dari kisah ini adalah, seperti kita semua bisa jatuh ke dalam dosa, maka seharusnya kita juga bertobat dan meninggalkan semua dosa kita. Siapapun yang melakukan pertobatan, kita sejatinya sedang menunggu perubahan nyata dalam kehidupan kita. Jika bagian Tuhan adalah mengampuni dosa kita, maka bagian kita adalah meninggalkan dosa.

KEJADIAN 45

Kitab Kejadian Pasal 45 berbicara tentang rekonsiliasi. Hubungan adalah hal yang paling penting di dalam hidup ini. Dua perintah utama di dalam Alkitab adalah tentang hubungan. Kasihlah Tuhan Allahmu dengan segenap hatimu, dan dengan segenap jiwamu, dengan segenap akal budimu, dan dengan segenap kekuatanmu. Itu yang pertama. Yang kedua, Kasihlah sesamamu manusia seperti dirimu sendiri.

Hubungan yang retak, perusakan kehidupan-kehidupan menjadi kurang indah, kurang bisa dinikmati, tak terasa sebagai sebuah anugerah. Pada beberapa kasus, hubungan yang buruk menciptakan neraka kehidupan. Yusuf merasakannya 22 tahun yang lalu. Dia dijual kepada pedagang budak oleh saudara-saudaranya. Hubungan yang buruk yang disebabkan jago pilih kasih menimbulkan kebencian dari saudara Yusuf kepadanya, dan hasilnya Yusuf dijual sebagai budak. Tetapi pertemuan kembali setelah 22 tahun terpisah terjadi rekonsiliasi, sungguh hanya karena anugerah Tuhan.

Pada kedatangan kedua kali saudara-saudara Yusuf ke Mesir untuk membeli gandum, Yusuf mengujinya. Kita sudah membahas di bab sebelumnya. Saudara Yusuf sudah berubah, berubah banyak, hampir seperti sebuah mukjizat. Yehuda yang menjual Yusuf karena hatinya penuh dengan kebencian bukan lagi Yehuda yang sama. Dia sekarang menjadi pelindung Benjamin, bahkan bersedia untuk menggantikan Benyamin. Tuhan sudah mengubah hati saudara Yusuf. Mereka sudah bertobat. Sekarang, setelah 22 tahun, karena itu di Pasal 45 ini, Yusuf akhirnya membuka identitasnya yang asli kepada saudaranya.

Ayat 1-3 menggambarkan suasananya seperti ini. Ketika itu Yusuf tidak dapat menahan hatinya lagi di depan semua orang yang berdiri di dekatnya. Lalu berserulah ia, "Suruh keluar semua orang dari sini." Maka tidak ada seorang pun yang tinggal di situ bersama-sama Yusuf ketika ia memperkenalkan dirinya kepada saudara-saudaranya. Setelah itu, menangislah ia keras-keras, sehingga kedengaran kepada orang

Mesir dan kepada seisi istana. Yusuf berkata kepada saudara-saudaranya, "Akulah Yusuf, masih hidup."

Tetapi sesudahnya mereka tidak cepat menjawabnya, sebab mereka takut dan gemetar menghadapi dia. Pastilah saudara-saudaranya sangat terkejut, tak terduga, sama sekali tidak mengira, dan mereka tidak siap. Kengerian meliputi hati mereka. Pasti akan ada balas dendam, tetapi Yusuf tidak balas dendam. Dia meminta mereka mendekat, lalu Yusuf berkata seperti ini kepada saudaranya: "Marilah dekat-dekat." Maka mendekatlah mereka. Katanya lagi, "Akulah Yusuf, saudaramu yang kamu jual ke Mesir, tetapi sekarang janganlah bersusah hati, dan janganlah menyesali diri karena kamu menjual Aku ke sini. Sebab untuk memelihara kehidupan lah Allah menyuruh Aku mendahului kamu. Karena telah 2 tahun ada kelaparan dalam negeri ini, dan selama lima tahun lagi orang tidak akan menanam atau menuai."

Masih banyak lagi yang dikatakan Yusuf kepada saudara-saudaranya. Mereka berdamai, hubungan dipulihkan. Tak akan ada penyair yang sanggup menggambarkan keharuan yang ada di dalam dada. Tak akan ada pelukis yang sanggup melukiskan keindahan hubungan yang dipulihkan.

Topik kita adalah bagaimana memulihkan hubungan yang telah rusak oleh dosa dan juga oleh kejahatan. Yang pertama adalah sikap. Kunci rekonsiliasi adalah sikap. Rekonsiliasi antara Yusuf dan saudara-saudaranya tidak akan pernah terjadi jika Yusuf memendam kemarahan dan dendam. Tetapi sebaliknya, Yusuf pemaaf. Dia murah hati, penuh dengan kasih sayang dan perhatian. Demikian juga dengan saudara-saudaranya. Mereka bertobat, mereka mengakui kesalahannya, mereka tidak membela diri atau mencari selamat sendiri. Sikap mereka menunjukkan penyesalan yang mendalam atas kejahatan mereka terhadap Yusuf di masa yang lalu. Kini Yehuda bahkan menjadi pelindung adiknya dan menjadi pengganti hukuman bagi adiknya.

Kedua, sikap yang sama-sama indah ini bertemu. Maka segala kejahatan di masa lalu dan rasa sakit yang tak terperikan akibat pengkhianatan hilang seketika, sembuh seketika. Hari ini kita mendapatkan pelajaran yang sangat berharga bahwa kunci rekonsiliasi adalah sikap memaafkan dan sikap bertobat. Yusuf dan saudara-saudaranya memulai lembaran yang baru, hubungan yang bahkan belum pernah ada sejak mereka dilahirkan. Mereka sekarang saling mengasihi dan saling menyayangi satu dengan yang lain.

Yang kedua, meyakini campur tangan Tuhan. Yusuf yakin betul tentang hal ini. Katanya, "Sebab untuk memelihara kehidupan lah Allah menyuruh Aku mendahului kamu, karena telah 2 tahun ada kelaparan dalam negeri ini, dan selama lima tahun lagi orang tidak akan menanam atau menuai." Maka Allah telah menyuruh Aku mendahului kamu untuk menjamin kelanjutan keturunanmu di bumi ini, dan untuk memelihara hidupmu, sehingga sebagian besar dari kalian tertolong. Luar biasa. Yusuf memiliki sudut pandang iman yang sulit untuk dipercaya. Ada peranan Allah sehingga dia dijual sebagai budak ke Mesir. Ada peranan Allah sehingga difitnah dan dimasukkan ke dalam penjara. Ada campur tangan Tuhan ketika dia berjumpa dengan kedua pegawai Firaun yang dipenjara dan menafsirkan mimpi mereka. Tuhan yang menghendaki Yusuf ke Mesir dan kemudian menjadikannya sebagai Perdana Menteri untuk menyelamatkan keluarganya, umat pilihan Allah, dari bahaya kelaparan yang mematikan.

Sudut pandang yang jarang sekali dimiliki kebanyakan anak-anak Tuhan. Kita harus berjiwa pemaaf dan murah hati untuk bisa sampai ke pada level ini. Jika tidak, kita hanya akan sibuk mendendam dan menua dalam kepahitan. Pelajaran yang bisa kita petik untuk bisa rekonsiliasi adalah yakini campur tangan Tuhan. Bagaimanapun juga, Tuhanlah yang pegang kendali kehidupan, dan apa yang ada dalam kendali-Nya tidak akan pernah menjadi tidak terkendalikan.

Yang ketiga, jadikan Tuhan pusat kehidupan. Di akhir Kitab Kejadian, ketika saudara Yusuf takut bahwa Yusuf akan balas dendam setelah kematian ayah mereka, Yusuf berkata, "Janganlah takut, sebab kamu memang telah mereka-rekakan yang jahat terhadap Aku, tetapi Allah telah mereka-rekannya untuk kebaikan, dengan maksud melakukan seperti yang terjadi sekarang ini, yakni memelihara hidup suatu bangsa yang besar." Ketika Yusuf sendiri akan mati, Dia berkata, "Tidak lama lagi Aku akan mati. Tentu Allah akan memperhatikan kamu dan membawa kamu keluar dari negeri ini ke negeri yang telah dijanjikannya dengan sumpah kepada Abraham, Ishak, dan Yakub."

Yusuf menempatkan Tuhan di pusat kehidupannya. Rasa sakit pastilah ada saat dia dikhianati dan dijual sebagai budak. Rasa takut pastilah ada saat tiba-tiba dia dilemparkan pada kehidupan yang ia tidak tahu akan menjadi seperti apa. Tetapi sikapnya yang memaafkan, sikap pertobatan saudara-saudaranya, serta keyakinannya bahwa Tuhan campur tangan dan Tuhan menjadi pusat kehidupannya membuat Yusuf dan saudaranya mengalami rekonsiliasi yang indah.

Inspirasi dan motivasi dari kisah ini adalah semua pemaaf adalah orang-orang yang akan selalu memiliki hari yang baru dalam kehidupan mereka. Tetapi semua pendendam akan menua dan sakit-sakitan di dalam kepahitan. Jika kita adalah anak Tuhan, tak ada peristiwa di luar Tuhan, baik dan buruk, yang kita alami yang tidak ada dalam kehendak dan rencana-Nya. Jika kehidupan melemparkan kita pada kesulitan, sejatinya Tuhan sedang menuntun kita untuk merintis jalan baru kesuksesan agar kehendak dan rencana-Nya terlaksana di dalam kehidupan kita.

KEJADIAN 46

Tak ada kisah yang indah selain daripada kisah yang berakhir dengan Happy Ending. Kitab Kejadian Pasal 46 berakhir dengan Happy Ending bagi Yakub. Sebab tak ada orang yang begitu menginginkan kematian selain daripada Yakub. Selama bertahun-tahun dia terus membicarakannya. Ketika pertama kali dia mendengar kabar Yusuf diterkam binatang buas dan tewas, Yakub berkata, "Tidak, aku akan bergabung sampai aku turun mendapatkan anakku ke dalam dunia orang mati."

Pada waktu anak-anaknya meminta izin kepadanya untuk membawa Benjamin ke Mesir untuk memenuhi permintaan Yusuf, Yakub berkata seperti ini: "Anakku itu tidak akan pergi ke sana bersama-sama dengan kamu. Kakaknya telah mati dan hanya dialah yang tinggal. Jika dia ditimpa kecelakaan di jalan yang akan kamu tempuh, maka tentulah kamu akan menyebabkan aku yang ubanan ini turun ke dunia orang mati karena dukacita."

Ketika dikabarkan kepadanya bahwa Yusuf ternyata masih hidup bahkan menjadi perdana menteri di Mesir dan mengirim kereta untuk membawanya ke sana, Yakub berkata, "Cukuplah itu. Anakku Yusuf masih hidup, aku mau pergi melihatnya sebelum aku mati."

Ketika akhirnya Yusuf menemuinya di Goshen, dikatakan: "Sekarang bolehlah aku mati setelah aku melihat mukamu dan mengetahui bahwa engkau masih hidup." Mengapa? Karena Yakub begitu menginginkan kematian. Kita mendapat gambaran pada saat dia berbicara kepada Firaun: "Tahun-tahun pengembaraanku sebagai orang asing berjumlah seratus tiga puluh tahun. Hidupku itu sedikit saja dan buruk adanya, tidak mencapai umur nenek moyangku, yakni jumlah tahun mereka mengembara sebagai orang asing." Ia hampir di sepanjang hidupnya. Yakub merasakan kehidupan yang berat. 130 tahun hidupnya penuh dengan drama, tetapi di usia ke-130, anak-anaknya bertobat. Yusuf yang disangkanya mati ternyata masih hidup, dan Yusuf pun sudah mengampuni saudara-saudaranya. Bahkan di pasal 45 mereka berekonsiliasi. Kini, di usianya yang ke-130, keluarganya utuh kembali. Tak ada kebahagiaan yang lebih indah selain daripada kebahagiaan yang dialami Yusuf.

Usianya yang ke-130, Yakub cukup seperti baru memahami Tuhan, yang selama ini menjadi seperti ban serep bagi hidupnya. Yakub seperti baru memulai kehidupannya di usianya yang ke-130. Karena itu Kitab Kejadian Pasal 46, Yakub mengawali kepindahannya ke Mesir dengan mempersembahkan kurban sembelihan kepada Allah di persembahan Baitullah. Tuhan berfirman kepada Yakub. Yakub sahutnya, "Ya Tuhan." Lalu Firman-Nya: "Akulah Allah, Allah ayahmu. Janganlah takut pergi ke Mesir, sebab Aku akan membuat engkau menjadi bangsa yang besar di sana. Aku sendiri akan menyertai engkau pergi ke Mesir, dan tentulah Aku juga akan membawa engkau kembali. Dan tangan Yusuflah yang akan mengatupkan kelopak matamu nanti."

Yakub mengawali dengan korban sembelihan kepada Allah. Dia membutuhkan jaminan dari Tuhan, dia juga butuh bimbingan Tuhan. Mengapa? Karena Mesir bukanlah negeri yang dijanjikan Tuhan. Ketika dulu pernah terjadi kelaparan, kakeknya Abraham mengungsi ke Mesir, dan di Mesir dia mendapat masalah. Jadi Yakub tak ingin asal melangkah. Yakub bukanlah lagi seperti dahulu. Kehidupannya yang baru dimulai di usia 130 tahun, betul-betul bertobat. Tidak apa-apa, sebab tidak ada kata terlambat untuk bertaubat, tetapi ini tidak untuk ditiru karena umur kita tidak akan sampai 130.

Korban sembelihan ini sedikit berbeda dengan ungkapan sebelumnya yang menggunakan istilah membangun mezbah dan memanggil nama Tuhan. Secara fisik, bangunan mezbah itu mungkin sudah ada, tetapi Yakub merasa perlu untuk memberikan korban perdamaian bagi Tuhan. Kabar bahwa Yusuf masih hidup dan menjadi perdana menteri di Mesir membongkar kejahatan anak-anaknya yang menjual Yusuf sebagai budak. Ada terlalu banyak drama dan dosa dalam keluarga Yakub, dan Yakub ini mendapat perdamaian dengan surga atas dosa keluarganya.

Kurban sembelihan juga merupakan ungkapan syukur kepada Allah atas rahmat-Nya yang tak pernah berhenti di dalam hidupnya. Yusuf masih hidup, bahkan menjadi perdana menteri di Mesir. Keluarganya juga diselamatkan dari bala kelaparan yang hebat. Tetapi tidak hanya itu, kurban sembelihan itu juga merupakan ungkapan hati Yakub yang gentar karena harus memindahkan seluruh keluarganya ke Mesir. Dia tidak ingin salah. Mesir bukan tanah perjanjian. Yakub tak ingin menjauhkan keluarganya dari janji Tuhan kepada Abraham.

Tuhan memahami Yakub, karena itu Tuhan memanggil namanya dengan nama Yakub, bukan nama Israel, nama barunya. Tuhan memanggilnya dengan nama yang lama, nama yang mengidentikkan dirinya dengan kelemahan. Yakub sedang dalam keadaan yang lemah sekarang. Mesir menggetarkan hatinya. Mesir bertentangan dengan sejarah keluarganya, tetapi karena tanah sedang dilanda kelaparan yang hebat, Yakub dihadapkan pada situasi dilematis. Dia tidak bisa mengambil keputusan, karena itu ia mempersembahkan kurban sembelihan.

Tuhan berfirman kepadanya: "Akulah Allah, Allah ayahmu, janganlah takut pergi ke Mesir, sebab Aku akan membuat engkau menjadi bangsa yang besar di sana." Mesir bukanlah pilihan yang salah. Mereka akan musnah jika tidak mengungsi ke Mesir. Tetapi Mesir juga adalah tempat isolasi sementara agar Israel tetap terjaga kemurniannya sebagai umat pilihan Allah. Yakub sudah melakukan kesalahan dengan menikahi wanita-wanita dan melahirkan anak-anak yang jahat di mata Tuhan. Tindakan Yehuda ini tidak membutuhkan waktu yang lama, pasti akan diikuti adiknya juga jika Tuhan tidak segera mengirim Yakub dan keluarganya untuk tinggal di Mesir sementara waktu. Mesir akan menjadi tempat persiapan lahirnya umat pilihan Allah.

Ada tiga janji Tuhan yang menentramkan hati Yakub. Yang pertama, janji penyertaan Tuhan. Tuhan berfirman: "Aku sendiri akan menyertai engkau pergi ke Mesir." Di Mesir, Yakub tidak akan sendirian. Mungkin jelas bagi Yakub sekarang mengapa dulu Tuhan memberinya mimpi tangga yang membentang dari bumi ke surga, dan malaikat Tuhan naik turun melalui tangga itu. Tuhan sedang menanamkan iman kepada Yakub bahwa dia tidak mengenal batas teritorial. Mesir boleh saja negeri kafir, tapi Tuhan akan ada di sana menyertai umat-Nya.

Janji kedua yang Tuhan berikan adalah jaminan untuk mengembalikan Yakub ke tanah Kanaan. Tuhan berfirman: "Dan tentulah Aku juga akan membawa engkau kembali." Jika Tuhan yang mengirimnya ke Mesir, Mesir tidak akan dapat menjauhkan umat Tuhan dari janji Tuhan. Tanah Kanaan akan tetap menjadi milik keturunan Abraham. Itu sebabnya Yakub tidak usah takut.

Janji Tuhan yang ketiga adalah bahwa keluarganya akan kembali utuh. Tuhan berfirman: "Dan tangan Yusuflah yang akan mengatupkan kelopak matamu nanti." Tuhan menjamin akan memulihkan keluarganya, walau Yakub sendiri yang sebenarnya merusakkannya.

Bisakah kita bayangkan apa yang dirasakan oleh Yakub? Yakub serasa memulai kembali kehidupannya di usianya yang ke-130. Baginya, semua ada di dalam garis rencana Tuhan. Tanpa ragu lagi, Yakub memindahkan seluruh keluarga besarnya ke Mesir. Itu sebabnya pada Pasal 46 ini dituliskan silsilah Yakub, seluruh keluarganya tanpa kecuali, pindah ke Mesir. Di Mesir itu pula Yakub bertemu dengan Yusuf. Janji Tuhan digenapi.

Pelajaran dari kisah ini adalah: tak ada kata terlambat untuk bertobat dan memulai kembali hidup yang benar di hadapan Allah. Satu-satunya "terlambat" untuk bertaubat adalah besok. Jadi bertobatlah sekarang. Jangan tunggu esok hari. Inspirasi yang bisa kita petik dari kisah ini adalah kita tak dapat membayangkan betapa bahagianya Yakub. Jika kebahagiaan adalah penting bagimu, jangan pernah menunda bahagiamu dengan menunda pertobatanmu. Itu inspirasi sekaligus motivasi bagi kita semua. Tetap semangat dalam kehidupan.

KEJADIAN 47

Sungguh ajaib. Tuhan jalannya tidak terselami. Apa yang disangka sebagai musibah ternyata menjadi sebuah berkah. Yusuf dijual sebagai budak ke Mesir, tetapi dia ada di sana bukan untuk sebuah kesengsaraan, melainkan untuk sebuah rencana Tuhan yang hebat. Yusuf menjadi juruselamat.

Kitab Kejadian Pasal 47. Pada pasal ini, Yakub membawa keluarganya pindah ke Mesir. Mesir sendiri, sama seperti semua wilayah lain, sedang mengalami bencana kekeringan. Namun Yusuf sudah mengantisipasinya selama masa tujuh tahun kelimpahan sebelum datang masa kelaparan tujuh tahun. Yusuf menimbun bahan makanan untuk Mesir. Jadi ketika datang masa kekeringan selama tujuh tahun, Mesir memiliki cadangan makanan yang cukup untuk menyelamatkan rakyat, bukan hanya rakyat Mesir, tetapi juga rakyat dari negara lain.

Jadi ke sanalah Tuhan membawa Yakub dan keluarganya untuk tinggal. Dengan murah hati, Ia menyuruh Yusuf untuk menempatkan keluarganya di wilayah terbaik di negeri itu, yaitu Goshen. Goshen adalah daerah yang subur. Di sana Yusuf memelihara ayahnya dan saudara-saudaranya dengan makanan yang cukup untuk semuanya. Tetapi di sisi lain, di luar wilayah Goshen, kelaparan melanda hebat. Rakyat mengalami kesulitan untuk bertahan hidup. Mereka membelanjakan seluruh uangnya, tetapi itu tidak cukup. Mereka menjual seluruh harta miliknya, termasuk ternak, ladang, dan rumah.

Tujuh tahun adalah masa kekeringan yang sangat panjang. Akhirnya, mereka menjual diri menjadi hamba Firaun demi tetap hidup. Jadi Yusuf adalah juruselamat, tidak hanya bagi keluarganya, tetapi juga bagi seluruh rakyat Mesir.

Melalui Pasal 47 ini, terungkap tiga rencana Tuhan bagi umat-Nya. Yang pertama, Tuhan memelihara umat-Nya. Tuhan memelihara keluarga Yakub dari bencana kelaparan yang hebat. Sebagai pendatang, Yakub dan keluarganya ditempatkan di wilayah terbaik di Mesir.

Goshen adalah wilayah subur; tanahnya sangat cocok untuk pertanian dan menggembalakan domba. Walaupun dunia sedang dilanda kekeringan dan kelaparan hebat, umat Tuhan tetap terpelihara. Ayat 12 mengatakan: "Dan Yusuf memelihara ayahnya, saudara-saudaranya, dan seisi rumah ayahnya dengan makanan menurut jumlah anak-anak mereka."

Keadaan sebaliknya terjadi di luar wilayah Goshen. Yusuf membuat gambaran kontras mengenai keadaan ini. Rakyat Mesir bersusah payah menghadapi bencana kelaparan. Mereka harus menjual satu per satu harta mereka sampai habis, tak bersisa, sehingga akhirnya mereka menghambakan diri kepada Firaun demi bisa bertahan hidup. Ayat 27 dikatakan: "Maka diamlah Israel di tanah Mesir, di tanah Goshen, dan mereka menjadi penduduk di situ. Mereka beranak cucu dan sangat bertambah banyak."

Ini adalah sebuah keajaiban. Umat Tuhan makmur di negeri tumpangan mereka di tengah-tengah bencana kelaparan. Tetapi di Mesir itu pula mereka dipisahkan dari kehidupan masyarakat. Yusuf dengan sengaja menjaga mereka. Yusuf menempatkan mereka di Goshen agar pekerjaan mereka sebagai penggembala domba bagi orang Mesir tetap terjaga. Penggembala domba adalah suatu kekejian bagi orang Mesir. Yusuf tidak ingin Firaun berpikiran untuk mempekerjakan saudara-saudaranya di pemerintahan dan berbaur dengan penduduk setempat, sehingga kemurniaan umat Tuhan lama-kelamaan tetap terjaga. Di Goshen, umat Tuhan terpelihara dan terjaga kemurniannya.

Yang kedua, umat Tuhan menjadi berkat bagi yang lain. Ayat 7 mengatakan: Yusuf membawa juga Yakub, ayahnya, menghadapi Firaun, lalu Yakub memohonkan berkat bagi Firaun. Begitu juga yang dikatakan di ayat 10: "Lalu Yakub memohonkan berkat bagi Firaun." Sesudah itu, keluarlah ia dari depan Firaun. Seperti doa Yakub, Firaun diberkati. Melalui pemerintahan Yusuf, seluruh uang di Mesir dihabiskan untuk membeli gandum, dan uang itu dikumpulkan di istana Firaun menjadi kekayaan Firaun. Seluruh harta orang Mesir, ternak, tanah, dan rumah dijual kepada Firaun untuk mendapatkan bahan makanan. Ayat 20 menggambarkannya: "Lalu Yusuf membeli segala tanah orang Mesir untuk Firaun, sebab orang Mesir itu masing-masing menjual ladangnya karena berat kelaparan yang menimpa mereka." Demikianlah negeri itu menjadi milik Firaun di bawah pemerintahan Yusuf. Firaun semakin kaya, dan rakyat terpelihara. Ini adalah awal penggenapan janji Tuhan bahwa keturunan Abraham akan menjadi berkat bagi bangsa-bangsa.

Rencana Tuhan yang ketiga adalah umat Tuhan harus tetap setia kepada panggilan utamanya. Sesukses dan semakmur apapun, Mesir bukanlah negeri perjanjian. Allah yang Tuhan akan berikan kepada keturunan Abraham adalah tanah pusaka, tanah milik mereka. Umat Tuhan harus tetap setia kepada perjanjian ini. Meskipun Yusuf menunjukkan kepada ayah dan saudaranya tempat untuk menetap dan memberikan mereka tanah di Mesir, hanya ada satu tanah bagi Israel, yaitu Kanaan.

Karena itu, menjelang kematiannya, Yakub memanggil Yusuf dan membuatnya bersumpah bahwa ia akan menguburkannya di Kanaan. Suatu hari nanti, anak cucunya akan kembali ke Kanaan dan menjadi bangsa yang besar di sana, sesuai dengan perjanjian Tuhan kepada Abraham.

Pelajaran dari kisah ini: ketika umat Tuhan mempunyai tujuan, Tuhan memeliharanya bahkan memberikan kemakmuran. Sekalipun kita tengah-tengah bencana atau kelaparan, ketaatan dan kesetiaan membuat Tuhan menjamin hidup umat-Nya. Ini adalah inspirasi dan motivasi bagi kita: ketika kita melakukan bagian kita, Tuhan akan melakukan bagian-Nya. Tidak usah kita bertanya, "Kapan Tuhan akan memberkati kita?" Yang penting adalah: sudahkah kita melakukan bagian kita yang ditentukan Tuhan untuk kita lakukan?

KEJADIAN 48

Kejadian pasal 48 adalah momen yang terbaik dari Yakub. Jika tidak, penulis surat Ibrani tidak akan menjadikannya sebagai contoh iman. Ibrani pasal 11 ayat 21 berkata, karena iman maka Yakub ketika hampir waktunya akan mati memberkati kedua anak Yusuf, lalu menyembah sambil bersandar pada kepala tongkatnya.

Mengapa pasal ini menjadi momen terbaik Yakub? Tindakan Yakub selama hidupnya tidak selalu sesuai dengan imannya. Arti konotatif dari namanya, si penipu, menunjukkan kekesalan orang akan perilakunya itu, Yakub. Tetapi dia percaya Tuhan yang menerima janji. Tuhan berkat Abraham turun ke atasnya, dan di episode ini dia sama sekali tidak ragu dengan janji itu.

Apa yang belum digenapi Tuhan di dalam hidupnya diteruskannya kepada anak cucunya. Yakub sangat mempercayai Tuhan. Dia akan mewariskan iman itu dan juga janji Tuhan kepada keturunannya. Kita lihat bagaimana iman ini diwariskan.

Yang pertama, Yakub yakin terhadap janji Tuhan. Ketika dikabarkan kepada Yusuf bahwa Yakub sedang sekarat, Yusuf datang segera membawa kedua putranya, Manase dan Efraim. Yakub berkata, "Allah Yang Mahakuasa telah menampakkan diri kepadaku di Luz, di tanah Kanaan, dan memberkati aku, serta berfirman kepadaku, 'Akulah yang membuat engkau beranak cucu, dan Aku akan membuat engkau bertambah banyak dan menjadi sekumpulan bangsa-bangsa. Aku akan memberikan negeri ini kepada keturunanmu, jadi miliknya sampai selama-lamanya.'"

Ini janji Tuhan. Yakub menerimanya dan ia pegang teguh janji itu. Ini menjadi momen yang tak terlupakan. Tuhan memberinya mimpi sejumlah malaikat naik turun tangga yang membentang dari bumi ke surga, lalu Tuhan menyampaikan janjinya kepada Yakub. Bagi Yakub, ini adalah momen iman. Momen iman yang dibangkitkan Tuhan, berjanji menyertai Yakub, memberkatinya, dan menjadikannya sekumpulan bangsa-bangsa, bangsa yang besar. Janji kepada Abraham itu Tuhan sampaikan kepada Yakub.

Bagi Yakub, ini momen iman yang takkan terlupakan. Di sana Yakub mendirikan tugu peringatan, dan di kemudian hari mendirikan mezbah dan memanggil nama Tuhan. Dari Yakub kita belajar bahwa hanya meyakini janji Tuhan itu adalah bagian dari mempercayai Tuhan.

Apa yang dilakukan Yakub ini bisa menjadi contoh bagi kita semua. Pengalaman rohani kita, momen penting yang terjadi dalam hidup kita, adalah momen iman. Kita harus mengingatnya sesering mungkin, membicarakannya sesering mungkin, menceritakannya sesering mungkin sebagai sebuah kesaksian yang mendukung iman.

Pertanyaannya, apakah ini tidak salah? Tentu ini tidak salah. Kita tidak beriman kepada pengalaman, tetapi pengalaman meneguhkan iman. Warisan yang paling berharga bukanlah harta dunia, tetapi iman kepada Tuhan. Karena itu, yang membawa kepada keselamatan yang kekal. Kita dapat melakukannya seperti Yakub melakukannya. Ceritakanlah momen-momen imanmu kepada anak cucumu, karena kesaksian iman akan selalu meneguhkan iman anak cucu kita.

Yang kedua, kasih karunia. Semua adalah karena kasih karunia Tuhan saja. Ini adalah kebenaran yang indah yang harus diwariskan. Pada waktu memberkati cucunya, Yakub dengan sengaja menyilangkan tangannya supaya tangan kanannya memegang kepala Efraim, anak Yusuf yang bungsu, dan tangan kirinya memegang kepala Manase, anak Yusuf yang sulung. Tentu ini tidak seperti yang direncanakan Yusuf, tetapi Yakub melakukannya.

Mengapa? Karena berkat yang utama diberikan kepada anak yang bungsu. Efraim menerima pernyataan dari Allah bahwa Efraim lah yang akan menjadi terkemuka di atas Manase di antara suku-suku Israel. Walau faktanya itu tidak terjadi dalam waktu yang dekat, Musa menunjukkan imannya dengan mencatat nubuatan ini yang belum digenapi di masa hidupnya, tetapi pada akhirnya semua terjadi sesuai dengan kehendak Tuhan. Efraim tumbuh menjadi besar, lebih menonjol daripada Manase.

Apakah Efraim lebih hebat daripada Manase? Sama sekali tidak. Yakub telah belajar sebuah prinsip ilahi yang sangat penting, bahwa berkat Tuhan atas kita adalah semata-mata karena kasih karunia-Nya. Tuhan tidak memberkati kita karena jasa kita. Prinsip ilahi ini tentu bertentangan dengan prinsip dunia. Jika dunia yang memilih, pastilah dunia memilih Esau yang terampil sebagai pemburu gagah dan pekerja keras. Tetapi Tuhan memilih Yakub, si penipu. Jika dunia yang memilih, pastilah dunia memilih Manase sebab dia adalah anak tertua, tetapi Tuhan memiliki rencana, ada Yusuf yang lebih muda, untuk mengajarkan bahwa semua adalah karena kasih karunia saja. Prinsip ini adalah prinsip keselamatan kita. Kita diselamatkan karena kasih karunia Tuhan.

Jika prinsip ini diwariskan kepada anak cucu kita, kita akan memiliki keturunan yang bergantung kepada Allah, keturunan yang rendah hati, dan keturunan yang mengerti hakekat keselamatan hanyalah semata-mata dari Tuhan.

Yang ketiga, pengharapan. Wariskan pengharapan masa depan yang indah di dalam Tuhan. Kepada Yusuf, Yakub berkata, "Tidak lama lagi aku akan mati, tetapi Allah akan menyertai kamu dan membawa kamu kembali ke negeri nenek moyangmu. Dan sekarang aku memberikan kepadamu sebagai kelebihanmu daripada saudaramu, suatu punggung gunung yang kurebut dengan pedang dan panahku dari tangan orang Amori." Pesan penting, Yakub bukanlah punggung gunung yang direbutnya dari tangan orang Amori, tetapi tanah Kanaan, karena di situlah masa depan keturunan Abraham.

Pengharapan akan masa depan ini penting untuk diwariskan. Harus dijaga agar selalu tetap menjadi iman di tiap-tiap generasi keturunan Abraham. Bagaimanapun hebatnya posisi Yusuf, Mesir bukanlah tanah yang dijanjikan Tuhan. Keturunan Abraham tidak akan menggenapi janji Tuhan jika mereka tetap tinggal di negeri tumpangan mereka di Mesir.

Pengharapan yang indah tentang masa depan adalah warisan yang berharga bagi anak cucu kita. Itu akan menjaga imannya kepada Tuhan, menjaga semangat kehidupan tetap menyala, menggerakkan umat Tuhan untuk mendaki tangga kehidupan, dan bertahan di setiap badai cobaan. Harapan akan masa depan akan menautkan iman umat Tuhan kepada Tuhan sampai selama-lamanya.

Jadi, ini pelajarannya: wariskan keyakinan tentang janji Tuhan, wariskan pemahaman bahwa semua adalah karena kasih karunia Tuhan, dan wariskan pengharapan akan masa depan di dalam Tuhan. Jika kita ingin memetik inspirasi dan motivasi dari kisah ini, inilah yang harus kita petik. Warisan yang berharga bukanlah harta dunia, tetapi iman kepada Tuhan. Karena dari iman itu, anak cucu kita akan memiliki semua yang indah yang Tuhan sediakan bagi umat-Nya sebagai anugerah.

KEJADIAN 49

Berdasarkan Kitab Kejadian pasal 49, pasal ini adalah kata-kata terakhir Yakub. Seperti yang dijelaskan oleh ayat 33, setelah Yakub selesai berpesan kepada anak-anaknya, ditariknyalah kakinya ke atas tempat berbaring dan meninggal. Ah iya, maka ia dikumpulkan kepada kaum leluhurnya.

Jadi, apa yang diucapkan Yakub ini sangatlah penting. Dia adalah Bapak Bangsa. Keturunannya akan menjadi bangsa yang besar, dan melalui keturunannya pulalah lahirlah Juruselamat. Pesan terakhir Yakub berisi berkat dan nubuatan, namun ditulis dalam bentuk puisi, puisi Ibrani. Jadi, apa yang diucapkan Yakub pastilah sudah dipikirkannya sebelumnya, matang-matang.

Pada ayat pertama dikatakan, kemudian Yakub memanggil anak-anaknya dan berkata, "Datanglah berkumpul, supaya kuberitakan kepadamu apa yang akan kamu alami di kemudian hari." Yakub menyampaikan nubuatan kepada anak-anaknya bukan sebagai nubuatan pribadi, tetapi sebagai pemimpin suku. Musa menuliskan ini karena dia ingin Israel melihat keadaan mereka saat ini, yang sedang berjuang untuk memiliki tanah perjanjian, dan melihatnya di dalam terang rencana Allah. Akan ada banyak pertempuran yang tidak mudah. Iman mereka tidak boleh goyah. Mereka sedang menggenapi janji Tuhan.

Musa juga ingin Israel selalu memiliki harapan bahwa pasti akan ada keselamatan dari Allah, karena Mesias akan lahir dari bangsa ini. Ada beberapa jabatan penting dari berkat dan nubuatan ini yang disampaikan oleh Yakub.

Yang pertama, emosi yang tidak terkendali akan merugikan diri sendiri. Kepada Ruben, Yakub menyampaikan bahwa Ruben kuat, tetapi ketidaksanggupan untuk mengendalikan nafsunya membuat dia kehilangan keunggulannya. Ruben tidur dengan gundik ayahnya, dan dia kehilangan posisinya dalam keluarga sebagai pewaris utama.

Mungkin apa yang dilakukan Ruben bukan tentang godaan seksual, ini mungkin lebih bersifat politis. Ruben melawan keputusan ayahnya yang memilih Yusuf sebagai pemimpin keluarga. Ruben tidak menerimanya, lalu dia mengambil gundik ayahnya sebagai simbol hak untuk memerintah keluarga. Ruben memiliki nafsu yang tak terkendali tentang kekuasaan. Dia memperjuangkannya dengan caranya sendiri yang salah, dan Ruben ditolak. Dia kehilangan kekuasaan dan keunggulannya.

Begitu juga dengan Simeon dan Lewi. Keduanya tidak mampu mengendalikan amarahnya sehingga kemarahannya berubah menjadi tindakan jahat yang licik dan keji. Ketika adiknya Dina diperkosa, Simeon dan Lewi menggunakan perjanjian suci Abraham tentang sunat untuk menipu semua laki-laki di kota Siqem, dan membantai mereka secara keji serta merampas seluruh ternak mereka. Keturunan Simeon dan Lewi akan diserahkan di antara suku-suku yang lain. Emosi yang tak terkendali hanya akan merugikan diri sendiri.

Yang kedua, pilihan Tuhan adalah berdasarkan kasih karunia-Nya, bukan karena jasa manusia. Yusuf yang sudah punya dosa besar di masa lalunya, dia lah yang memutuskan untuk menjual Yusuf sebagai budak, dia pula yang berinisiatif membohongi ayahnya bahwa Yusuf mati diterkam binatang buas. Yehuda juga punya insiden yang memalukan dengan Tamar. Tetapi lihatlah apa yang terjadi di bawah pimpinan Roh Allah. Yakub mengucapkan berkat terbesar untuk Yehuda. Dia akan memerintah saudara-saudaranya, mengalahkan musuhnya, dan sangat diberkati dengan kemakmuran dan kejayaan. Dari keturunannya akan lahir Mesias, sang Juruselamat. Berkat Yehuda bahkan lebih berkat Yusuf.

Musa ingin menunjukkan kepada Israel bahwa jika seseorang berbalik kepada Tuhan dan bertobat seperti yang dilakukan Yehuda, Tuhan akan memberkati mereka dan memberinya kasih karunia. Tuhan tidak perduli seberapa besar dosanya, perdebatan mendatangkan berkat yang indah dan kasih karunia Allah.

Yang ketiga, apa yang tidak kita kuasai akhirnya akan menjadi yang menguasai kita. Nubuatan Yakub untuk Zebulon adalah Zebulon akan berdiam di tepi pantai laut dan menjadi pangkalan kapal, dan batasnya akan bersisik dengan Sidon. Sedangkan Isakhar kuat tetapi malas, sehingga mereka tidak akan dapat menaklukkan Siqem. Malahan, mereka menjadi budak bagi musuhnya. Zebulon sendiri akhirnya wilayahnya tidak mencapai pantai dan tidak sampai Sidon. Nah, apa yang tidak kita kuasai akhirnya akan menguasai kita.

Yang keempat, Tuhan menobatkannya sebagai hakim bagi Israel. Dan Isakhar, anak Yakub dari Pilha, diberikan Rachel untuk menggambarkan keadilan Tuhan, dan Yakub menubuatkannya sesuai dengan namanya.

Yang kelima, Gad dinubuatkan akan selalu mendapatkan gangguan dari kerajaan tetangganya, namun dia akan menyerang balik mereka dari belakang. Sedangkan Asyer akan mewarisi daerah yang subur dan melayani para raja. Naftali akan memiliki anak-anak yang indah, sedangkan Yusuf dinubuatkan akan mengalami kemakmuran dan kelimpahan. Berkatnya digambarkan seperti pohon buah-buahan di tepi air. Tuhan senantiasa melindunginya, dan berkat Yakub akan turun ke atasnya. Masa depannya berkelimpahan dengan berkat Tuhan. Benjamin diberkati seperti serigala yang menerkam mangsanya dan membagi-bagikan jarahannya. Ini merupakan nubuatan kesuksesan bagi Benjamin.

Pelajaran yang dapat kita petik dari berkat nubuatan Yakub untuk anak-anaknya, antara lain:

Masa lalu menentukan masa depan. Karena itu berhati-hatilah dalam melangkah, karena apa yang kita lakukan sekarang ini akan berdampak besar di masa depan. Sebagian masa depan kita dibentuk oleh masa lalu kita.

Seberapapun besarnya dosa kita di masa lalu, jika kita bertobat, maka seperti Yehuda, Tuhan akan memberkati kita dan memberikan kasih karunia yang indah. Tidak hanya dikaruniai kekuasaan untuk memerintah saudara-saudaranya, tetapi dari keturunannya lahirlah raja yang hebat, Raja Daud, raja yang termasyhur, dan juga lahir Juruselamat, Yesus Kristus.

Nafsu yang tidak terkendali, keserakahan yang tak terkontrol, akhirnya hanya akan merugikan diri sendiri. Ruben kehilangan posisi dan hak kesulungannya, sedangkan Simeon dan Lewi terserak di antara suku-suku Israel, tidak memiliki wilayah kekuasaannya sendiri.

Apa yang tidak kita taklukkan pada akhirnya akan menaklukkan kita. Isakhar menaklukkan musuhnya, akhirnya menjadikan saudaranya menjadi budak bagi musuhnya.

Sukses terletak di dalam Tuhan. Semua berkat indah yang diterima Zebulon, Naftali, Asyer, Yusuf, dan Benjamin adalah dari Tuhan.

Inspirasi dan motivasi bagi kita, sejatinya, semua adalah karena kasih karunia Tuhan semata. Jalanilah hidup dengan ketaatan, kerendahan hati, dan ketulusan. Keindahan hidup adalah bagi mereka yang ikhlas menjalani perannya yang ditetapkan Tuhan dalam kehidupan ini.

KEJADIAN 50

Sampai pada Kitab Kejadian pasal yang ke-50. Kejadian pasal 50 ini dibagi dalam tiga bagian. Berikut yang pertama adalah tentang kematian dan penguburan Yakub. Musa menuliskan bagian ini supaya pembacanya, umat Israel yang masih di padang gurun dan sedang berjuang menuju Tanah Kanaan, memegang teguh perjanjian Allah tentang tanah perjanjian. Yakub hanya memiliki sebidang tanah pemakaman yang kecil, dikarenakan ia ingin dikuburkan di sana, bukan di Mesir. Mesir bukanlah tanah perjanjian walau Gosyen sangat luas dan subur. Tuhan menjanjikan tanah Kanaan kepada Abraham dan keturunannya, bukan di Mesir.

Ketika Yakub meninggal, Yusuf sangat berduka. Ayat 1 berkata, lalu Yusuf merebahkan dirinya, mendekap muka ayahnya, serta menangisi dan mencium dia. Yusuf berkabung selama tujuh hari di Mesir, dan kemudian tujuh hari dikarenakan dukacita seorang yang dikasihi adalah sesuatu yang normal. Yusuf tidak kurang iman atau kurang rohani karena dia berdukacita. Kematian bukanlah sesuatu yang asing dalam kehidupan. Kematian adalah kutukan Tuhan atas jatuhnya manusia ke dalam dosa. Walaupun Yesus menebus dosa manusia, Tuhan tidak menghapus kematian itu. Sebabnya, kematian masih menjadi duka bagi keluarga yang ditinggalkannya. Baru nanti ketika langit menjadi baru dan bumi menjadi baru, maka takkan lagi ada kematian. Meskipun kematian mendatangkan dukacita, orang percaya tetap memiliki pengharapan pada janji Allah. Yakub menyebutnya bahwa melalui kematiannya dia akan dikumpulkan nanti bersama dengan leluhurnya. Sejatinya, jiwa umat Tuhan akan dikumpulkan dengan jiwa leluhurnya di dalam surga.

Pada bagian berikutnya, terdapat sebuah rekonsiliasi yang indah. Saudara-saudara Yusuf memohon pengampunan atas kejahatan besar yang dulu pernah mereka lakukan kepada Yusuf. Yusuf berulang kali mengalami luka dalam hidupnya. Dia dibenci saudaranya, dia direncanakan untuk dibunuh, tetapi akhirnya dijual sebagai budak. Menjadi budak Potifar, dia memberikan kejujuran dan kesetiaannya, tetapi dia dituduh melakukan percobaan pemerkosaan. Yusuf harus mendekam di dalam penjara selama bertahun-tahun, dan dipenjara itu akhirnya dilupakan oleh orang yang ditolongnya.

Setelah kematian ayahnya, Yusuf khawatir bahwa dia akan balas dendam. Belajar dari Yusuf, ini sikap yang paling tepat supaya kita memiliki sikap pengampunan. Yang pertama, hormati hak Allah. Jangan pernah mengambil hak yang hanya dimiliki oleh Allah. Dalam Kejadian 50:19, Yusuf menjawab kepada saudara-saudaranya, "Janganlah takut, sebab aku ini pengganti Allah." Jika kita paham bahwa pembalasan adalah hak Allah, maka tidak ada hak bagi kita untuk balas dendam. Dan jika kita jujur dengan diri sendiri, bukankah ketika kita salah kita ingin diampuni oleh Tuhan? Maka begitulah seharusnya sikap kita, menolak untuk balas dendam dan bersikap mengampuni.

Yusuf menempatkan diri di bawah kedaulatan Tuhan. Yusuf juga melihat dan mengalami sendiri bahwa kejahatan tidak dapat menggagalkan rencana Tuhan. Di Mesir, saudara-saudara Yusuf menyembahnya seperti yang dinyatakan Tuhan lewat mimpi Yusuf yang kedua. Untuk dapat mengampuni, percayalah bahwa Tuhan baik dalam segala cara yang diizinkannya terjadi dalam hidup kita. Dalam ayat 20, Yusuf menenangkan saudara-saudaranya, "Memang kamu telah mereka-rekakan yang jahat terhadap aku, tetapi Allah telah mereka-rekannya untuk kebaikan, dengan maksud melakukan seperti yang terjadi sekarang ini, yakni hidup suatu bangsa yang besar." Tuhan tidak pernah meninggalkan Yusuf. Tuhan tetap berperan. Tuhan mendesain ulang musibah Yusuf menjadi sesuatu yang tak ternilai indahnya. Kisah Yusuf di Mesir di desain ulang Tuhan untuk menyelamatkan keluarganya dari kemusnahan dan menjaga keturunan Abraham. Ini menggenapi rencana Tuhan.

Jika kita percaya bahwa Tuhan baik dalam segala cara yang diizinkannya terjadi di dalam hidup kita, maka tak ada musibah yang hanya berarti musibah. Semua keburukan yang menimpa kita di tangan Tuhan akan di-desain-Nya menjadi mahakarya yang indah di dalam hidup orang percaya.

Pada bagian berikutnya, Musa menuliskan tentang kematian Yusuf. Dia meninggal pada usia 110 tahun. Sesuatu yang penting untuk digarisbawahi adalah imannya. Yusuf memiliki iman yang menatap masa depan. Katanya kepada saudaranya, "Tidak lama lagi aku akan mati. Tentu Allah akan memperhatikan kamu dan membawa kamu keluar dari negeri ini ke negeri yang telah dijanjikannya dengan sumpah kepada Abraham, Ishak, dan Yakub. Tentu Allah akan memperhatikan kamu. Pada waktu itu kamu harus membawa tulang-tulangku dari sini." Semua anak-anak Yakub memegang iman tentang tanah perjanjian. Mereka akan berada hidup sebagai suatu bangsa, umat pilihan Allah, untuk menggenapi rencana Tuhan dan menjadi berkat bagi segala bangsa.

Nah, apa yang bisa kita petik sebagai pelajaran dari Kitab Kejadian pasal 50 ini?

Yang pertama, dukacita karena kematian adalah sesuatu yang wajar, namun orang percaya tetap memiliki pengharapan akan janji Tuhan. Surga adalah tujuan, sedangkan kehidupan di dunia ini adalah latihannya.

Yang kedua, tugas kita adalah mengampuni. Orang percaya tidak punya hak untuk balas dendam. Jika kita memiliki iman yang dapat melihat perkara-perkara iman, maka penderitaan adalah selubung dari kebaikan Tuhan yang disiapkannya bagi kita di masa depan.

Yang ketiga, bagi orang percaya, Mesir hanyalah sebuah bayangan dari janji Tuhan yang sesungguhnya. Kita semua sedang menuju negeri perjanjian surgawi. Ke sanalah mata iman kita harus memandang.

Apakah inspirasi dan motivasi dari pasal ini? Kehidupan di dunia hanyalah sebuah perjalanan. Tujuan kita yang sesungguhnya adalah

Rumah Bapa di surga. Jangan jalani perjalanan ini dengan dendam, dengan kebencian, atau dengan kemarahan. Tak ada keburukan atau peristiwa buruk yang menimpa orang percaya, sebab sejatinya hanya kebaikanlah yang akan kita jumpai di dalam Tuhan.

FAKTA UNIK KITAB KEJADIAN

Ada delapan fakta unik Kitab Kejadian. Kita menggunakan akronim KEJADIAN untuk memudahkan mengingatnya. Huruf yang pertama adalah

K, keutamaan. Tujuan utama kitab ini dituliskan adalah untuk menyediakan landasan yang hakiki bagi Pentateukh dan semua pernyataan alkitabiah selanjutnya. Kejadian ditulis sesuai dengan tujuan Allah untuk memberikan umat perjanjian-Nya suatu pemahaman yang mendasar tentang diri-Nya, ciptaan, umat manusia, kejatuhan, kematian, penghakiman, perjanjian, dan janji penebusan melalui keturunan Abraham.

Huruf yang kedua adalah

E, etimologi. Judul kitab ini di dalam bahasa Ibrani diambil dari kata pertamanya yaitu Beresit, yang artinya adalah "pada mulanya". Nama kitab ini menjadi Kejadian berasal dari terjemahan judul Ibrani ke dalam bahasa Yunani, yang berarti "asal mula, sumber penciptaan, atau awal dari sesuatu". Kejadian merupakan kitab permulaan. Karena itu, kitab Kejadian mencatat peristiwa-peristiwa permulaan, yaitu penciptaan dunia, penciptaan manusia, pernikahan pertama, keluarga pertama, dosa pertama, kelahiran pertama, janji penebusan yang pertama, peristiwa pembunuhan yang pertama, dan masih banyak lagi.

Huruf yang ketiga adalah

J, janji Tuhan. Janji Tuhan tentang penebusan dosa melalui sukses pertama diucapkan Tuhan kepada Iblis setelah Iblis, yaitu si ular, berhasil menjatuhkan manusia ke dalam dosa. Dalam Kitab Kejadian pasal 3 ayat 15, Tuhan berfirman, "Aku akan mengadakan permusuhan antara engkau dan perempuan ini, antara keturunanmu dan keturunannya. Keturunannya akan meremukkan kepalamu, dan engkau akan meremukkan tumitnya." Dalam teologi ini disebut sebagai protoevangelium atau Injil yang mula-mula.

Huruf keempat adalah

A, anugerah. Keselamatan adalah anugerah Tuhan saja, bukan berdasar jasa manusia, hanya kasih karunia Tuhan semata. Kejadian pasal 15 ayat 6 berkata, "Percayalah Abram kepada Tuhan, maka Tuhan memperhitungkan hal itu kepadanya sebagai kebenaran." Bahkan Lot pun, yang hidupnya ajaib, Alkitab menyebutkannya sebagai orang benar karena imannya kepada Tuhan, seperti yang disampaikan di dalam Surat 2 Petrus pasal 2 ayat 7, "Tetapi ia menyelamatkan Lot, orang yang benar, yang terus-menerus menderita oleh cara hidup orang-orang yang tak mengenal hukum dan yang hanya mengikuti hawa nafsu mereka saja." Pemilihan Tuhan atas umat Israel, keturunan Abraham, juga berdasarkan anugerah saja.

Huruf kelima adalah

D, dosa. Kitab Kejadian tidak hanya meriwayatkan kejatuhan manusia ke dalam dosa, tetapi juga menunjukkan bahwa semua orang berdosa. Tidak ada yang tidak berdosa, hanya satu orang, satu-satunya yang hidup benar di hadapan Allah, yaitu Henok. Tentang Henok dikatakan dalam Kejadian pasal 5 ayat 24, "Henok hidup bergaul dengan Allah, lalu ia tidak ada di bumi, sebab ia telah diangkat oleh Allah."

Huruf keenam adalah

I, iman. Iman memegang peran yang sangat penting. Perjanjian Tuhan dengan Abraham harus disikapi dengan iman, tidak boleh ada keraguan. Mereka akan memiliki tanah perjanjian, mereka akan menjadi berkat bagi segala bangsa. Dan untuk meneguhkan iman Israel, inilah Musa menuliskan Kitab Kejadian ini, agar Israel tidak ragu untuk melangkah memasuki tanah perjanjian.

Huruf ketujuh adalah

A, Allah. Allah-lah yang berdaulat. Allah berdaulat untuk menyediakan penebusan dosa, Allah berdaulat untuk memilih Abraham dan menjadikan keturunannya sebagai umat pilihan Allah, Allah berdaulat memilih Yakub, lalu Ishak memilih Esau, Allah berdaulat memilih Yehuda, dan Allah berdaulat memilih Yusuf agar menerima berkat untuk memegang kekuasaan atau segalanya selama-lamanya.

Huruf kedelapan adalah

N, naskah. Naskah-naskah asli Kitab Kejadian sudah tidak ada lagi karena sudah terlalu tua dan sudah hancur. Naskah Kitab Kejadian memiliki beberapa sumber tertulis, di antaranya adalah naskah Massora berbahasa Ibrani dari abad ke-10 Masehi, naskah Septuaginta berbahasa Yunani dari abad ke-3 sebelum Masehi, dan naskah Laut Mati berbahasa Ibrani dari abad ke-5 sebelum Masehi. Dalam tradisi Yahudi dan Kristen, Kitab Kejadian ditulis oleh Musa. Kitab ini dibagi dua, yang pertama sejarah purba, pasal 1 sampai dengan 11, dan bagian kedua sejarah leluhur, pasal 12–50.

Nah teman-teman, dengan demikian berakhir sudah saat berkitab kita dari Kitab Kejadian. Kita akan melanjutkan dengan Kitab Keluaran. Saya ingin mengutip ilham Roh Kudus kepada Rasul Paulus dalam Surat 2 Timotius pasal 3 ayat 16 dan 17: "Segala tulisan yang diilhamkan Allah memang bermanfaat untuk mengajar, untuk menyatakan kesalahan, untuk memperbaiki kelakuan, dan untuk mendidik orang dalam kebenaran, sehingga tiap-tiap manusia kepunyaan Allah diperlengkapi untuk setiap perbuatan baik." Tetap semangat dalam kehidupan. Tuhan Yesus memberkati kita semua.

PENUTUP

Perjalanan kita melalui Kitab Kejadian membawa kita melihat betapa besar kasih dan rencana Allah atas manusia sejak semula. Dari kisah penciptaan hingga kehidupan para bapa bangsa, dari kejatuhan manusia sampai janji penebusan, satu tema besar senantiasa tampak jelas: Allah setia, berdaulat, dan terus bekerja dalam sejarah untuk menyatakan kasih-Nya kepada umat-Nya.

Kejadian membuka mata kita bahwa kita bukanlah makhluk yang hadir secara kebetulan, tetapi diciptakan menurut gambar dan rupa Allah. Kita dipanggil untuk hidup dalam hubungan, ketaatan, dan penyembahan kepada Sang Pencipta. Sekalipun manusia jatuh ke dalam dosa, Allah tidak pernah meninggalkan; Ia menyediakan jalan keselamatan melalui janji-Nya, yang akhirnya digenapi di dalam Yesus Kristus. Kehidupan tokoh-tokoh iman dalam Kejadian menunjukkan bahwa Allah bekerja melalui manusia yang rapuh untuk melaksanakan rencana-Nya yang besar. Apa pun keadaan dunia — gelap, kacau, atau penuh dosa — Tuhan tetap memegang kendali.

Kiranya pembahasan Kitab Kejadian ini menolong kita mengenal Allah lebih dalam, memahami identitas kita sebagai ciptaan-Nya, hidup dalam iman dan ketaatan, serta melihat bahwa setiap langkah dalam hidup ini berada di bawah penyelenggaraan-Nya yang penuh kasih. Semoga seluruh renungan ini menjadi berkat yang membangun, meneguhkan, dan menuntun kita untuk semakin mengenal dan memuliakan Allah.

Solideo Gloria — segala kemuliaan bagi Allah saja.

Also by Setyo Nugroho

GENESIS EXPOSITORY
Kitab Kejadian; Eksposisi dan Inspirasi

Standalone
Transformative Preaching How the Holy Spirit Empowers Preaching

About the Author

Setyo Nugroho was born in Surabaya on August 4, 1966. He earned his Bachelor of Theology degree from the Baptist Theological Seminary in Semarang, his Master's degree from the Baptist Theological Seminary in Bandung, and his Doctorate from the Borneo Christian Institute. He previously served as the President of the Baptist Theological Seminary in Bandung and is currently a lecturer in the postgraduate program at the North Sumatra Theological Seminary. Together with his wife, Dr. Fresti Dewi, he serves as the Senior Pastor of Faith Baptist Church in Bogor to this day.

www.ingramcontent.com/pod-product-compliance
Lightning Source LLC
LaVergne TN
LVHW040421051026
849517LV00002B/404
9798232333492